政治文化与政治制度

——以戊戌维新为例

张迪◎著

中国社会科学出版社

图书在版编目（CIP）数据

政治文化与政治制度：以戊戌维新为例 / 张迪著 . —北京：中国社会科学出版社，2024. 5

ISBN 978 - 7 - 5227 - 3606 - 8

Ⅰ. ①政… Ⅱ. ①张… Ⅲ. ①戊戌变法—研究 Ⅳ. ①K256. 507

中国国家版本馆 CIP 数据核字(2024)第 101541 号

出 版 人 赵剑英
责任编辑 王 琪
责任校对 杜若普
责任印制 王 超

出 版 中国社会科学出版社
社 址 北京鼓楼西大街甲 158 号
邮 编 100720
网 址 http://www.csspw.cn
发 行 部 010 - 84083685
门 市 部 010 - 84029450
经 销 新华书店及其他书店

印 刷 北京明恒达印务有限公司
装 订 廊坊市广阳区广增装订厂
版 次 2024 年 5 月第 1 版
印 次 2024 年 5 月第 1 次印刷

开 本 710 × 1000 1/16
印 张 16. 25
插 页 2
字 数 226 千字
定 价 85. 00 元

北京第二外国语学院“历史唯物主义视域下当代世界文化与文明研究”丛书编委会

序　言

马克思从历史唯物主义的视角出发，分析研究了近代社会发展的态势，提出了世界历史理论，奠定了科学社会主义的理论基础。这对我们分析当代世界文化与文明的问题，具有十分重要的方法论意义。毛泽东同志运用马克思的世界历史理论，分析了中国与世界的辩证关系，深刻指出，“中国问题本来是世界的问题，然从事中国改造不着眼及于世界改造，则所改造必为狭义，必妨碍世界”。[①] 中国共产党以马克思主义理论为指导，正确处理中国与世界之间的关系，带领中国人民步入了中国特色社会主义新时代，中国对世界的影响，从未像今天这样全面、深刻、长远；世界对中国的关注，也从未像今天这样广泛、深切、聚焦。

面对新形势、新变化、新使命、新要求，习近平总书记以深邃的历史视野和世界眼光，深刻把握中国和世界发展大势，提出了人类命运共同体理念，饱含对人类发展重大问题的睿智思考和独特创见。“中国发展离不开世界，世界繁荣稳定也离不开中国。”把中国的前途命运同世界的前途命运紧密地联系在一起，推动构建人类命运共同体，是新时代中国共产党人为科学回答21世纪“建设一个什么样的世界、如何建设这个世界”这个时代之问提供的中国智慧和中国方案。包括联合国在内的国际组织把“构建人类命运共同体”写入各种决议中，充分体现了这一宏伟理念和美好愿景已得到国际社会的普遍认同，也表明了中国对全球治理和人类社会发展的重要贡献，成为中国引领时代潮流和人类

---

① 《毛泽东文集》（第一卷），人民出版社1993年版，第1页。

文明进步方向的鲜明旗帜。

习近平总书记在党的二十大报告中强调，中国共产党“必须坚持胸怀天下”，并指出“我们要拓展世界眼光，深刻洞察人类发展进步潮流，积极回应各国人民普遍关切，为解决人类面临的共同问题作出贡献，以海纳百川的宽阔胸襟借鉴吸收人类一切优秀文明成果，推动建设更加美好的世界”。[①] 中华民族历来讲求“天下一家”，致力于实现“大道之行，天下为公”的美好世界，“以和邦国”“以和为贵”的文化基因已深深地融入中华民族的血脉。坚持胸怀天下是对中华优秀传统文化的创造性转化和创新性发展，为新时代坚持和发展中国特色社会主义、开创党和国家事业全新局面、创造人类文明新形态提供了强大智慧和能量。

文化是一个国家、一个民族的灵魂。文化认同、文化自信是凝聚民族共同体的精神纽带，是民族共同体生命延续的精神基础，也是我们在世界文化相互激荡中站稳脚跟的根基所在。当今世界正经历百年未有之大变局，多重挑战和危机交织叠加，各种文化思潮激流涌荡，迫切需要我们更好地运用历史唯物主义的基本原理和方法论，去研究中外文化与文明的精神实质、交流互鉴与其相关的发展规律，特别是深化研究中华文明特质和形态，通过文明交流交融破解“文明冲突论”，为人类文明新形态实践进一步提供深厚的学理支撑。2023 年 3 月 15 日，习近平总书记在中国共产党与世界政党高层对话会上再次强调：“当今世界不同国家、不同地区各具特色的现代化道路，植根于丰富多样、源远流长的文明传承”，[②]“中国式现代化作为人类文明新形态，与全球其他文明相互借鉴，必将极大丰富世界文明百花园”，[③] 进一步指明了我们要重视

---

① 习近平：《高举中国特色社会主义伟大旗帜　为全面建设社会主义现代化国家而团结奋斗——在中国共产党第二十次全国代表大会上的报告》（2022 年 10 月 16 日），人民出版社 2022 年版，第 21 页。

② 习近平：《携手同行现代化之路——在中国共产党与世界政党高层对话会上的主旨讲话》（2023 年 3 月 15 日），人民出版社 2023 年版，第 7 页。

③ 习近平：《携手同行现代化之路——在中国共产党与世界政党高层对话会上的主旨讲话》（2023 年 3 月 15 日），人民出版社 2023 年版，第 7 页。

文明传承和创新，深化中外文明多样性交流与合作，提升中华文明影响力，推动中国式现代化取得新进展、新突破，要有为人类发展进步做出更大贡献的世界情怀和责任担当。2023 年 6 月 2 日，习近平总书记在北京出席文化传承发展座谈会并发表重要讲话。讲话指出："在新的起点上继续推动文化繁荣、建设文化强国、建设中华民族现代文明，是我们在新时代新的文化使命。"① 从党和国家事业发展全局战略高度，对中华文化传承发展的一系列重大理论和现实问题做了全面系统深入的阐述。为坚定文化自信自强，更好担负起新时代新的文化使命，扎实推进中华民族现代文明和社会主义文化强国建设，指明了前进方向、提供了根本遵循。

北京第二外国语学院秉承中外人文交流使命，以服务国家战略和首都发展为己任，以融中外兼知行为办学理念，以培养多语种复语、跨专业复合的，具有家国情怀、国际视野的国际化复合型人才为根本任务，在对外文化传播，国际文化交流等方面逐渐形成特色。近年来，学校高度重视马克思主义理论学科建设，以中国化、时代化马克思主义的世界意义与对外阐释研究为主攻方向，鼓励教师、专家和学者围绕中国与世界、当代世界文化与文明等主题开展学术研究，扶持具有学校学科特色的科研成果，培养和发展一批学术带头人和中青年学术骨干，带动学校整体科研和学术水平不断迈向新台阶。

学校着眼于培育和建设马克思主义理论学科，设立了"历史唯物主义视域下当代世界文化与文明研究"系列丛书资助项目，于 2021 年开始策划，2022 年启动，截至 2023 年已经资助两批共 5 部著作，后续仍将陆续推出系列著作。主要用于资助具有较高水平的博士学位论文、学术专著和高水平的学术译著。这是鼓励教师、专家和学者运用历史唯物主义的世界观和方法论，加强当代中国与世界的文化文明的研究，理解和把握中华文化与中华文明的精神特质，深化文化与文明交流互鉴，推动中华优秀传统文化更好走向世界，增强中华文明影响力，更好理解

① 习近平：《在文化传承发展座谈会上的讲话》（2023 年 6 月 2 日），人民出版社 2023 年版，第 10 页。

和把握中华优秀传统文化与科学社会主义价值观的契合、中国式现代化创造人类文明新形态等重大问题研究的重要举措，对带动我校马克思主义理论学科的繁荣与进步，达到“以点带面，纲举目张”的效果也具有重要现实意义。相信系列丛书的出版，一定能够在中外文化与文明的交流互鉴与比较研究中、在对人类文化与文明的本质和规律认识上取得新的共识与突破。

“历史唯物主义视域下当代世界
文化与文明研究”丛书编委会
2023 年 5 月

前　言

时间的齿轮已经转到了 2024 年，120 多年前，中国发生了旨在变法图强的戊戌维新运动。两个多甲子的时间轮回，中国的发展可谓是翻天覆地，现代化进程快速推进，自信和坚定成为中国人与世界交往的最好名片。然而在 120 多年前，中国却处于水深火热之中，甲午战争的失败使每一个中国人备感屈辱，残酷的现实促使有识之士思考御侮图强之道。以康有为、梁启超等为代表的一批知识分子反思洋务运动的不足，认为中国的落后不仅仅在于器物层面，政治制度的保守陈旧才是中国积贫积弱的根源。于是他们奔走呼号，一方面通过上书活动影响统治阶级上层；另一方面通过办报纸、开学堂、建社会团体等方式宣传变法思想，汇聚变法力量，为政治制度的变革作准备。维新派知识分子的努力最终得到了光绪皇帝的认可，涉及政治、经济、教育、军事等各个领域的措施陆续颁布。然而百日维新没有涉及维新派知识分子一开始倡导的君主立宪主张，即便如此，百日维新也因为触动了保守势力的“奶酪”而被迫中断。维新派旨在通过变法建构君主立宪制，进而发挥制度的优势实现独立富强的目标没有变为现实。这场运动为什么归于失败？笔者从政治文化的角度进行反思，去探寻戊戌维新背后所隐含的政治文化和政治制度的互动关系，以期在理论上总结出政治文化对政治制度影响的具体机制，进而对现实政治制度的平稳运行提供政治文化视角的启发。

120 多年的时间长度对于一个生命个体来说已然很长，对于一个国家的发展来说，它又显得太短。然而在戊戌维新发生后的时间里，中国的政治发展却几经波折，最终完成了政治制度的成功建构。首先是发生了清末新政，它是以慈禧太后为代表的拥有实际政治权力的统治阶级在危机越发严重之时，进行的一场政体层面的自我革命。其改革举措和戊戌维新基本一致，前者相对于后者，在政体层面甚至有更多实质性的改变。由于通过改革建构新的政治制度并非统治阶级的真实意图，清末新政最终中断。其次是辛亥革命，中国从君主专制的国家转变为资产阶级民主共和制的国家。君主专制垮台，民主共和制建立，国家性质和政体形式均发生改变。国家性质上，由过去的地主阶级掌权转变为资产阶级掌权；政体形式上，由君主专制转变为民主共和制。再者是中华人民共和国的成立。国家性质上，从资产阶级性质国家转变为以工农联盟为基础的社会主义国家；政体层面上，虽然具有临时宪法性质的《中国人民政治协商会议共同纲领》规定，国家最高政权机关为全国人民代表大会，但是由于新民主主义革命的任务尚未彻底完成，并且战后仍需大量恢复重建工作，政协会议代行人民代表大会的职权。1954 年，第一部宪法颁布，对中国的国家性质和根本政治制度进行了明确规定，政体实现完整转变。社会主义民主政治制度在中国实现了平稳运行，从政治文化角度来说，这得益于社会主义政治文化的有力支撑。这一事实也启发我们，要想实现政治制度的持续平稳运行，需要根据现代化进程的推进程度对政治文化不断进行完善和扩充，使其继续为政治制度的良序运行提供保障。

本书以戊戌维新为个案，围绕政治文化对政治制度变革的影响展开研究，从中分析政治文化对政治制度影响的一般机制，这是本书的创新点所在，也是理论意义所在。另外，强烈的问题意识促成了本书研究的出发点和动力。不同国家间的政治制度为什么如此不同？英国为什么成为世界上首个完成工业化的国家？同样是面临发展危机，中国和日本为什么采取了不同的应对措施？这些问题最终促使笔者把目光聚焦到了政治制度变革的政治文化影响方面。从现实意义上来说，政治制度会随着时间的推移而发生变化，经历建构、完善、衰落、消亡等过程，政治制度的变革由此产生，它关乎一个国家兴衰更替的历史。只有反思历史，了解过去，才能以史明鉴，更好地向前迈进。戊戌维新发生后，历史走过了 120 多年。因此，从政治文化角度研究政治制度的变革也具有很强的现实意义，可以更好地了解一个国家从哪里来、往哪里去的问题。

目　录

第一章

政治文化对政治制度变革的影响
——一种理论视角

第一节　基本概念界定

一　政治文化

政治文化研究中，有关政治文化的概念界定是一个基础性的理论问题。概念的界定对于研究的开展至关重要，它体现着学术研究的严谨性。如果对研究对象没有一个明确的界定，观点的论证就如同无本之木，始终没有稳固的论证根基。概念界定对于学术交流的展开也至关重要，界定不清会导致出现交流各方自说自话的现象，无益于学术的进步和思想火花的碰撞。可见概念界定在学术研究中的重要性。政治文化作为政治学重要的研究分支，自然也不例外。然而自从政治文化成为一个独立的研究领域开始，学者们就对它的概念界定和具体含义各执一词，至今仍有多种定义。值得注意的是，概念界定的差异性不仅体现在不同学者身上，中西学者的差异性更为明显。下面对影响力较大的几个界定进行介绍。

西方最早进行政治文化研究的阿尔蒙德和维伯在其代表作《公民文化》一书中对政治文化的界定着眼于人的主观心理层面。他们把政治文化看作对政治系统、系统的各个部分以及系统中自我角色的态度，即一种特殊的政治取向。① 政治取向包括认知、情感和评价三个部分。

---

① ［美］加布里埃尔·A. 阿尔蒙德、西德尼·维伯：《公民文化》，徐湘林等译，华夏出版社1989年版，第14页。

政治文化具有差异性，不同民族具有不同的政治文化，“一个民族的政治文化，是政治对象的取向模式在该民族成员中的特殊分布”①，在《当代比较政治学——世界展望》一书中，阿尔蒙德和小鲍威尔在之前概念界定的基础上，为了方便研究，对政治文化的内涵做出进一步解释。解释的路径是把政治文化表述为人们对制度、过程和政策三个层次的态度。在制度领域，主要是社会成员，包括普通公民和领袖，对维系政治制度的价值观念的态度，包括领袖产生过程的应然和实然情况，公民对法律的服从情况等；在过程领域，指涉公民进行政治参与时的行为倾向，包括政治参与的方式、支持和反对的政治集团等；在政策领域，包括人们对政府的期待和要求，实现要求的途径等。② 此种对政治文化的解释使研究得到了进一步的明确和细化。

迈克尔·罗斯金认为，社会将行为规范和价值理念传递给社会成员，每个成员在长期的生活经验中，形成对政治制度的运作、对政府职能等的认识。政治文化是在长期的历史中形成的，因此，“政治文化是关于政治的‘集体记忆’”。迈克尔·罗斯金的定义强调政治文化形成的长期性，并在此基础上推导出不同民族之间政治文化的差异性。③

尽管西方学者对政治文化的概念有不同的表述，但是稍加注意，就会发现，大部分界定把政治文化限定在心理层面，主要指涉政治活动的主观意识领域，这成为西方政治文化研究的一个基本共识。在侧重心理层面理解的基础上，西方政治文化形成了实证主义研究的传统。

中国学者对政治文化的界定有着自己的学术特色，大致分为三类。

第一类跟西方学者界定较为类似，侧重政治文化的心理层面。王沪宁认为，政治文化是“政治生活的一种主观意识领域”，无论是正式的

---

① ［美］加布里埃尔·A. 阿尔蒙德、西德尼·维伯：《公民文化》，徐湘林等译，华夏出版社 1989 年版，第 17 页。

② ［美］阿尔蒙德、小鲍威尔主编：《当代比较政治学——世界展望》，朱曾汶、林铮译，商务印书馆 1993 年版，第 53 页。

③ ［美］迈克尔·G. 罗斯金等：《政治学与生活》，林震等译，中国人民大学出版社 2014 年版，第 115 页。

还是非正式的政治体制都不属于政治文化范畴，政治文化包括认识、情感、价值、理想四个成分。① 俞可平认为，政治文化是一种政治取向模式，包括政治认知、政治态度、政治信仰、政治情感、政治价值五个基本取向。② 孙西克从理论意义和国际学术交流两个方面综合考量，倾向于国际政治学界对政治文化的界定，认为政治文化是“政治体系的心理方面”。③ 可以看出，这种把政治文化理解为政治心理的概念界定路径是受到了西方学者的影响，属于狭义层次的政治文化界定。马庆钰对政治文化的理解也与西方学者的界定较为类似，认为政治文化是经过长期的政治社会化过程积淀在人们心理层面的政治取向，它包括政治态度和政治价值，是政治系统得以运作的观念支撑。④

第二类是中观层面上的政治文化界定。戚珩认为，政治文化属于观念层面，不应该包括物质层面的政治制度。政治文化影响着人们的政治行为和政治倾向，不仅包括政治心理，还包括政治思想意识和政治价值评价。如果从马克思主义的角度审视，政治文化属于上层建筑中的精神活动。⑤ 王浦劬等认为，政治文化是政治关系心理层面和精神层面的反映，是人们在长期的政治生活中形成的一种观念上的复杂综合，包括政治心理、政治思想两个部分。⑥ 刘学军主张从政治文化的两个分概念，即“政治”“文化”以及二者的互动关系方面对政治文化进行界定，强调态度、信仰和情感等主观领域的价值和意义。文化是中心词，而政治是限定词。由此认为，政治文化是特定的社会利益关系主体，基于自身的特定利益而对政治活动和政治关系等的认识、感受以及价值评价和取向等的总和，主要包括政治心理、政治思想和政治价值三个部分。⑦

前两类微观和中观的界定，都是侧重于从观念性的角度理解政治文

① 王沪宁：《比较政治分析》，上海人民出版社 1987 年版，第 159—160 页。
② 俞可平：《政治文化论要》，《人文杂志》1989 年第 2 期。
③ 孙西克：《政治文化与政策选择》，《政治学研究》1988 年第 4 期。
④ 马庆钰：《近 50 年来政治文化研究的回顾》，《北京行政学院学报》2002 年第 6 期。
⑤ 戚珩：《政治文化结构剖析》，《政治学研究》1988 年第 4 期。
⑥ 王浦劬等：《政治学基础》（第三版），北京大学出版社 2014 年版，第 241 页。
⑦ 刘学军：《“政治文化”一解》，《社会科学》1996 年第 3 期。

化，第三类宏观性界定则认为政治文化不仅涉及观念层面，还涉及政治制度等在内的物化层面。公丕祥和李义生认为，政治文化包括物质和精神两个层面的结构。物质结构主要指政治规范、政治制度等，统称为“制度形态的政治文化”。精神结构包括政治心理、政治学说等，统称为“观念形态的政治文化”。政治文化是制度和观念形态相结合的有机体。① 万高也持类似观点，认为政治文化作为一种系统结构，包括实体性政治文化和观念性政治文化。前者是指政治文化物化形态的政治制度，后者包括政治心理、政治思想和政治价值三个层面。② 宏观的政治文化界定路径受到了关于“文化”定义的影响，与马克思主义中上层建筑的内容基本一致，这种界定具有自身的逻辑，但是仍不免受到一些学者的质疑。反对者认为，政治文化通过政治制度的运行得以体现，但是不能将二者等同。概念的泛化消解了政治文化成为一个独立研究领域的存在价值，研究对象的过于宽泛也无益于学术研究的严谨性。因此，随着政治文化研究的深入，持宏观层面界定立场的学者呈现减少趋势。

综上所述，无论是西方学者侧重政治文化的心理层面，还是中国学者对政治文化概念进行的创新性理解，均反映了一种概念的界定不可能不受到研究者主观性的影响。而这种主观性可能是出于服务于本人研究目的的需要，研究对象不同、角度不同，就会产生对政治文化不同的理解。比如，美国的历史相对简单，传统的积淀跟中国相比没有那么深厚。有人常常说，美国的历史可以用一部宪法加上西进运动加以概括。这句话不免有些简化历史的意味，但是美国的发展很少受到来自传统影响的事实是毋庸置疑的。因此，美国学者进行政治文化研究时，侧重用实证主义的方法对人们的政治心理进行调查，从而得出相关结论。而中国则不同，几千年的历史积淀在人们心中留下了深刻的烙印。传统不仅仅是停留在过去的东西，更是产生于过去，在今天仍然发挥着影响。因此，无论是研究中国现代社会的政治文化，还是研究中国古代社会的政

① 公丕祥、李义生：《商品经济与政治文化观念》，《政治学研究》1987 年第 1 期。

② 万高：《简论政治文化》，《宁波师院学报》（社会科学版）1994 年第 4 期。

治文化，对传统的审视都是不能忽视的一个环节。基于此，大部分中国学者在西方政治文化概念的基础上，着眼于中国历史的特色，对政治文化的内涵进行了拓展和创新。笔者认为这体现了中国学者独立思考的意识，也体现着中国政治文化研究的特色。鉴于本书的研究对象，笔者赞同政治文化中观层面的定义，认为政治文化是人们对政治体系的精神层面的反映，包括政治心理和政治思想两个部分。

二　政治制度

有关制度的界定，西方学者的代表性观点有以下几种。

其一，旧制度主义学派的代表人物凡勃伦认为，制度是个人或者社会对某些关系的一般思想习惯，也可以表述为一种流行的精神态度或者是生活理论。[①] 这种界定承认了非正式制度的存在，侧重从心理上的微观角度对制度进行解释。

其二，康芒斯从个体行为的角度入手，认为制度是集体行动对个体行动的控制。[②] 集体行动通过对组织运转的控制和调节对个体行动进行控制。

其三，诺思认为，制度是一套社会规则，约束着人们之间的相互关系。这套规则分为正式和非正式两种。非正式规则产生于正式规则之前，是人们在日常交往过程中自发形成的风俗习惯、伦理道德、意识形态等。正式规则包括强制性的法律、政策等。规则约束着想要实现自我利益最大化的个人行为。[③] 诺思把制度视为规则的观点受到许多新制度主义政治学者的认同，奥尔森、奥斯特罗姆等均把制度理解为一套规则体系。[④]

---

① ［美］凡勃伦：《有闲阶级论：关于制度的经济研究》，蔡受百译，商务印书馆 1964 年版，第 139 页。

② ［美］康芒斯：《制度经济学》，于树生译，商务印书馆 1962 年版，第 87 页。

③ ［美］道格拉斯 · C. 诺思：《经济史中的结构与变迁》，陈郁等译，上海人民出版社 1994 年版，第 57—59 页。

④ Sue E. S. Crawford，Elinor Ostrom，“A Grammar of Institutions”，*American Political Science Review*，Vol. 89，1995，p. 590.

其四，还有一类定义侧重从文化角度解读制度内涵，迪马乔、鲍威尔认为制度是一套符号系统、惯例习俗等，以此来指导人类的行为。[①]马奇认为制度除立法机构、政府机构等正式制度外，还包括典礼、仪式、惯例等非正式制度。[②]

总体而言，西方学者对制度的界定大多落脚在规则上，认为制度是约束人们行为的一系列规则。而具体到政治制度的含义，早在古希腊时期，亚里士多德就做出过这样的解读，"全城邦居民自由分配政治权利的体系"[③]。法国政治学家迪韦尔热把政治制度界定为政府机构的总和。[④]美国政治学家阿尔蒙德认为政治制度是维持或者改变社会秩序的合法制度，立法机构、官僚机关、司法机构和政党等都属于政治制度的组成部分。[⑤]

在汉语语义中，"制"有限定、约束之义，"度"代表章程、行为准则。在此层面上，制度的含义与西方对制度的核心理解是一致的，都是指约束人的行为准则。《辞海》中对政治制度的表述是："国家政权的组织形式及其有关的制度。"[⑥]《现代汉语词典》中把制度等同于政体，即政治权力的构成形式，与国体相适应。[⑦]上述两部工具书对政治制度的界定基本一致，主要侧重国家政权的组织方式，即政体层面。需要说明的是，在政治学中，国体、政体和国家结构形式是不同的概念。国体是指国家性质，是一个国家掌握领导权的人们的阶级属性，回答政权由谁领导的问题，如《中华人民共和国宪法》规定："中华人民共和

---

① Rosa Mule, "New Institutionalism: Distilling Some 'Hard Core'", *Propositions in the Works of Williamson and March and Olson*, Vol. 19, 1999, p. 146.

② 祝灵君：《政治学的新制度主义：背景、观点及评论》，《浙江学刊》2003 年第 4 期。

③ ［古希腊］亚里士多德：《政治学》，吴寿彭译，商务印书馆 1965 年版，第 109 页。

④ ［法］莫里斯·迪韦尔热：《政治社会学——政治学要素》，杨祖功、王大东译，华夏出版社 1987 年版，第 10 页。

⑤ 阿尔蒙德、小鲍威尔主编：《当代比较政治学——世界展望》，朱曾汶、林铮译，商务印书馆 1993 年版，第 6 页。

⑥ 辞海编辑委员会编：《辞海》，上海辞书出版社 1980 年版，第 1466 页。

⑦ 中国社会科学院语言研究所词典编辑室编：《现代汉语词典》，商务印书馆 2012 年版，第 1665 页。

国是工人阶级领导的、以工农联盟为基础的人民民主专政的社会主义国家。”① 政体是政权的组织形式，涉及获得权力后政权如何组织的问题，主要包括国家机关的产生方式、运行程序等。政体按照执政者人数的多寡，分为君主制和共和制。随着政治制度的发展，每一类政体中又细分为不同的形式，中国的政体为人民代表大会制度，美国的政体为总统制共和制。国家结构形式指涉国家整体和部分、中央和地方的关系，主要分为单一制和复合制，如中国古代实行的郡县制，就是单一制国家结构的制度体现；美国是复合制的代表，各州可以制定自己的法律，拥有很大的自治权。

学者高放主编的《社会主义大辞典》中，对政治制度的表述是：“国家政权的性质及其组织形式的制度，包括国体和政体两个方面。”② 接着又对其做了进一步阐发，政治制度依照组织形式、管辖权限等不同的划分标准而具有不同的类型。与上类界定相比，此类界定在政体的基础上扩展了国体的因素。

曹沛霖认为，政治制度是统治方式和方法的总和，目的是更好地实现政治统治。③ 具体包括政权的阶级性质、组织形式，国家的结构形式，国家机关体系和立法、行政、司法、政党、人事、选举等一系列保证国家机器运转的具体制度。李良栋等认为，政治制度是围绕政治活动而形成的所有政治体制的总称，目的是提高政治活动的效率、分配政治和社会资源。其内容包括国家的性质、政体形式、国家结构形式、国家机关的组织形式及其活动原则、社会政治生活的组织形式和活动方式等。④ 徐育苗在总结国内对政治制度的各种界说后，认为政治制度是国家、政党、政治社团、群众组织、公民等政治实体在政治活动中需要恪守的各种规则。他从广义层面上理解政治制度，认为其包括国体、政体、国家结构形式、具体政治制度、基层民主制度。并把国体、政体、

---

① 《中华人民共和国宪法》，法律出版社 2018 年版，第 6 页。

② 高放主编：《社会主义大辞典》，河南人民出版社 1988 年版，第 5 页。

③ 曹沛霖主编：《外国政治制度》，高等教育出版社 1992 年版，第 37 页。

④ 李良栋、侯少文、刘春主编：《新编政治学原理》，中共中央党校出版社 2001 年版，第 125 页。

国家结构形式归为宏观层面的政治制度，各类具体的政治制度，如立法制度、司法制度、行政制度、政党制度、公务员制度等属于中观层面的政治制度，而基层民主制度则属于微观层面的政治制度，三个层次的各类制度相互影响，组成一个有机体。① 浦兴祖把政治制度看成社会制度的一个组成部分，它包含内层、中层和外层三种结构。内层主要是指国体；中层包括政体、国家结构形式、政党制度、对公民权利和义务的规定等；外层则是各种可以直接操作的具体程序和规则。政治制度还可以划分为通过正规程序制定的法律、法规等以文本形式体现的“法内制度”，以及存在于日常政治生活之中的传统、习惯等“法外制度”。与其他学者不同的是，浦兴祖的定义还突出了如传统惯例等观念性制度因素的存在。② 总体而言，上述定义都是从较为广泛的范畴对政治制度进行界定，包括国体、政体、国家结构形式、具体的制度规则等。

马德普在梳理了经济学、社会学、法学、政治学等领域学者对于制度的不同阐释后，认为大部分学者把制度理解为规则的看法不太准确，因为规则的外延比制度要大，进而得出自己对于制度的理解。他认为，制度是调节和疏导不同领域活动的行为规范，保证着活动的有序进行和活动参与者的共同利益。而政治制度是调节政治活动的行为规范，其功能是调节利益冲突，包括阶级或者集团之间的横向利益冲突，也包括个人、团体、社会间的纵向利益冲突。政治制度与其他领域的制度相比，具有公共性和宏观性，因为它是以保障最大多数社会成员的共同利益为归依的，而非微观个体的私人利益。政治制度同时也具有强制性，人的趋利性使个人利益和公共利益发生冲突时倾向于个人利益，此时政治制度就会利用其强制性权力约束人们损害社会公共利益的趋利行为。③ 童建挺也认为，政治制度是为调节政治冲突、规范人们的政治行为而产生的规则集合。不同于在自愿基础上运行的经济制度，政治制度在具体施

① 徐育苗：《解读政治制度》，《社会主义研究》2004 年第 2 期。

② 浦兴祖主编：《中华人民共和国政治制度》，上海人民出版社 2005 年版，第 4—6 页。

③ 马德普：《论政治制度及其功能》，《郑州大学学报》（社会科学版）2000 年第 5 期。

行时，不必得到每一位社会成员的支持。① 上述两位学者的定义侧重政治制度建构的目的性，即制度是为了保障社会大多数成员的共同利益，利益的冲突是政治制度存在的先验性条件。这一观点与亨廷顿的看法具有一致性，后者认为社会冲突和社会和谐共同促成了政治制度的存在。如果只有冲突，政治制度无法运行和存续，如果只有和谐，政治制度也没有存在的目的和意义。②

李元书等从构成要素的角度来阐释政治制度的内涵，认为政治制度是由政治理念系统、政治主体系统、政治规则系统、政治组织和政权机构系统、政治设备系统共同构成的一个复杂体系。每一个构成要素又包含若干子系统。政治理念的核心是价值观念体系，价值观念体系又构成了国家意识形态的基础。政治主体包括公民、阶级、民族、政治集团等。政治主体的性质决定着国家的性质。政治规则系统包括宪法和一般性法律、章程、条例等正式规则，也包括传统习惯、伦理道德等在长期政治生活中形成，但同样具有约束作用的非正式规则。政权机构和政治组织系统是政治制度的实体要素，政权机构是各类国家机关的总和，政治组织包括政党和一般性利益集团等。值得一提的是，李元书等注意到了政治设备系统这一要素，包括军队、法庭、监狱等具有具体政治功能的系统，还包括诸如中国的人民大会堂、美国的国会大厦等提供政治活动场所的物质设备，除此之外，还包括有国旗、国徽等象征国家主权和尊严的象征性符号。以物化形式存在的象征符号能激发人们内心的政治信仰和价值观念。③ 李元书等的定义较为全面地涵盖了政治制度包括的要素内容。

政治制度概念的差异性是由于研究角度和界定标准的不同而产生的。政治制度内容丰富，包含多重要素结构和子系统，综合中西方学者关于政治制度的理解，主要包括国体、政体、国家结构形式，还包括立

① 童建挺：《政治制度：作用和局限》，《当代世界与社会主义》2009 年第 1 期。

② ［美］塞缪尔·亨廷顿：《变革社会中的政治秩序》，李盛平等译，华夏出版社 1988 年版，第 10—11 页。

③ 李元书、李宏宇：《论政治制度的要素结构》，《学习与探索》2003 年第 6 期。

法、司法、行政、选举等在内的保证国家机器运行的各项具体制度，以及在日常政治生活中形成的不成文的惯例风俗等。事实上，把政治制度的所有要素都囊括在同一项研究中不太实际，全面性的兼顾将导致研究的不深入和泛泛而谈。笔者在文章中把政治制度的内涵限定在政体层面，即国家政权的组织形式。这是笔者在考察学者们的各类界定，同时考虑到自身的研究能力和现有的研究条件后的结果，更重要的是，服务于本书研究主题需要的综合考量。

第二节　政治制度变革

一　新制度主义学派关于制度变革的基本理论

政治制度会随着时间的推移而发生变化，经历建构、完善、衰落、消亡等过程。政治制度的变革由此产生，它关乎一个国家兴衰更替的历史。因此，研究政治制度的变革具有很强的现实意义，可以更好地了解一个国家从哪里来、往哪里去的问题。强烈的问题意识是研究政治制度变革的动力所在。不同国家间的政治制度为何如此不同？英国为何成为世界上首个完成工业化的国家？同样是面临发展危机，中国和日本为何采取了不同的应对措施？

为了探求这些问题背后的答案，一些学者从历史学的角度进行研究，结果陷入了浩如烟海的史学资料中，无助于问题的解决和理论的推进。新制度主义政治学派用明晰的理论分析框架对不同国家的政治制度演变过程进行分析，取得了富有创见性的成果。理性选择制度主义着眼于行动者的理性计算，认为政治制度变革的动因来自行动者对既定制度的不满，即现有制度无法满足行动者新的利益诉求，而基于理性构想的新制度与旧制度相比能实现利益的最大化。理性选择制度主义在制度变革的分析基础上强调行动者的主观能动性及功利主义的特点。社会学制度主义则强调文化、习俗等因素在政治制度变革中的重要性，认为政治制度具有较强的稳定性，因为在文化传统影响下的制度环境一经形成，就很难改变，具有较强的稳定性。政治制度的变革只能是在制度赖以生存的环境变化的背景下才成为可能。历史制度主义在制度变革议题上的观点与理性选择制度主义有明显的不同，前者对于后者认为政治制度变革是行动者运用理性计算进行主观构建的结果表示不认同，认为政治制度一旦形成，就具有很强的稳定性。政治制度变革只有在重大危机发生时才会出现，往往表现为旧政治制度的崩溃为新政治制度的形成制造空间。历史制度主义往往采用案例分析的方法，对政治制度变革进行纵深研究，同时还会采用比较研究的视角，通过控制变量，对不同国家的政治制度变革进行横向透析。新制度主义三大分支对政治制度变革的分析各有特色。首先，在研究对象上，理性选择制度主义和历史制度主义偏重对正式制度的研究；社会学制度主义则以研究惯例、传统等非正式制度为主。其次，在变革发生的动因上，理性选择制度主义和社会学制度主义强调政治制度变革的内生因素，认为政治制度变化源自旧制度的缺陷或者是政治制度赖以存在的环境发生变化；而历史制度主义则认为政治制度变革源于外部性重大危机的爆发，因此历史制度主义在一开始主要研究重大历史变革时期，即社会动荡时期的制度变革，只是到了后来，视角扩展到社会平稳时期的研究。最后，在研究方法上，理性选择制度主义以理性经济人假设为起点，对政治制度变革过程进行演绎推理；社会学制度主义主要运用经验研究的方法对政治制度变革进行诠释学的解读，多属于归纳研究方法；历史制度主义运用案例和比较研究的方法进行研究，因此其结论多是对特定研究对象的解释，而少有一般性的结论，后两个学派的研究路径多属于归纳分析。

二　制度变革路径方式

关于制度变革的形式，历史制度主义学派的马洪尼和西伦在《解释制度变革》一书中总结出更替、层叠、漂移和转换四种类型。更替是指新制度对旧制度的完全替代；层叠是指作为亚制度形式的某些新规则对原有规则的部分替代；漂移是指制度没有发生变化，但是制度赖以生存的环境已经发生变化；转换是指制度没有发生变化，但是对制度内涵的解释发生变化。四种方式的变革程度依次递减。①

国内学者对新制度主义学派关于政治制度变革的方式进行了梳理和总结。郭忠华把新制度主义学派关于政治制度变革的研究路径分为三种，分别是路径依赖、路径替代和路径偶然。② 路径依赖强调初始选择的重要性，认为制度一旦确立下来就会有很强的稳定性，产生一种惯性，人们由于习惯而遵守制度，即使它有各种各样的缺陷。人们倾向于遵循次优制度的原因还在于制度更新需要很大的成本。路径替代是指政治精英、政党、政府等权威力量用新制度取代旧制度的过程，这对于历史上出现的政治制度的突变具有很强的解释力。路径替代理论借鉴理性经济人假设，认为当权威力量意识到新制度的建立将带来利益最大化的结果时，会倾向于选择通过革命或者改革等强制性方式建立新制度。路径替代和路径依赖并不冲突，反而是相互补充，在社会发展稳定时期，路径依赖普遍存在，当社会发生重大危机之时，权威力量意识到旧制度落后于形势发展，制度变革由此提上日程。部分学者承认，革命等激进的制度变革方式并不一定带来形势的好转。但值得肯定的是，它使落后的制度在短时间内崩溃，不再因为惯性而以一种低效率的形式存在。比如，近代中国的辛亥革命，以一个广阔的历史视角看，辛亥革命的成功之处不在于新制度的建构，而在于推翻了存在于中国几千年的封建君主专制制度，使人们与旧制度彻底决裂。路径偶然主要是学者们在分析苏联解体、东欧剧变时提出的政治制度变革路径。苏联、东欧等社会主义国家的政治制度变革表现出很强的历史偶然性，制度变革的征兆微乎其微。在变化前，并没有明显对立的反革命阵营存在，变革也是以非军事方式完成，这些表现令人对变革的发生时机感到诧异。学者们总结了路径偶然式政治变

---

① 转引自马得勇《历史制度主义的渐进性制度变迁理论——兼论其在中国的适用性》，《经济社会体制比较》2018 年第 5 期。

② 郭忠华：《新制度主义关于制度变迁研究的三大范式》，《天津社会科学》2003 年第4 期。

革方式的前提，即旧制度已然在短时间内崩溃，新的有影响力的政治力量又没有出现，此时制度变革在很大程度上取决于新掌权者的政策选择，因此新制度的建构具有很强的偶然性。

马雪松、张贤明依据四个标准对政治制度变革类型进行分类。① 一是根据政治制度变革动力来源标准，即政治制度发生变革的原因来自制度之外还是制度之内，分为外生性政治制度变革和内生性政治制度变革。二是根据政治制度变革的推动主体，分为强制性变革和诱致性变革。前者是指依靠政府、执政党等权威力量推动的自上而下的政治制度变革，后者是指由于新获利机会的产生，即现实利益的驱动而诱发的政治制度变革方式。三是根据变革的剧烈程度，分为激进式政治制度变革和渐进式政治制度变革。前者是指在短时间内政治制度发生剧烈变化，包括涉及全体社会成员共同遵守规则的变动、根本政治制度的变革等，此种方式对旧制度的摧毁效果立竿见影，但是由于新制度对环境的不适应，往往与最初的制度建构目标背道而驰。后者则指制度变革的过程较为缓慢，往往伴随更广泛的民众参与。主张渐进变革的人们认为，文化传统等非正式制度已经在社会成员内心深处扎根，成为一种思维惯性和行为习惯，不可能在短时间内发生剧变。因此，渐进性变革方式虽然经历的时间较长，但是能更为彻底地对旧制度加以变革。四是根据变革结果是否与行动者的最初目标相一致的标准，分为合意性变革方式和意外性变革方式。前者指变革的过程和结果基本与变革推动者的意图保持一致；后者则指变革的过程和结果与变革推动者的意图存在某种张力，变革不完全受行动者的控制，而是由多种因素决定，最后的结果往往出乎人们的意料。

三　制度变革中的路径依赖

政治制度变革理论的发展和完善得益于经济学和社会学等学科的理论成果。

---

① 马雪松、张贤明：《政治制度变迁方式的规范分析与现实思考》，《政治学研究》2016年第2期。

其他学科为政治学领域关于制度变革的研究提供了清晰的理论分析框架，制度变革的研究不再限于过去纯粹历史研究的窠臼。尤其是新制度经济学的发展，在很大程度上催生了新制度政治学的产生。在关于制度变革的诸种理论中，路径依赖理论发展最为完善，也具有较大的影响力。从学科范围上来说，路径依赖属于历史制度主义的范畴，强调制度是在漫长的历史演变中形成的，传统因素对于制度变革的方向具有重大影响。

路径依赖理论吸收了生物学的理论资源。古生物学家在研究物种灭绝问题时，发现物种的演变极为缓慢，只有在环境发生突变时，物种进化才得以发生。由此提出物种进化的路径依赖概念。经济学家保罗·戴维将路径依赖概念运用到技术变革的分析中。保罗·戴维用键盘的例子说明技术上的路径依赖特性。QWERTY 键盘在当时的键盘市场中，并不是效率最高的一款产品，但是却始终占据着最大的市场份额。保罗·戴维分析其中的原因，认为 QWERTY 键盘的持续使用产生了一种正反馈机制，即收益递增的结果，主要通过以下三个因素发挥作用。首先，技术的相关性。新产品或者新技术的优先产生使得适应产品特点和学习技术的人员越来越多，反过来，人们会倾向于购买更多此类产品。其次，规模经济带来的收益增加。技术的推广使得使用此种产品的成本降低。最后，投资的不可逆性质。投资一旦产生，如果再发生改变，将带来不可预估的损失。基于上述三种原因，一项技术即使性能不是最佳，由于优先占据市场，使得人们对其产生一种习惯性依赖，那么次优选择仍然成为可能，并成为一种常态。

另一位经济学家布莱恩·阿瑟认为技术的选择具有很大的偶然性，是“历史小事件”作用的结果。他认为，报酬递增是一项不那么完美的技术得到普遍运用的主要原因。技术被使用的频率越高，人们使用得越熟练，相同时间、相同成本的情况下就会有更多的产出。从这个角度说，技术的普遍使用使得单位产品的成本降低。另外，技术的运用会带动一系列配套性技术的出现，这些技术形成相互补充和配合的关系，共同构成一个技术体系。技术的转变不仅需要极为复杂的程序，也需要付出极大的成本。此种情况下，次优技术带来的报酬递增使得技术的路径依赖成为一个普遍的现实。①

波利亚罐子的实验通过直观方式说明了技术领域的路径依赖。同一个罐子中放入相同数量的两种不同颜色的球，随机取出一个球，根据取出球的颜色放入相同颜色的球。虽然一开始取出球体的行为是完全随机的，但结果显示，与第一次取出的球体颜色相同的次数越来越多。这个实验从概率论的角度说明了路径依赖的发生过程。

诺思是第一位把路径依赖理论运用于制度变革分析的学者。他的研究始于对不同国家的制度差异性以及低效制度长期存在这两大现象的研究。为了探寻问题的根源，诺思从各国的经济史入手，开始了对制度的研究。他的研究大致分为两个阶段，第一阶段注重对正式制度的分析，提出了制度的演变受到产权、国家和意识形态三个因素的影响。国家对产权的合理界定是有效率的产权结构产生的前提，有效率的产权结构又是国家经济健康稳定发展的必要条件。国家的产权结构如何维护合理的产权呢？在通过强制性力量对产权进行界定之外，还需要一套相对应的意识形态对产权结构进行理论上的论证，以降低维护产权结构的成本。

第二阶段的研究以非正式制度为主，研究成果主要体现在《制度、制度变迁与经济绩效》一书中。② 路径依赖理论成为分析制度变革的重要理论工具。诺思认为，原初的制度选择对后来的制度发展产生重大影响。制度的变革方向总是倾向于沿着既有路径演变。如果最初的制度选择是正确的，那么制度演变就会进入良性循环。反之，制度越来越低效，最终导致发展停滞。原初制度一旦被确定，受到报酬递增效用的影响，即由于经验的积累和认知的增加，人们遵守制度的成本降低，正反馈效果由此形成。久而久之，会形成一种自我强化机制，对制度的遵守就成为一种自发的习惯而不再是一种外在的约束。此时，制度就进入了锁定状态，即其他制度很难实现对现有制度的替代。只有当重大危机发

---

① 刘汉民：《路径依赖理论研究综述》，《经济学动态》2003 年第 6 期。

② 参见［美］道格拉斯 · C. 诺思《制度、制度变迁与经济绩效》，杭行译，格致出版社 2008 年版。

生时，制度的平衡才可能被打破，新制度才能有存在的空间。在分析路径依赖的过程中，诺思还强调了文化和政治因素的重要作用。人们的知识存量和信念维系着制度的运行，而知识存量和信念通过学习过程产生，并不断被强化。此外，制度的建构和维系是不同政治力量博弈的结果，有着漫长的讨价还价过程。鉴于这两点，诺思认为，政治制度的变革由于受到文化传统、政治博弈的影响，远远比技术的变革更为复杂。苏联东欧社会主义制度的剧变和休克改革的失败就体现了政治制度变革的复杂性。诺思的路径依赖理论告诉我们，低效率制度的存在并非例外，而是常态。

诺思的路径依赖理论在制度变革研究中最为完善，对后来的学者产生重大影响。格雷夫在继承德国历史学派研究传统的基础上，运用博弈论成果，对各国制度进行了比较分析，从微观角度描述了路径依赖机制，在诺思的基础上把理论又向前推进了一步。保罗·皮尔逊把路径依赖理论运用到政治制度的专门分析中，认为路径依赖现象在政治领域比经济领域的影响更普遍，强调历史传统在政治制度稳定方面的重要作用。①

综观现有研究中国政治制度变革的作品，多是对中国古代政治制度或是改革开放以来制度变革的分析，而很少涉及中国近代的政治制度变革。历史不能割断，中国当代政治制度必然受到近代以来政治制度变革的影响。因此，要想更加透彻地把握现有政治制度，近代政治制度的变革成为无法绕过的研究领域。

现有的关于中国近代政治制度的研究多属于纯粹历史学领域的研究，笔者综合分析新制度主义三个主要分支对于制度变革的研究，认为历史制度主义的分析框架最具解释力和说服力，因此本书拟采用历史制度主义的理论成果对戊戌维新运动中涉及的政治制度变革进行研究。以戊戌维新制度变革史料为基础，用理论框架加以分析，避免研究陷入浩如烟海的史料之中而苦于没有理论的进展。从时间上来说，本书对近代

---

① Pierson, "The Limits of Design: Explaining Institutional Origins and Change", *Governance: An International Journal of Policy and Administration*, Vol. 13, 2000, p. 4.

的界定是1840—1949年；从变革范畴上来看，着眼于政体层面，即政权组织方式的变革。在政治学基本理论中，国家政权的性质决定政体的形式。因此，政体的变革离不开国家性质的改变。把上述因素综合起来，涉及近代政治制度根本性变革的重大历史事件包括如下事件。（1）鸦片战争战败，中国从君主专制的主权国家沦为丧失部分主权的半殖民地性质的国家，君主专制政体开始瓦解，国家性质转变，但是政体还在形式上保留原状。（2）戊戌维新，以康有为、梁启超为代表的受西方政治思想影响的知识分子支持没有实权的光绪皇帝推动的一场政体层面的改革，目标是建立君主立宪政体，最终在与反对力量的斗争中失败，改革的目标大部分没有实现。但是无论从思想还是实际举措上来说，其主张在一定程度上符合当时形势的发展。因此，对转变人们的政治思想观念，尤其是上层政治精英的政治观念，具有一定进步意义。（3）清末新政，以慈禧太后为代表的拥有实际政治权力的统治阶级在危机越发严重之时，进行的一场政体层面的自我革命，改革举措和戊戌维新基本一致。但与戊戌维新相比，清末新政有更多实质性的改变，这使其具备近代意义的政体改革因素。由于通过改革建构新的政治制度并非推动者的真实意图，清末新政最终没有完成制度变革过程。（4）辛亥革命，中国从半殖民地性质的国家转变为资产阶级民主共和制的国家。君主专制垮台，民主共和制建立，国家性质和政体形式均发生改变。国家性质上，由过去的地主阶级掌权转变为资产阶级掌权。政体形式上，由君主专制转变为民主共和制。（5）中华人民共和国成立，主要表现为国家性质的转变，从资产阶级性质国家转变为以工农联盟为基础的社会主义国家。政体层面上，虽然具有临时宪法性质的《中国人民政治协商会议共同纲领》规定，国家最高政权机关为全国人民代表大会，但是由于新民主主义革命的任务尚未彻底完成，并且战后仍需大量恢复重建工作，政协会议代行人民代表大会的职权，因此，政体的转变尚未完全完成。

本书拟选取戊戌维新为分析案例，从政治文化的视角对政治制度变革的过程和结果进行分析，从而得出政治文化影响政治制度变革机制的一般性结论。

第三节　政治文化影响政治制度变革的具体机制

政治体系包含政治制度和政治文化两项内容，二者的相互配合促进政治秩序的稳定。其中，政治制度是显性结构，是政治文化的外在表现形式；政治文化是隐性结构，具有深层次特点。

关于政治文化和政治制度哪一个是更为根本性的因素，笔者不做具体探讨，避免陷入“鸡生蛋还是蛋生鸡”的循环往复的争论之中。换个思路看待问题，从哪一个的影响性更大的角度看，笔者认同政治文化对政治制度的影响大于政治制度对政治文化的影响。由于本书的研究主题是从政治文化角度审视政治制度的变革，因此把研究重点放在政治文化对政治制度的影响方面，但这并不代表笔者否认政治制度对政治文化的影响。

一　政治文化影响政治制度变革的路径：建构、维系、运行

总体而言，政治文化从三个方面对政治制度产生影响，分别为政治制度的建构或更新、政治制度的维系、政治制度的实际运行状况。由于本书重点研究政治制度的变革，因此对第一个方面予以重点阐释。

在政治制度的建构或更新方面，当政治文化和政治制度相互协调时，政治体系稳定发展。当然，完全一致的理想状态不存在，然而只要二者的张力保持在一定程度之内，政治制度的变革就表现为“量”的变化，而无“质”的飞跃。正如中国古代政治文化和政治制度的高度一致性使得政治制度维系几千年而没有发生根本性的变化，只是在具体的政治体制方面有所改变。问题的关键点在于，政治文化和政治制度是两个独立的系统，二者的发展都遵循各自的内在规律。因此，当社会条件发生变化时，政治文化和政治制度的差异性就会变大，二者的张力超过一定限度，政治不稳定就会发生。具体情况分为两种：一是政治文化

发展速度超过政治制度发展速度，一般表现为先进政治思想的产生以及民众旧有政治观念的变更；二是政治制度的发展速度较快，这时表现为传统政治文化仍然在普通民众之间发挥影响，但是旧有的政治制度已经瓦解，新的政治制度完成建构。第一种情况的典型代表如西方的启蒙运动，在这场思想解放运动中，一大批政治思想家倡导自由、民主、平等的政治理念，并且规划了三权分立等新政治制度的建构原则。启蒙运动倡导的政治理念不仅在社会上层人士中间产生影响，在普通民众中间也具有很大的影响力，新政治理念对旧有的政治观念产生了很大的冲击。正如该运动的名称那样，启蒙运动如一束思想之光，照亮了人们原本昏暗落后的观念，起到了启发民智的作用。西方国家如英国、美国、法国资产阶级革命的发生无不受到启蒙运动的影响，这些国家最终确立的政治制度也都体现了启蒙思想家的政治理念。第二种情况如在第二次世界大战后独立的东南亚、非洲等地区的国家。这些国家均有过被西方国家殖民的经历，受宗主国的影响，在获得主权后重新建构起新的政治制度。这种建构不是基于本国的实际情况，而是对西方民主制度移植的结果。然而，传统的政治文化在大众心中还有很深的积淀，政治制度与政治文化之间巨大的差距导致政治不稳定现象频发。政治文化和政治制度，无论是哪一个首先发生变革，都是在社会转型时期产生的特有现象。仔细分析，即使在政治制度首先发生变革的情况下，政治文化也会在某种程度上发生变化。此时表现为社会少部分人群，如社会精英对先进政治思想的认同和吸收。因此，上述两种情况的差别表面上表现为政治文化和政治制度哪一个先发生变革，实际上则是政治文化发生变革的范围大小问题。第一种情况下，政治文化发生变革的范围较大，无论是社会精英还是普通民众，都对新的政治文化产生某种程度上的认可，社会精英吸收了先进的政治思想，普通大众的政治心理也发生了转变。传统的政治文化受到了较大的冲击，新的政治文化占据了大部分市场。第二种情况，政治文化的变革往往只是停留在精英阶层接受先进政治思想层面，甚至是精英阶层内部的政治观念也有很大分歧。普通大众的政治心理没有发生转变，对传统政治文化仍然保持较高的认可度。两种情况的结果都可能导致新政治制度的建构或者更新，只不过前一种情况下变革的成果更容易巩固，而后者的成果很可能是昙花一现，很快功亏一篑。

在政治制度的维系方面，制度的延续时间长短需要强制力量的约束，以防止敌对势力的武装破坏，同时还需要政治文化这一软性力量的支撑。政治文化一方面构成了政治制度的内在价值和精神，另一方面也为政治制度的维系营造相适应的外在环境。前者表现为对政治制度的合法性论证和功能性解说，即从理论上说明政治制度的正当性和存在的合理性。后者表现为通过政治社会化途径对政治制度的合理性进行宣传，使得大众形成对政治制度的理解和认同，在情感上予以拥护，在心理上予以支持。

政治文化对政治制度予以支持的前提是自身整合的完成，这包含着完成整合的政治文化在与其他多元的政治文化发生激荡和碰撞时，对多元政治文化合理性的消解、非合理性的论证以及对合理因素的吸收，最终占据主流地位，得到最大多数社会成员的支持和认同。主流政治文化保持较高的被认可度，就可以为政治制度提供持续的力量源泉。相反，如果人们对政治亚文化的认可程度提升，那么其与主流政治文化的矛盾就会激化，政治制度的合法性也会随之被削弱。当然，政治文化并非铁板一块，即使是在社会稳定时期，也会有各种政治亚文化的存在，但只要其影响范围被控制在小众范围内，政治制度的平稳运行就成为可能。

在政治制度的实际运行方面，一项政治制度被建构起来，其发挥作用的情况还取决于政治文化因素。比如，中国建构起社会主义民主政治制度，由于几千年传统政治文化的深刻影响，在制度的实际运行中，重视情感人伦的现象仍然较为普遍。此种情况之下，形成了种种“潜规则”。可见政治文化的转型是一个循序渐进的长期过程。

二　政治文化影响政治制度变革的过程

政治文化是如何影响政治制度的建构或者更新的呢？这其中的具体机制是怎样的呢？笔者认为，主要通过以下三个方面来体现。

（一）政治文化传播广度：精英与大众

在政治文化的主体分层方面，表现为精英与大众的政治文化是否同步。以先进知识分子为代表的社会精英阶层由于具备深厚的学识、广阔的视野和丰富的社会资源，最先接触到先进的政治思想。本国现实的政治危机催促着他们寻求救国之道，如果新接触的政治思想正好回应了他们的疑问，那么先进知识分子就会对新政治思想进行消化吸收。接着，他们会从两个方面予以努力。一是对本国的政治制度进行顶层设计，规划出大致的蓝图。主要包括政体类型的选择、政治机构的设置和各个机构之间的地位关系，制度变更是采取彻底革命的激进方式还是与现实妥协采取较为温和的改良方式等。二是对政治思想予以宣传，这涉及政治社会化理论。如果政治社会化较为成功，那么大众的政治心理就会发生转变，原来传统的政治心理逐渐瓦解，新的政治心理建构起来。此种情况下，精英和大众的政治文化表现为同步性，政治制度的建构一般会较为成功。政治社会化如果不彻底，精英和大众政治文化存在很大的差距，大众政治心理无法形成对新建构的政治制度的认同，变革的成果一旦遇到反对力量的冲击，就很难巩固。

（二）政治文化整合效果：传统与外来

在政治文化的整合方面，表现为传统的和外来的政治文化是否能完成融合。政治文化的转变需要一个长期过程，无法在短时间内实现彻底改造。传统政治文化经过长时间演变，早已在人们心中形成根深蒂固的观念，深深地扎下了根。人们信奉旧有的政治文化，不是理性思考的结果，而是一种习惯。人们心里的潜台词是："过去就是这样做的，必然有其中的道理。"社会转型期，政治文化往往呈现出极为复杂的状况，多种政治文化并存，你方唱罢我方登场，任何一种政治文化都很难笼络大部分民众的心。传统的政治文化受到外来政治文化的冲击，开始消解；外来政治文化受到传统政治文化的抵制，很难稳固地在民众之间达成共识，传统与外来政治文化呈现出此消彼长的情形。此种情况下，政治文化很难形成对已经建构起来的政治制度的内在支撑，只会消解现存制度的合法性。因此，对传统和新型政治文化进行融合是一种让人们接受先进政治文化的最便捷方式。整合成功，人们达成共识，政治制度变革成为顺理成章之事。整合失败，政治文化呈现破碎状态，政治制度的变革也很难成功。英国1688年光荣革命之所以成为资产阶级革命的典范，原因之一就在于其对传统政治文化和民主政治文化进行了整合，最终形成了对君主立宪制的稳固支撑。一方面，尊重传统，保留君主的设置；另一方面，设立议会，建构起现代民主制度。又如，中国近代的清末新政，在推动者内部就存在观念上的分歧，又在效仿日本还是英国的政治道路问题上存在着激烈争论。此外，在新政推动者外部，还存在着主张美法式民主共和道路的力量，各方政治思想相互碰撞，没有形成共识，更别提对普通大众的政治文化宣传了。

（三）政治文化演变层次：表层与深层

在政治文化的结构方面，表现为表层和深层政治文化的演变。表层政治文化主要指涉政治思想，深层政治文化主要指涉政治心理。政治思想是针对社会精英的政治认识而言，政治心理的主体一般是社会大众。一般而言，以先进知识分子为代表的社会精英阶层由于具有相对开放包容的态度，容易接受外来政治思想。而社会大众的政治心理是一种深层次的观念积淀，很难一时间实现扭转。值得注意的是，政治文化转变的层次具体达到什么深度，还取决于政治文化是内生性还是外生性的特点。具体而言，如果一种政治文化是在该国经济社会发展的基础上自然形成的，那么政治文化就具有内生性，这符合马克思主义的社会存在决定社会意识的基本原理。此种情况下，政治文化的深层次转变就较为容易发生，政治制度变革成果也随之巩固下来。相反，如果政治文化是从外国移植而来，与本国的社会经济条件相差甚远的话，即使知识分子对先进政治思想予以接受，并不遗余力地进行宣传，也很难实现政治文化的深层次演变，政治制度的变革成果也因而很难巩固下来。

第二章

现代化进程中的戊戌变法
——一种实践分析

第一节　近代中国社会基本状况

“清朝前期在解决国家统一和恢复发展经济方面确实有突出的表现。但对于强盛中所出现的问题，清朝统治者的表现却不尽如人意。这些‘新’问题主要包括两个，一是内部迅速膨胀的人口及其相关问题，二是外部世界统一市场的初步形成及其对中国的压力。这两大问题成为18世纪末以来关系中华民族命运的关键问题。”①

一　经济基本情况

（一）鸦片战争前中国人口和土地的基本情况

中国古代素有王朝兴衰循环的传统，新王朝建立伊始，统治者通常会实行休养生息的惠民政策，以增强政权的合法性，稳固统治的根基。清朝也不例外，在基本完成疆域的统一之后，把重点放在了发展生产方面。1712年，康熙帝宣布“滋生人丁，永不加赋”，把丁税的税额进行固定。在此基础上，雍正帝推行了摊丁入亩的赋税制度，把丁税整合到田税中，只对田地的面积进行征税。清朝前期赋税制度的改革在一定程度上减轻了农民的税额负担，促进了人口的增长，在1741年至1791年

---

① 王宪明、张勇、蔡乐苏：《戊戌变法史》（述论稿），清华大学出版社2001年版，第2—3页。

的50年间，连续突破了2亿人口、3亿人口的关口。清朝的人口增长不仅体现在庞大的人口基数上，还体现在较高的人口增长率上，在18世纪40、70年代，人口增长率分别为2.40%和2.68%。[①] 在农业占绝对主导地位的中国传统社会，经济的增长主要依赖于劳动力的增加。因此，人口增长有利于农业的发展。在此基础上，政府推行了一系列有利于农业发展的措施，包括鼓励开垦荒地、推广种植产量较高的农作物、改善复种制度等。在18世纪，中国的粮食产量达到前所未有的高水平，康乾盛世的出现与农业的发展紧密相连。[②] 人口的增长和合理的政策推动了农业的发展，农业的发展反过来又促进了人们生活水平的提高。这本来应该是一个良性循环，然而历史不会总像人们设想得那样美好，繁荣现象的背后隐藏着衰落的危机。在农业种植技术既定的情况下，耕地基本上被开发殆尽，人口的增长快于粮食的增长，人均粮食占有量降低。此种情况下，人们会倾向于采取向自然过度索取的行为，然而环境的承载力是有限的，久而久之，土地的肥沃程度下降，水土流失、土地沙化等现象随之而来，由此导致自然灾害频繁发生，粮食的增产就成为无稽之谈。从乾隆中期以后，清朝就开始陷入“马尔萨斯陷阱”的泥潭。[③] 人口的过度增长，还导致农业内卷化现象的出现，政府把注意力放在了如何安置剩余的劳动力方面，而不是着眼于如何提高农业生产技术。[④] 美籍华裔学者黄宗智先后出版了《华北的小农经济与社会变迁》《长江三角洲小农家庭与乡村发展》等书，运用农业内卷化理论对中国农村经济进行分析。前者对20世纪30—40年代的华北农村进行研究，

---

① 黄长义：《人口压力与清中叶经济社会的病变》，《江汉论坛》2000年第12期。

② 孙兵：《人口、盛世与民生：对于清前期经济增长方式的反思》，《安徽师范大学学报》（人文社会科学版）2016年第2期。

③ 托马斯·罗伯特·马尔萨斯（Thomas Robert Malthus，1766—1834），英国人口学家，1798年出版《人口原理》一书。该书认为，人口增长呈几何态势，而生存资料的增长呈算数态势，人口的增长不能超出农业的发展水平，否则多出来的人口总是要以战争、自然灾害等非常规的方式被消解掉。

④ 农业内卷化现象主要是指农业生产长期停留在既定技术水平下的重复生产状态。该理论首先由美国学者吉尔茨提出，参见 Giertz，*Agriculture Involution*：*The Process of Ecological Change in Indonesia*，Berkeley：California University. Press，1963.

后者以一个广阔的历史视角，梳理了长江三角洲从明代初年至20世纪80年代农业的发展，重点对20世纪80年代的农业状况进行考察，运用第一手资料得出相关结论。两本书共同的地方是，都提到了人口的过度增长导致农业过密的劳动力投入，而技术要素的投入则微乎其微，从而导致农业没有实质性的飞跃和进步。

在土地管理方面，由于私人土地所有制的存在，土地可以被自由买卖，在遇到自然灾害、家庭变故或者课税负担难以承受的情况下，个体农民就倾向于将土地卖出以求得生存。长此以往，土地集中程度越发严重，中国古代王朝的兴衰更替与土地集中现象密切相关。王朝建立之初，统治者尤其重视对农民的安抚，重新分配土地，无地、少地的农民由于土地的获取而使其生活水平得到了提升。而由于土地私有制的存在，土地兼并现象不可避免，加上政府没有及时实行有效的政策进行制止，少数大地主拥有绝对多数的土地。在农业社会，土地作为最重要的生产资料，没有土地就意味着农民难以生存，因此，土地兼并程度的加深最终往往导致农民起义的爆发，王朝统治的合法性下降，统治岌岌可危。清朝也大抵没有逃过土地兼并的陷阱。清政府把耕地分为官田和民田两种类型。官田的很大一部分属于皇室所有，归内务府管理，民田属于私人所有，可以自由买卖。清朝早期的康熙年间，民田的所有权相对分散，但是到了乾隆年间，土地兼并现象严重起来，仅和珅一人就占有80多万亩土地。[①] 在人口压力已经凸显的情况下，土地兼并现象的加重无疑给广大农民带来了更大的生存负担。再加上大地主的税负转移，民众更是苦不堪言。许多农民丧失土地，成为流民，无疑增加了社会不稳定因素，从18世纪末到鸦片战争前夕，农民起义频发，平均每三年就爆发一次规模较大的农民起义。[②] 1796年爆发的白莲教大起义，历时近十年才最终被平定。从农业发展来看，清朝的经济在乾隆后期，已经潜伏着危机。生活在乾隆年间的清代著名小说家曹雪芹，其代表作《红楼梦》对封建大家族由盛至衰的过程进行了生动的刻画，映射出作家

---

① 胡绳：《从鸦片战争到五四运动》（简本），华东师范大学出版社2014年版，第3页。

② 黄长义：《人口压力与清中叶经济社会的病变》，《江汉论坛》2000年第12期。

本人对当时社会黑暗面的感知。而稍晚一些的龚自珍（1792—1841），作为清朝中期优秀的文学家，同时也是一位政治家，对当时社会的腐败和不公现象进行了大胆的批判，此方面的作品多见于其诗集《己亥杂诗》中。

（二）鸦片战争前中国的对外贸易

清代初年，对外贸易政策时张时弛。康熙年间，政府在沿海设置了4个口岸。到了乾隆时期，政府规定只保留广州一处通商口岸（1757）。[①] 这种情况直到鸦片战争失败后签订《南京条约》才被迫改变。其间，清政府依靠公行制度对广州口岸的对外贸易进行管理。公行又名十三行，是清政府授予负责处理对外贸易事宜的商人组织。成为十三行成员，需要具备很高的条件，首要的一点是要有雄厚的经济基础，清政府规定在加入公行之前需要缴纳高额度的银两。公行的角色定位是在清政府和外商之间充当桥梁作用，作为政府的代理人，负责向外商传递政府政策和书信，承担代销代购业务，管理监督外商的日常行为，最重要的，还负责贸易结算和关税的征收。但是当时朝廷定的海关关税很轻，朝廷也不看重这笔海关收入，主要用来购买西方的各种奇技淫巧。十三行制度反映出清政府对外政策的保守性，以及在对外贸易方面的轻视态度，这与中国古代重农抑商的传统具有一致性，对外贸易没有促成生产的再扩大和资本的原始积累。无独有偶，1792年，处于工业化进程中的英国想要扩大和中国的贸易往来，派特使马戛尔尼来华，商量通商事宜，无果而终，同样反映出中国自然经济体系很强的路径依赖性。

从对外贸易的内容和对象来看，中国出口的商品中，茶叶占首位，此外还有生丝和瓷器等。贸易往来对象中，最大的出口国家为英国。18世纪末，英国已经开始工业革命的进程，各项新技术层出不穷。尤其是蒸汽机的发明，解决了工业机械化的动力问题，结束了人们对包括人力、畜力和风力等在内的自然动力的依赖。工业革命的推进使得英国的

---

① 李金明：《广州十三行：清代封建外贸制度的牺牲品》，《广东社会科学》2010年第2期。

物质财富得到很大提升，民众的生活也得到显著提高。一个明显的例证是，茶叶这一高档消费品的使用由上层人士普及到普通民众中来，由此形成了英国人饮用下午茶的习惯。这一休闲习惯使得英国对茶叶的需求大为提升，而当时中国是茶叶的主要产地，在鸦片战争前的数十年时间，英国从中国进口的主要商品就是茶叶。中国向英国出口的茶叶数量逐年增加，乾隆五十年（1785），出口1300万斤，而到了嘉庆十八年（1813），就增长到了2120万斤，道光十七年（1837），从广东出口的茶叶达30万石左右，共值银钱400余万元。① 除英国外，荷兰、法国和美国等也从中国进口大量茶叶。茶叶贸易量的增长促进了中国国内茶叶的种植，如福建的武夷山区成为红茶的主要产区。同时，在一定程度上还缓解了剩余劳动力的问题，比如，茶叶的搬运需要大量的劳动力。此外，还促进了茶叶加工业的发展。

在鸦片战争前，中国在有限的对外贸易中一直处于出超地位。以18世纪末为例，1781—1790年，在中国销往英国的商品中，仅茶叶一项就达9600万元。而1781—1793年，英国销往中国的全部工业品只有1600万元，仅及茶价的1/6。所以，外国必须以白银来抵付贸易差额。19世纪初，从广州流入的白银，每年在100万—400万两。直到19世纪二三十年代，每年仍旧出超二三百万两以上。② 虽然贸易额是判断一个国家对外贸易状况的重要指标，但是对外贸易的出超现象并不代表着中国在中英贸易中的绝对优势地位。鸦片战争前中国对外贸易中的出超是一个暂时现象，因为其不是建立在雄厚经济实力基础上的，而是由于中国的经济体系还处于传统的自给自足的自然经济，此种情况下，广大民众对外来商品基本上没有什么需求。中国出口的茶叶、生丝等土特产品，产品附加值不高，因此获得的利润有限。此外，虽然中国在茶叶、桑树的种植上具有先天的气候和地形优势，在长久的种植历史中也积累

① 职晓东、秦法广：《论清朝鸦片战争前广州茶叶外贸兴盛的原因》，《农业考古》2012年第2期。

② 严中平等编：《中国近代经济史统计资料选辑》，中国社会科学出版社2012年版，第21页。

了丰富的经验，但是此类产品仍具有很强的替代性，后来，中国的茶叶被印度和锡兰①所替代，成为英国主要的茶叶进口地。此外，以国际贸易基本理论来审视鸦片战争前的中英贸易，长期的顺差将会导致处于逆差国的利益的受损，双方的贸易因此很难维系，后来的鸦片战争证明了这一点。

二 政治制度基本情况

（一）皇权高度集中：密折制度和军机处的设置

中国古代政治制度具有较强的稳定性。从秦朝建构起专制主义中央集权的政治制度开始，一直到鸦片战争之前，政治制度的基本模式没有改变。清朝统治者对政治制度加以修正，把君主集权推向了顶峰。宰相的权力通常被认为是对皇帝权力的约束和制衡，明朝初年废除宰相后，皇帝权力进一步集中。清朝统治者为了更好地控制庞大的官僚系统，在更广泛的疆域上施加影响力，确保少数民族政权的稳固性，在明朝的基础上，把皇权进一步集中，具体表现为密折制度的建立和军机处的设置。密折制度属于公文制度的范畴，清朝初年基本上继承了明朝的公文制度，官员与皇帝之间的文本沟通包括公事和私事两项内容。反映公事的文本为题本，涵盖私事内容的文本则为奏本。前者的内容涉及财政、军事等事宜，加盖公印，后者则不用公印。无论是题本还是奏本，保密性不是很强。在康熙年间，皇帝派官员李煦、曹寅等秘密了解江南舆情，李煦等人将搜集和了解来的情况通过密折向上汇报，康熙皇帝把批复直接写在密折上，再退回给他们。由于上报的情况涉及官场纷争，因此采取了密折陈奏的形式，只有皇帝和上奏的官员两个人知道。此外，密折还会涉及地方的粮食收成、价格等内容。康熙三十二年（1693），李煦任苏州织造，将当地的农业情况汇报给皇帝，皇帝在密折上回复到："五月间闻得淮徐以南，时旸舛候，夏泽愆期，民心慌慌，两浙尤甚，朕夙夜焦思，寝食不安，

① 今称斯里兰卡，南亚岛国。

但有南来者，必问详细，闻尔所奏，少解宵旰之劳，秋收之后，还写奏帖奏来。”①

密折后来也称为奏折，它的出现迎合了皇权集中的需要。康熙时期，密折只有皇帝信任的少数官员才可以使用。雍正年间，密折制度不断完善，逐渐成为一项常规性的文书制度，凡是涉及不便公开讨论的内容，官员都可以先采用密折的形式上报。密折制度在此时期发展成熟有着特殊的原因。首先，雍正帝的皇位继承伴随激烈的权力斗争，康熙皇帝在位时间较长，其间多次更换太子，各个皇子形成了自己的党羽，围绕最高权力的争夺展开殊死较量，雍正最终排除异己，登上皇位，采用密折制度也是为了更好地监视各反对力量的动态，从而更好地保持统治的稳固。其次，清朝建立之初，为了更好地维系统治，设立了议政王大臣会议和辅政大臣等有利于对抗明朝军事反抗的制度，到了雍正时期，国家实力不断恢复，统治也逐渐稳固，此时是加强皇权的最好时期。最后，清朝初年，由于统治者采取休养生息的政策，人口快速增长，出现了劳动力过剩的局面，大量流民产生，结成秘密组织，甚是活跃，密折制度满足统治者随时监控秘密会社的动态的要求，以便把不安定因素及时扼杀在摇篮之中。② 密折制度不断完善的重要表现在于其具备一套极为严格的保密机制。一是上报的中间环节少。官员向皇帝上奏，派亲信送达，到京师后直接送达皇帝指派的亲信手中。与普通文书相比，少了许多中间环节。以往公开的文书需要先交给通政司，通政司再转交给内阁，内阁成员对文书进行整理后再递交给皇帝，文书在上交给皇帝过目前已经有许多人提前看过，不利于信息的完整传达。二是密折还有皇帝向官员提前给予的专用锁箱进行放置，钥匙只有皇帝和官员所有。这就避免了中间经手人员的提前浏览行为，保证密折内容完整无误地传递给皇帝。此外，密折都是由皇帝亲自批阅，严禁官员之间讨论揣测密折内容，上奏的官员在看到皇帝的批复后，要在规定的时间内将密折上交给

① 中国第一历史档案馆：《康熙朝汉文朱批奏折汇编》（第一辑），档案出版社 2010 年版，第 5 页。

② 晁中辰：《雍正朝的密折制度》，《文史哲》2002 年第 2 期。

中央。

专制制度中，皇帝拥有最高权力，在各项事务的决策中具有绝对的权威，久而久之，很容易形成独断的习惯，这不利于政策的制定和统治的延续，广开言路是历史上明君的共同点，所谓“兼听则明，偏信则暗”。而密折制度正是皇帝了解各地实际情况的重要渠道之一，官员们由于奏折的保密性，在与皇帝的沟通中减少了因吐露实情而导致自身利益受损的概率，因此更加倾向于把自己掌握的民情如实汇报，这样有利于提高政策的合理性和可行性。改土归流和摊丁入亩的施行就是雍正皇帝在和多位大臣通过密奏形式反复谈论磋商后的结果，从政策施行的效果来看，基于掌握实际情况的基础上制定的政策具有较高的合理性。

在古代通信技术不发达的情况下，官员向中央汇报地方情况需要经过很长时间，再加上多重官方程序的设定，一道题本从地方发出到皇帝接收可能需要几个月的时间，如果题本的内容实效性较强，无疑会延误处理问题的最佳时机，密折制度的存在简化了官员向皇帝汇报实情的流程，大大提高了行政效率，有利于紧急情况的及时解决。

总的来看，密折制度的制定拓宽了皇帝获取信息的渠道，有利于治理水平的提高和吏治的清明。但是奏折的秘密性也在另一方面助长了官员之间互相诬陷的可能性，不利于官员之间的和谐和政事的推进。

军机处的设置是清朝加强皇权的又一个重要体现。军机处始建于雍正初年，属于中枢行政机构。一开始是为了征讨准噶尔，向西北用兵，与相关大臣和将军商讨军需事宜，其间两年多，没有人知晓此事。雍正帝受此启发，在原来军事职能的基础上予以扩充，逐渐演变为清朝最重要的中央行政机构。皇帝颁布的上谕，基本上是由军机处进行事先草拟，皇帝审阅同意后，昭告天下，涉及机密的，也由军机处进行密发。涉及重大事务，皇帝会和军机处官员进行商议，或者由军机处内部先行商议，再交由皇帝作为决策时的参考。此外，军机处还参与文武官员的选任、重大刑事案件的审理以及地方政务的督查，其职能涉及行政、人事、司法、军事等领域。

军机处在内部人员的设置上，主要包括军机大臣和军机章京，前者俗称“大军机”，是日常工作的主要负责者，后者俗称“小军机”，主要承担事务性工作，包括文稿的起草、会议的记录、档案的整理等。军机处日常的工作流程一般是先由军机章京从奏事处把官员的奏折搜集来，送给军机大臣过目，军机大臣把奏折内容向皇帝汇报，听取皇帝的旨意，回去后负责草拟上谕，再交由皇帝审阅，通过后下发有关部门执行。如前文提到，上谕分为公开和秘密两类，不同的谕旨遵循不同的下发流程。

中国传统政治制度最显著的特征是君主专制，最高统治者皇帝集立法、行政、司法大权于一身，对其权力的制约也多是道德等非制度性的弹性约束，即使是如谏官、丞相等制度性的约束，也很难长久延续，呈现缺乏刚性的特点。正如学者刘泽华所说：“王的权力是至上的，没有任何有效的、有序的制衡力量，王的权位是终生的和世袭的。”①

清朝自然也不例外，而且在制度活力已经逐渐丧失的形势下，王权呈现逐渐加强的趋势。军机处的设置和运行就是一个明证。无论是从其工作职能，还是从其工作流程上来看，军机处都占有极为重要的地位，它越过内阁和议政王大臣会议，实现和皇帝的直接沟通。该机构内部人员的设置和工作程序的简化，在极大地提高行政效率的同时也增强了政务处理的保密性。但是军机处没有决策的权力，在具体事务上也不具备独立的处置空间，更多的是承担上传下达的职能。就连保管印信的职能也不具备，在使用印信时，需要到奏事处请印，用完后立即送回。有时各地上报的奏折是先由皇帝阅览后再交由军机处整理。由此看来，军机处的重要性逐渐大过内阁和议政王大臣会议，实际上是皇权集中的体现。皇帝拥有一切政事的知情权和最终决策权，而军机处是皇帝更好掌权的工具，基本上不具有自主性，从这一点上来说，军机处的设置充分体现了清朝皇权集中的趋势。

（二）中央集权之基层控制：由里甲制向保甲制的演变

中央集权是传统中国政治制度的另一个重要特征，它涉及国家政权

---

① 刘泽华：《中国的王权主义》，上海人民出版社2000年版，第3页。

的整体与部分、中央与地方的关系。自秦朝始，中国古代除出现过几次短暂的事实上的分裂割据状态外，大多处于中央集权的状态之中。统治者总是致力于消除地方割据的存在，以实现政权的统一，从而使地方严格遵从中央在各个领域的统治。清朝在鸦片战争爆发之前，具有独立的主权，在国家结构形式上呈现出对地方的统治加强的趋势，这从清朝政府对基层的控制上可见一斑，主要体现为保甲制度的推行和普及。

清朝在前期，基本上沿袭明代的里甲制度。政府在全国范围内进行人口普查，以"户"作为最基本的生产和生活单位，编制人口黄册，以此作为征收赋税和徭役的依据，从而实现对广大基层人口的控制。里甲制度规定，每10户为一甲，每10甲设一名里长，负责管理甲内人口，催交粮食、监督徭役。里长由县级官员选定，其选拔具有一定的财产限制，一般是由缴纳赋税和贡献徭役较多的人担任。

10甲为一里，一里包括100户普通民众和10名里长。

明代末年，由于连年的战乱，产生大量的人口迁徙和耕地变更现象，之前统计的黄册已经与现实情况相差甚远，里甲制度名存实亡。清顺治年间开始重新对人口进行统计，旨在通过恢复里甲制度实现对基层的管理。从顺治十三年（1656年）开始，清政府规定每五年进行一次户口编审，每十年进行一次大规模的黄册编写，保证如实反映出人口数量的变化。

里甲制度最主要的功能在于对赋税的征收，为政权的维系提供物质基础。然而在实际的运行中，隐藏着很大的漏洞。负责征收赋税的里长，不属于官僚系统的范围，因而没有政府分发的薪酬，但是要对县级长官负责，必须要按时缴纳规定数额的税赋，但是基层存在着大量的土地兼并现象，大的宗族拥有很大的势力，宗族成员往往会利用各种手段逃避税收，里长只能对势单力薄的普通农民进行征税，因此，在基层，人们对里长的认同度很低，赋税的征收也总是存在各种欺上瞒下的情况。再加上土地买卖和兼并、人口流动等现象的存在，里长很难真正完成征收赋税的任务，对于人口的管理也无从谈起，这反映出里甲制度在设计和实际运行上的偏差。王朝建立伊始，统治者尤其注意对土地的管控，采取各项措施制止土地兼并现象，此种情况下，里甲制度可以平稳运行，然而由于土地私有制的存在，随着时间的推移，土地兼并现象越发严重，里甲制度形同虚设。“里甲制度是建立在自给自足的小农经济占绝对统治地位，土地兼并尚不严重，商品经济不够发达，土地买卖不频繁，而政治又相对清明的基础上，只要这些环节中的任何一个发生变化，都会破坏其运转，给赋役征收带来困难。”①

顺治皇帝之后的统治者随着形势的发展逐渐意识到这一制度的弊端，随着康熙皇帝“滋生人丁，永不加赋”和雍正皇帝“摊丁入亩”政策的全面推行，清政府对丁银不再征收，“有田则有赋，有丁则有役”的制度不复存在，人口编审也因而失去意义，在土地和人口相结合的基础上形成的里甲制度逐渐消退，一种更为有效的保甲制取代其成为基层控制的主要手段。

保甲制度在清朝初年就已经开始施行，最初主要承担基层治安管理的职能，配合里甲制的经济功能，共同实现对基层的控制。随着赋税制度的改革，保甲制在原来治安功能的基础上逐渐扩充了里甲制的功能，对基层实现强化控制。乾隆年间，对保甲制度进行完善，保甲制度逐渐形成定式。在编制内容上，各户的婚丧嫁娶、迁移流动等情况都要登记在册；改土归流后的各少数民族，流动性较大的商贩、渔民、无业人员等均列入编制的范围；主要负责人保长不得再由官府派遣别的职务，每年更换一次；对危害社会治安的各类行为，包括盗窃、赌博、参与邪教等行为进行监督，对相关可疑行为予以监控。

保甲制度的加强反映出清朝面临着日益严重的社会危机。民众抗租、抢粮、罢市的行为此起彼伏，波及全国大部分地区，摊丁入亩之后人口的流动之势也更加明显。此时加强对基层的控制有利于统治的稳固。清朝作为中国传统社会的最后一个王朝，其统治的维系面临着比之前王朝更大的困难和挑战，比如，人口的急剧增长、国际形势的风云变幻，而保甲制度的推行在其中起着重要的作用。保长作为推动保甲制度

---

① 白钢主编：《中国政治制度通史》，人民出版社1996年版，第212页。

运行的中坚力量，一方面受制于县级政府官员的管理；另一方面由于受到基层地主乡绅的推荐，保持着同基层权势阶层的密切联系。因而保长不仅在征收赋税，维系基层治安方面承担着相应职能，在沟通政府和基层权势方面也起着重要作用，促进了政权与绅权、满族和汉族的关系调和。

值得注意的是，在中国传统社会，农村中有名望的乡绅和势力较大的宗族在基层社会的正常运转中扮演着重要的角色，但是这些基层力量不属于政权的范畴，是在自然经济制度基础上逐渐演化而来的。即使到了清朝，乡村自治力量依然扮演着重要角色，只不过政府控制的加强对其产生了某种程度上的挤压。因此，在鸦片战争爆发之前，基层的运转是乡村自治和政府控制相结合的模式，与之前朝代不同的是，保甲制的完善使得政府对基层的控制力度加大，反映出日益强化的中央集权趋势。①

三 思想文化基本情况

（一）科举制之八股取士

科举制作为中国古代最重要的选拔人才的途径，对中国的社会结构、政治运行以及思想文化等均产生了极为深远的影响。清朝的科举制从明朝沿袭而来，考试以“四书”“五经”为主要内容，以朱熹的注解为经典答案，要求考生以八股作文。八股文是在科举考试中逐渐产生的一种文体，其行文格式有着严格的规定，包括导入和议论两大部分，前半部分包括破题、承题、起讲、入手四个小部分，点明写作的宗旨和核心要义，为正式的议论做好铺垫。后半部分包括起股、中股、后股、束股，是文章的主体，以议论的方式呈现，在形式上要求每股包含两个对偶的句式，八股文因此得名。在具体的语言表述上，句与句之间的连接和词语的搭配均有许多固定的选择。一篇好的八股文需要符合结构严谨、行文通畅、用词对仗精巧等特点，在字数上也有着具体的限定，不

---

① 曹正汉、张晓鸣：《郡县制国家的社会治理逻辑——清代基层社会的“控制与自治相结合模式”研究》，《学术界》2017 年第 10 期。

同时期有着不同的字数要求，一般篇幅较短，从三百字到七百字不等。其题目都出自朱熹的《四书章句集注》，要求应试者以圣贤的口吻解读儒家经典，观点和立场也必须和程朱理学相一致，每一句话都要以经典为依据。

客观地说，八股取士有其存在的合理性。首先，八股文吸收古代诗词歌赋的韵律特点，要求短小精悍、主题突出，对应试者的文学素养、写作功底进行全面考察。文章的句与句之间有着严谨的逻辑关系，一句话写不好，文章就失去了章法，所以写作者在开始写作之前就要做到胸中有丘壑，在谋篇布局上做足功夫，才能做到一气呵成、行文流畅。写好八股文这种对外在形式有着严格要求的文体需要长时间的训练，这锻炼了应试者遣词造句的能力，对日后进入官僚系统中从事文书的写作大有益处。清朝有许多对联写作的高手，与八股取士不无关联。其次，八股文固定的行文格式为评卷人评阅试卷提供具体可操作的标准，有利于考试的公平和阅卷速度的加快。随着社会的发展和教育的普及，清朝的科举录取人数显著增加，对文体的严格限制无疑会促进评卷人在短时间内评定出优劣，并且是在遵循统一标准下进行的规范操作，而非评卷人仅凭一己好恶做出的随意评定。最后，八股取士可有效防止舞弊现象的发生，增加了考试的公平性。宋代为了防止考生和考官串通，发明了糊名法、誊录法，即评阅试卷前先把考生的姓名等相关信息予以覆盖，由专门的工作人员把考生的作答内容进行誊写，再供评卷人进行评定，这种做法在一定程度上增加了考试的公正程度，但是考生又想出其他的方式作弊，比如，在文章开头或者结尾以特定的内容标记，试后串通考官。八股文在某种程度上可以减少这种现象的发生，文章的每一部分在用词上都有严格的限制，后来甚至每段的开头都规定必须使用限定的虚词。

但是八股取士到了清朝，其弊端远远大过其存在的合理性。首先，八股取士禁锢了广大读书人的思想和解决实际问题的能力。科举制在唐朝时有多门考试科目，包括进士、明经、明算、明法等科目，应试者有较大的施展才华和独立思想的空间。但是清朝的科举制沿袭前朝，只保留进士一科，明确要求八股文作答，这把广大读书人限定在了程朱理学的思维框架内，耳濡目染、潜移默化，读书人不可避免地对其内容产生认同并奉之为人生的信条，而少有广阔的学术视野和批判性思维。读书人为了考取功名，整日沉浸在封建礼教的束缚中，把主要精力放在皓首穷经上，很少对现实问题进行关注，更别提对现实问题的解决了。事实上，考取功名的人在参加科举的人中毕竟只占很小的比例，有些人甚至把毕生精力都投入科举应试中，但是屡屡碰壁，然而其所学在现实生活中并没有多少用武之地，这就导致了读书人生存境地的窘迫，清代小说《儒林外史》中范进中举的故事就是这样的悲剧典型，不得不说是对读书人的戕害和摧残。其次，导致了科学技术的落后和经济发展的缓慢。八股取士以程朱理学为唯一考试范围，程朱理学强调个人的自省修身和对传统礼教的恪守，而少有对自然科学的探求。虽然格物致知提倡探求事务的原理和因果关系，但是其与现代的科学技术不是一个体系，无助于科学知识的积累。18 世纪末，西方的科学技术得到极大发展，这推动了其经济的发展和社会的进步，随着工业化的推进，西方逐渐超越中国。而当时中国的统治者还没有意识到这一点，对世界发展的大势一无所知，仍然沉醉于自己过去的荣耀之中。科举制作为选拔人才的重要手段，其内容的设定对读书人的学习方向有着很强的引导作用。八股取士使得具有上进心的读书人更多关注伦理道德和自身心性的完善，虽然在一定程度上有利于内心的良性发展，但是对外部世界少有认知，这使得科学技术基本上处于停滞状态，技术的停滞进而使得经济很难有重大的突破，只是在自然经济的状态下陷入周期性的兴衰循环之中。况且中国的传统中本身就包含重农抑商的观念，经济的质的飞跃就更是难上加难了。

（二）学术流派之乾嘉学派

清朝在学术上的成就主要体现在以乾嘉学派为代表的考据学的兴盛上。考据学自春秋时期就已经存在，孔子根据已有的文本资料对“六经”进行整理和修订，就属于考据学范畴内的一大成就。然而后人提到考据学，首先想到清朝时期的乾嘉学派，从一个侧面说明其在学术思想史中的重要地位，可以说，考据学是清朝学术研究的一个标志。而到了乾隆、嘉庆时期，考据学逐渐发展成为一个独立的学派，产生了大量的学术成果，积累了许多考据方法和经验，乾嘉学派因此而得名。该学派致力于对古代典籍的整理和完善，以儒家经典为核心，涉及史学、天文、地理、音律、地方志等各个领域。在整理过程中，学者们本着实事求是的治学方法和严谨的治学态度，尊重原著，从而最大限度地还原原书内容。遇到有争论的地方，力求旁征博引，广泛搜集证据，从而做到有据可查，经得起推敲。学者们对浩如烟海的古代典籍去粗取精、去伪存真，整理出大量的文献成果和知识积淀。乾隆时期，纪昀等人组织学者编写的《四库全书》较具代表性。

在当时，编书、校书成为一种学术风尚。考据学在很早的时候就已经存在，为什么在清朝中期发展得最为兴盛呢？首先，从中国学术自身的发展上来说，理学从北宋产生开始逐渐占据学术的权威，发展到清朝，其内部活力已经丧失，内部的论证体系受到种种挑战，学理性受到削弱，很难再有发展的空间。乾嘉学派的兴盛正是这一趋势的反映，在学术论证上少有进步，多是回归传统，向过去学习。其次，从政治制度的特点来看，中国古代一直实行的是君主专制的政治制度，前文提及，君主专制到了清朝又向前推进了一步。这种状况必然要体现在学术思想上，统治者禁锢人们的思想，对于思想较为活跃的知识分子尤是如此，但是统治者又注重采取怀柔的政策，以提倡学术繁荣的缘由鼓励读书人埋头于古典文献的搜集和整理。而儒家经典是统治的意识形态根基，为政权的合法性进行正面论证，一方面可以鼓励知识分子创造出学术成果；另一方面又可以从观念上促进政权的稳固，此举对于统治者来说可谓是一举两得。

反观乾嘉学派本身，从学术成果来看，多是对过去知识的总结，尊重原著的原则更是使得其成果毫无创新性可言。思想的魅力在于对现实的超验性预见，自由的空间有利于思想多样性的发展，从这一点来说，乾嘉学派既没有迸发出创新性思想火花的环境，也没有用思想指导现实问题的内在动力，其学术价值因此而受到削弱。乾嘉学派的许多成果，尤其是大部头丛书、类书的编纂，是基于当时稳定的政治环境和较为丰富的物质基础而产生的，时过境迁，当清朝面临西方世界的挑战时，政府无力提供充足的物力和财力，学术成果的涌现便成为无稽之谈，其过去成果的价值在现实问题的面前也显得无足轻重，无法有效破解在科技和制度方面的落后现状。从研究方法来看，乾嘉学派注重对古文的考据，认为年代越久远的文献价值越高，沿着这个路径，其研究就容易陷入为了考据而考据的窠臼，研究过程也变得烦琐和机械，在此基础上得出的观点就显得过于狭隘和片面，最终不利于自身的长久良性发展。

（三）文字狱：恩威并施的统治策略中“威”的体现

统治者为了稳固自己的统治，通常对可能成为异己分子的子民采取恩威并施的手段，柔性政策包括前文提到的八股取士的入仕途径、对考据学派的推崇等，刚性手段则要数文字狱最为典型，体现出封建统治的威严，对知识分子和普通民众都起到震慑的作用。清朝的文字狱比以往朝代都要严重，从发生的数量来看，有 160—170 起，按照清朝 268 年的历史来算，平均不到两年就发生一起；从发生的时代来看，主要集中在康雍乾三朝；从案件的规模和处置的程度来看，清朝的文字狱比以往要更加严重。有学者评价道：“清代文字狱，主要集中在前期，历顺治、康熙、雍正、乾隆四代君王，绵延 130 余年。无论就时间之长，案件之多，还是规模之大，株连之广，花样之翻新，手段之残忍来看，在中国的封建时代，都是没有前例的。”①

康熙时期的“明史案”和“南山集案”，都因为当事人被发现有涉及明朝的书稿而被诛杀，前者是因为浙江富商庄廷龙从明朝大学士手中购买了《明史》遗稿而惨遭灭门之灾，后者则因为文人戴世明所著文集《南山集》记载了康熙杀前明三太子的事情经过而被诛杀，其族人或是被处以重刑，或是被发配边疆。如果说康熙时期文字狱的发生还有事实上的证据可查，那么雍正和乾隆时期的文字狱则有很多属于借题发挥、无中生有。以乾隆时期的“胡中藻案”为例，胡中藻曾担任广西

---

① 周宗奇：《文字狱纪实》（上），中国友谊出版公司 1993 年版，第 11 页。

学政，在任期间出过“乾三爻不象龙说”的考题，事过多年被其他官员告发，理由是考题中的“龙”与“隆”同音，是对皇帝的不敬。后又因其曾经作过“一把心肠论浊清”的诗句，将“浊”这一不好的词语放在“清”之前，是对国家的不敬，被认为有反动动机。因为这些牵强的理由，胡中藻当时的官位品级已到了大学士，却仍然没有逃过被杀的劫难。清朝的文字狱中，很多是由于大抵如此的理由而最终导致大量无辜的人遭到残酷的处置。①

文字狱因文字而起，其主要处置对象为知识分子，但是不排除普通民众受到牵连的情况。首先，从知识分子和国家政权的关系来看，知识分子在思想上比普通民众更加活跃，因此更容易成为政权的不安定分子。这种冲突实际上是一种“知识和权力的冲突”,② 知识分子信奉儒家学说，是道统的维护者，另外，儒家学说为政权提供合法性论证，是正统的象征，理论上，道统和正统是一致的，但是现实总是会出现偏差。统治者基于现实因素而做出的决定与儒家对理想君主的道德要求会产生冲突，此时知识分子会最早感知到，从而发出对现实不满的种种声音，知识分子的不安定也正是由此而来。清朝作为少数民族政权，在入主中原之时遭到过明朝遗老的顽强抵抗。清初，爆发过多次反清复明的斗争，一些汉族知识分子也对清朝的统治表现出不满的态度，一些知识分子明确表示拒绝参加科举考试。这些现象加强了统治者因为本来就存在的民族隔阂而产生的对汉族知识分子的戒心，文字狱的发生属于统治者对知识分子不信任的一种过激反应。

其次，从稳固政权的角度分析，清朝初年，旧的政治势力没有完全消失，新的政治统治还没有完全稳固，来自各方的反对力量以显性或者隐性的方式存在，其间，平定三藩、统一台湾、击败准噶尔叛乱等就是明证。统治者需要在短时间内迅速巩固政权，不给反对分子以可乘之机，因此，除在军事上采取果断措施外，在政治上也采取极端方式以统

① 王安东、刘莲：《试论清代“文字狱”的起因、特点及影响》，《东方论坛》（青岛大学学报）2003 年第 4 期。

② 罗素英：《中国文字狱述论》，《求是学刊》2000 年第 6 期。

一人们的思想，达到迅速稳定大局的效果。从统治者的角度来说，文字狱的施行无论对于知识分子还是普通民众，都起到了震慑作用。

从短期效果看，人们由于政权的震慑作用不敢发出任何反对声音，文字狱的确起到了稳固政权的效果，但从长期来看，其带来的消极影响远远大过积极效果。一是，文字狱鼓励检举和秘密告发，使得人性中的阴暗面显露无遗，一些人在官场中有过利益的纷争或者是派系的较量，怀恨在心，事后可能就会采取私下检举的方式诬陷对方，从而使得无辜的人受到不公正的处罚，以恶制恶的结果就是制造出人人自危的环境，这样的状况下，没有人是幸免者。二是，文字狱对知识分子进行无情的打压，不仅在肉体上予以摧残，更严重的是在精神上也受到了巨大的伤害，肉体上的伤疤可以修复，但是精神上和心理上的创伤很难愈合，知识分子不敢再议论朝政，内心的压力使他们退回到“犬儒”状态，失去了思想的独立性和人格的完整性，对国家前途和命运的关心更是无从谈起。

（四）文学艺术：清代小说对文化专制主义的批判

文学艺术是思想文化的重要方面，小说这种文学形式在清代得到了最为完备的发展，无论从外在形式还是从其反映的思想内容，都达到了顶峰。小说因为其独有的艺术形式而反映着现实，清代的小说与以往朝代相比，出现了更多批判现实的作品，这其中最具代表性的要数吴敬梓的《儒林外史》。吴敬梓在当时与另一位众所周知的小说家曹雪芹齐名，文学界素有“南吴北曹”之说。《红楼梦》在美学层面比《儒林外史》更胜一筹，后者却以辛辣的笔法对社会的病态进行讽刺，使人深思。更为可贵的是，吴敬梓成年后人生中的大部分时间生活在乾隆时期，当时的社会相对稳定繁荣，素有盛世之说，而他却以敏锐的洞察力感知到了社会潜藏的种种危机，世风日下、道德萎靡，人的心灵的异化反映出社会的黑暗现实，吴敬梓也因此被称为“有思想家气质的文学家”①。

① 文小灯：《〈儒林外史〉的文化反思——浅议封建程朱理学对文人的残害》，《小说评论》2010年第S1期。

《儒林外史》最重要的主题就是清朝实行的文化专制主义对读书人的消极影响。清朝统治者为了更稳固地实现其统治，在文化上采取刚柔并济的措施。柔性措施包括八股取士和倡导封建礼教，刚性措施主要为文字狱。《儒林外史》对于文化专制主义政策在人身上产生的异化作用进行了生动的刻画。八股文要求以程朱理学为作答内容，不给应试者任何表达独立见解的空间。小说中有一个马二先生，他通过科举考取了功名，作者通过描写马二先生与同样考取功名的高翰林的对话而反映出八股文的特点。高翰林在谈及自己参加乡试的经验时说到，自己的文章句句来自经典，因此才会有不错的成绩。八股文对于内容的严格限制可见一斑。小说中为读者所熟知的人物范进，穷其一生投身于科举，白发苍苍时仍然还只是童生，他的人生的大部分时间，都处于穷困潦倒的境地，在精神上也受尽了世人的嘲笑和奚落。之所以能坚持那么长时间，还是由于看中考取功名带来的实际利益和地位的提升，所谓“一人得道，鸡犬升天”，一个人考取功名，整个家庭都会受益。殊不知个人在获取目标的道路中所付出的代价，这不仅对于应试者个人还是整个社会都产生不利影响，范进中举后疯掉的悲剧结局就是对此的注解。除了反映科举制的弊端，小说中还在很多地方描写了封建礼教对人的摧残，比如，妇女为了殉夫而被活活饿死的故事。在清代，对妇女的贞德节烈进行大肆提倡，各地地方志中均有许多记载妇女节烈事迹的篇幅，然而在今人的观念看来，许多受到表扬的行为不可理解，节烈行为有时并非出于女性本人的意愿，而是受到礼教的束缚和压迫不得已而为之。再者，小说中描写的读书人的众生相，反映出当时的读书人真实的心理和道德状态。在清代，人口激增，读书人的数量也增加，但是国家的官僚系统难以安置更多的人，许多未考取功名的读书人生存境遇困难：范进在参加科举考试前，已经数日没有吃饭；周进为了养家糊口，最后干起了替商人记账的工作；牛布衣穷困潦倒，疾病缠身，最终客死他乡；倪霜峰读了几十年书，生活贫困，最终不得不把儿子卖给别人；等等。这样的例子在小说中比比皆是，在穷困的生存境遇下仍然保持独立人格的人固然值得称赞，儒家传统学说也提倡“贫贱不能移”的品质，但是现实的情况是大多数人在贫乏的物质生存条件下会变得虚伪圆滑，在物质利益的获取上不择手段，更遑论独立健全的人格了。读书人的理想状态本来应该是兼具良好的道德和深厚的学识，然而在吴敬梓的笔下，读书人不仅没有思想，愚昧封闭，甚至连最基本的常识都不知道，这不得不说是社会的蜕化。《儒林外史》中描写的故事情节和各色人物，虽然免不了有艺术上的加工，但是基本上还是取材于现实，反映了统治者在文化上采取的专制主义措施对读书人的戕害以及对社会发展的不良影响。

总体而言，清朝在鸦片战争以前的思想文化领域的状况反映出其活力的丧失，多是对传统的回炉而非对现实的创新，一定程度上反映出封建统治的行将就木。

第二节　现代化浪潮之中的晚清危机及应对

一　现代化进程中西方国家的发展

鸦片战争爆发前的一百年，正是乾隆皇帝在位时期，那时的中国还处在“盛世”的表面繁荣之中，然而如前文所述，社会各领域已经积累了许多问题，潜藏着诸多危机。之后的一百年时间里，经历了乾隆、嘉庆、道光三位皇帝，如果还按照孤立的眼光看当时国内的发展状况，实际上跟之前的传统社会没有什么不同。问题的存在也属于正常，王朝的兴衰更替历来都是如此。危机积累到一定程度，农民起义爆发，推翻旧王朝统治，起义的领导者建立新王朝。但是事情已经变得没那么简单，历史的车轮辗转到 18 世纪后半期，西方世界诸多国家已然得益于工业革命中技术的巨大进步而崛起，古老中国再也不可能在自己所创造的温室中怡然自得、安之若素，不得不与世界发生某种关联，并且这种关联中，中国处于极为被动的地位。国家间的竞争如同个人间的竞争，不进则退。“当现代化模式开始在世界上出现的时候，中国不仅没有跻身于先进行列里，而且隔一个世纪之后，也没有任何迹象表明它是一个

‘成功的’后来者。”[①] 18 世纪 60 年代，中国还满足于自身的发展成果时，西方国家则开始了充满剧烈变革的第一次工业革命。由于中国近代历史是伴随西方国家的强制性接触而开启的，有鉴于此，要想对中国近代历史有深入全面的了解，对于西方现代化进程的剖析就成为不可忽略的一环。

需要澄清的一点是，现代化是一个全方位的变革过程，涉及社会的各个领域，与工业化不完全等同。工业化主要指涉制造业的进步及其在产业结构中比例的扩展，是一个机器生产取代手工劳动的过程，其中科学技术的进步起着重要的推动作用。[②] 而现代化是由工业化引发的传统农业社会向现代工业社会转变的过程，涉及经济、政治、思想观念等各方面的变革。[③] 比如，经济的发展、人口的增长、分工的专业化、知识和技术的普及、政治参与的扩大等。

人类历史上第一次现代化浪潮开始于 18 世纪后半叶，大致到 19 世纪中叶完成。现代化进程分为内生型和外源型两种方式，前者由内部变化引起，表现为一种自发的渐进式的过程，后者一般是由外部环境变化引发，表现为一种被动的激进式的过程。以英国、法国、美国等为代表的最早开启现代化进程的西方国家无疑属于前者，具体表现为工业革命和政治革命互相影响和依赖的模式。每一个领域发生的剧变都非一朝一夕形成，事实上，在现代化进程开始以前就已经积累了许多能量。

工业革命以科学技术的进步为基础。自然科学的研究方法激发人们运用理性去认识纷繁复杂的自然世界，通过观察、测量、实验、计算等程序总结自然运行的一般规律，大大拓展了人们的认知能力。牛顿的万有引力定律、拉瓦锡的物质守恒定律以及达尔文的物种进化理论都为科学理论的发展奠定了稳定的根基，推动了物理学、化学和生物学等领域的进步。科学理论重在探求事物之间的因果关系，回答是什么、为什么

① ［美］吉尔伯特·罗兹曼主编：《中国的现代化》，陶骅等译，上海人民出版社 1989 年版，第 1 页。

② 曾国安：《试论工业化的含义》，《当代经济研究》1998 年第 3 期。

③ 罗荣渠：《现代化新论——世界与中国的现代化进程》，北京大学出版社 1993 年版，第 17 页。

的问题，而技术则更加注重现实问题的解决，技术只有以科学理论为基础才能有更长远的发展。欧洲在14—15世纪发生的文艺复兴运动促进了科学和技术的结合，知识的普及和人文意识的觉醒使得脑力劳动者和体力劳动者之间的隔阂缩小，学者和工匠跨越偏见的鸿沟，加强联系，这促进了抽象的基础理论以具体技术形式的呈现。①

有了科学理论的坚实支撑，技术开始于18世纪后半叶加速进步。首先是在动力领域，瓦特对蒸汽机的改造结束了人类对原始动能的依赖，被广泛应用于纺织业、采矿业、交通运输业等领域，使得大规模的机器化生产成为可能。在发展最早也最为迅速的棉纺织部门，飞梭（1733年）和珍妮纺纱机（1770年）的出现大大提高了生产效率，生产成本也随之降低。一个部门的进步会起到连锁反应，促进其他部门的生产效率提高。蒸汽机和纺织机的普及使得钢、铁、煤的产量增加。以英国为例，19世纪初，英国的煤、铁生产量比世界上其他地区产量的加总还要多，煤炭产量从1770年的600万吨增加到了1800年的1200万吨，铁产量从1770年的5万吨增长到1800年的13万吨。② 产量的增加得益于采矿和冶金技术的进步。采矿业的发展又进一步催生交通运输业的发展，运河的开凿，公路、铁路的修建，汽船的出现等大大节省了运输成本。

工业革命的发生源于西方人商业扩张的欲望。西方国家的对外贸易在工业革命之前就发生了质的飞跃，具体表现为交易商品的多样化和交易量的大幅增长。西方从很早起就奉行重商主义的传统，追本溯源，这种传统从何产生呢？从经济角度来说，对外贸易的开展一方面可以满足国内民众对多样化产品的需求；另一方面也可以促进本国经济的发展，增加国家的财政收入，促进综合国力的提升。从思想观念上来说，宗教在西方社会占有重要位置，以路德为开端的宗教改革运动使得基督教教

① ［美］斯塔夫里阿诺斯：《全球通史：从史前史到21世纪》（下），吴象婴等译，北京大学出版社2006年版，第481页。

② ［美］斯塔夫里阿诺斯：《全球通史：从史前史到21世纪》（下），吴象婴等译，北京大学出版社2006年版，第493页。

义发生了改变，主要表现为由注重来世转变为对现世的追求。新教教义中的天职观强调每个人都是上帝的选民，上帝赋予每个人在现世不同的职责，人们在现实生活中要努力实现上帝赋予的天职，创造更多的价值，才能获得更多恩典。另外，新教教义也强调个人的禁欲主义，不能一味贪图享乐。这就促使人们为了获得上帝的恩典而努力工作，注重守时、信誉、勤俭和资本积累。新教伦理为人们对物质财富的追求提供了正当的伦理道德基础，入世的禁欲主义约束着人们的享乐欲望，因而人们倾向于把赚到的财富投入再生产的扩大之中，而不是用来享乐。天命观和禁欲主义共同促成了勤劳、理性、节俭等资本主义精神的养成，而资本主义又进一步推动了商业和贸易的发展。“全力以赴的精神、积极进取的精神或者其他可能称之为的精神，这些精神的觉醒都倾向归功于新教教义，而坚决不应该听随一种惯常的趋势，将其与生活享乐相联系。”① 韦伯式的宗教社会学从思想观念角度为西方社会商业贸易的发展做了最好的注解。

孟德斯鸠在《论法的精神》中提及英国时说道：“（它）在世界上所有民族中取得了三项最为长足的进步：那就是虔诚、贸易和自由。”②英国作为最早开启现代化进程的国家，得益于其在各领域业已积累的有利条件：（1）英国最早完成资产阶级革命，政治相对稳定，为统一的国内市场的形成创造了良好的国内环境；（2）英国的煤、铁资源丰富，在工业革命刚起步阶段就已经形成了较为先进的采煤和炼铁技术，产量位居欧洲前列；（3）科学技术得到了较早发展，在当时各国中处于领先地位；（4）在地理位置上相对独立，政治上免受其他国家的干扰，临近海峡又使其拥有便利的交通运输条件。由于具备了上述得天独厚的优势条件，英国在工业革命中获益最大。1841 年，英国的农业产值下降为 22%，从事农业的劳动力下降到 23%，铁路总里程为 5000 英里

---

① ［德］马克斯·韦伯：《新教伦理与资本主义精神》，马奇炎、陈婧译，北京大学出版社 2012 年版，第 25 页。

② ［法］孟德斯鸠：《论法的精神》（上），张雁深译，商务印书馆 1982 年版，第 409 页。

（合计约 8000 千米）。如果这些数据不能很直观地显现出英国的发展在当时的世界中所处的位置如何，那么如下的数据将更能够体现出其发展的领先地位。1860 年，其生产的工业品占世界总量的 45%，而其人口总量仅占世界的 2%。从事贸易的舰队数量占世界的 1/3。出口总额和进口总额分别占世界的 1/4 和 1/3。建立了遍布五大洲的殖民地体系，成为其广阔的商品市场和原料产地。① 工业化进程随后扩展至法国、美国等其他国家，带来了人口的增长、城市化率的提高、资本的积累、消费水平的提高和妇女地位的提升。总之，社会向文明方向上又迈进了一步。

现代化的推进还得益于政治制度的变革。“这个世界不仅受西方的棉织品、铁路和银行的影响，而且还受西方的思想、口号和政治制度的影响。”② 政治变革同工业化进程一样，首先发生在英国。工场手工业和对外贸易的发展催生了新的利益阶层的产生，然而在 1640 年，国王查理一世临时召开解散已久的议会，以征税为目的筹措军费，从而镇压苏格兰起义。这既触犯了新阶层的利益，也进一步加剧了民众贫困的生存状态，引起了广泛的不满。议会的成员来自不同的阶层，他们与国王进行斗争，新旧阶层的矛盾不断激化，最终于 1642 年爆发了内战，经过近半个世纪的斗争，英国于 1688 年建立了君主立宪制，实现了新旧阶层的利益调和。在新的阶层保护自身财产的长期实践中，逐渐产生了宣扬自由、民主、平等的政治思想，一大批思想家围绕政府的起源、建构的原则等著书立说，进行思想上的交锋，对于后来的美国、法国资产阶级革命产生了深远影响，这就是著名的启蒙运动。最早出现的是自由主义的思想，即反对国家任意侵犯个人的财产、宗教信仰自由和人身安全。对自由主义思想进行最早且较为完善的阐发的是 17 世纪英国政治思想家洛克，洛克在其代表作《政府论》中，以自然法为起点，认为

---

① 罗荣渠：《现代化新论——世界与中国的现代化进程》，北京大学出版社 1993 年版，第 133 页。

② ［美］斯塔夫里阿诺斯：《全球通史：从史前史到 21 世纪》（下），吴象婴等译，北京大学出版社 2006 年版，第 508 页。

人的生命、自由、财产是最基本的权利，它们不可让与也不可剥夺，而财产权在所有权利中居于首位，这反映了当时新兴的利益阶层保护自身合法利益的诉求。从自然权利的角度阐发，洛克又论证了政府的起源和目的。在自然状态下，一切人都处于完全的自由之中，但是由于人的自私性的存在，导致一些人的自由受到了侵犯。为了克服自然状态的这种缺陷，人们订立契约，自愿放弃一部分自由，授权代表按照全体成员的共同意愿来保护所有人的自由，这个代表就是政府的雏形。为了最大限度地保护人们的自由，洛克还提出法治原则和分权原则来限制政府的权力。除此之外，孟德斯鸠提出的限制政治权力的三权分立学说以及卢梭的人民主权学说都产生了广泛的影响，直接影响着法国大革命和美国独立战争的进程，美国联邦政府的建构均可以从启蒙思想家那里找到原型。以英国、美国和法国为代表的资产阶级革命的完成，建构起现代意义上的政治制度，本着自由、平等的原则有效地保护了产权，大力鼓励创新，促进了经济的发展和国力的提升。

西方国家在工业革命和政治革命共同推动下开启的现代化进程，其影响不仅限于国内，对整个世界都有广泛而深远的影响。如同潘多拉魔盒一旦被打开，发生的巨大改变就很难被控制，所有的国家和民族，无论其主观意愿如何，均避免不了被裹挟其中。“所有不再是先行者的国家就变成后来者，而所有后来者都会发现，他们社会中的主要因素被强烈的要求或与现代化有关联的因素的压力所破坏。”① 生产率的提高带来工业产品的增加，为了倾销商品获得更多的利润，资本主义国家不断开拓海外殖民地来拓展海外市场。另外，殖民地也可以为宗主国提供低廉的生产原料。这种殖民主义与过去的武力征服有所不同，被学者称为“新帝国主义”②。旧式的武力征服如罗马对欧洲其他国家和亚洲部分地区的征服没有带来生产方式的改变，但是新帝国主义对被征服国家的改

---

① ［美］吉尔伯特·罗兹曼主编：《中国的现代化》，陶骅等译，上海人民出版社 1989 年版，第 5 页。

② ［美］斯塔夫里阿诺斯：《全球通史：从史前史到 21 世纪》（下），吴象婴等译，北京大学出版社 2006 年版，第 506 页。

变不仅仅限于主权的丧失，更深远的改变是旧的经济结构和社会结构的瓦解。“现代化的经历通常会使一些社会成员甚至一些领导人成为原教旨主义式的反对派，他们企图以真实的或想象的形式回复过去的好时光，但这种企图却从未成功过。旧社会的因素会存留并影响现代化的进程，但是许多其他因素消亡了，而许多新的因素被引进来了。”① 保守而古老的中国在西方国家坚船利炮的威慑下被迫打开了大门，从此开启了现代化进程，与之而来的就是新旧因素的此消彼长。

二 鸦片战争的爆发促使中国被动开启现代化进程

（一）中国如何看待西方——以马戛尔尼来华为例

中国自秦朝开始建构起稳定的政治制度后，经济结构和社会结构一直处于相对稳定的状态。中国在长久的历史发展中积累了丰硕的文明成果，清朝中叶以前，国家实力一直处于世界领先地位。在这样的情况下，形成了一种对国家极为自豪的传统，认为中国是世界的中心，是“天朝上国”，其他国家在经济发展和文明程度上都不如自己，其他国家是以中国为圆心，向外辐射而受到影响的对象。朝贡制度是在此种观念上形成的具体制度。其他国家，尤其是在地理位置上离中国较近的国家，需要定期向中国缴纳一定的贡赋，并通过册封等象征性程序，以显示对宗主国政治上和军事上的臣服以及对儒家思想基础上建构的意识形态的认同。宗主国则因此而承认藩属国的政治合法性、保障其国内政治和社会秩序的稳定。② 在朝贡制度基础上形成了中国处理国际关系的基本准则，这种准则不是建立在平等原则之上的国家间的交往，而是以自我为中心的一种骄傲观念的反映。中国在清朝中叶还没有形成现代意义上的外交观念，当时的理藩院也只是负责处理各朝贡国纳贡的行政机构。在此现状背后，是一种对世界发展大势的认知缺乏。18 世纪末，西方国家从以工业化为主导开启的现代化进程中获得了飞速的发展，超

① ［美］吉尔伯特·罗兹曼主编：《中国的现代化》，陶骅等译，上海人民出版社 1989 年版，第 5—6 页。

② 简军波：《中华朝贡体系：观念结构与功能》，《国际政治研究》2009 年第 1 期。

越已然成为事实，但是中国还沉浸在过去的荣耀之中，对于西方的发展和世界的变化一无所知。

清朝统治者仅定广州一处为通商口岸，作为对外开放的窗口，与其他国家开展贸易往来。18 世纪中叶开始，英国就成为中国最重要的对外贸易对象。在中英贸易中，英国运往中国的商品很难打开销路，而英国对于中国的茶叶、生丝等需求却很大，所以英国一直处于逆差地位。1792 年，英国派特使马戛尔尼来华。马戛尔尼此行目的主要是与中国商量通商事宜，希望中国扩大开放程度。他们认为中国幅员辽阔，人口规模庞大，有着巨大的消费潜力，如果两国建立了正常的贸易关系，一定会拥有更为广阔的销售市场。马戛尔尼借着给乾隆皇帝祝寿的名义，带来了许多礼物，包括钟表、光学仪器和枪炮等，展示出先进的工业文明。他们希望用这些礼物来和拥有古老历史的中国展开平等的贸易往来。然而，这次谈判因为中西礼仪之争无果而终，中国礼制中，官员觐见皇帝必须要下跪，而英国礼仪中，这条规定是不可接受的，特使想了一个折中的办法，如果英国人遵守中国的礼仪，向皇帝下跪，那么中国大臣也必须向英王画像行三跪九叩礼。这个方案没有得到中方的同意，最后乾隆皇帝还是接见了马戛尔尼，但是最重要的通商事宜没有谈成。

（二）中英的贸易不平衡以及鸦片的输入

一方是以农业立国，素来采取重农抑商政策，通过将农业和手工业结合而实现自给自足的中国，另一方是以商立国，得益于工业化进程，生产得到极大发展，并且想扩大销售市场的英国。经济的不同模式使得两国的贸易往来长期处于不平衡的状态，英国为了弥补逆差，最终选择了向中国输入鸦片的做法。鸦片进入中国，迅速打开了销路。中国由一开始的顺差地位转向逆差，国际收支也随之发生逆转。在 19 世纪的最初十年，中国的贸易盈余约 2600 万元，然而到了 1828—1836 年，中国的贸易逆差为 3800 万元。[①] 鸦片贸易对中国社会产生了极为不利的影响。在上层人士中，围绕鸦片的吸食，甚至形成了一系列相关礼仪，吸

---

① ［美］费正清、刘广京编：《剑桥中国晚清史：1800—1911 年》（上卷），中国社会科学院历史研究所编译室译，中国社会科学出版社 1985 年版，第 165 页。

食鸦片成为一种病态的风尚。在军队，许多士兵也开始吸食，严重削弱了军队的战斗力。英国人蒙哥马利·马丁在对比黑奴贸易和鸦片贸易带来的危害时说道：“‘奴隶贸易’比起‘鸦片贸易’来，都要算是仁慈的。我们没有毁灭非洲人的肉体，因为我们的直接利益要求保持他们的生命；我们没有败坏他们的品格、腐蚀他们的思想，也没有毁灭他们的灵魂。可是鸦片贩子在腐蚀、败坏和毁灭了不幸的罪人的精神存在以后，还杀害他们的肉体。”① 清政府意识到这一问题的严重性，围绕如何解决展开激烈讨论，一些人主张用变通方式应对：允许鸦片自由买卖，但是不能以白银购买；文武官员不得吸食，对于普通百姓不加禁止；鸦片进口按照药材缴纳关税；鼓励国内种植鸦片，价格低廉，以抵御英国鸦片的输入。另一派人基于鸦片贸易对社会的危害，不仅对人的身心造成伤害，还加剧了吏治的腐败，因此主张对鸦片的彻底禁止。有的官员提出设定一定期限让吸食者戒烟，仍然不改者，平民被处以死刑，官吏的子孙不能参加科举考试。林则徐是彻底禁烟派的代表，多次上书陈述鸦片的巨大危害。道光皇帝看到鸦片的深入流通对统治造成的威胁，最终支持林则徐等人禁烟的主张，1838 年底，命林则徐为钦差大臣，去广州进行禁烟。林则徐作风正派、极富魄力，在短时间内取得了显著的成果，尤其是 1839 年 6 月的虎门销烟，更是显示了禁烟的决心和斗志。一直以来，英国人对中国保守的对外政策就极为不满，他们认为世界上的国家都应该采取开放的外交准则，从而为其通商和利益的进一步获取提供便利条件。禁烟事件恰好为英国强制打开中国开放的大门提供了借口。

（三）战争失败及中国主权的部分丧失

1840 年 6 月，英国集结士兵和军备装置，组成“东方远征军”，到达广州，封锁珠江口，战争爆发，清政府抵抗不力，最终于 1842 年战败投降，和英国签订了《南京条约》。马克思对这场战争发生的原因进行了精辟分析，他指出：“每当亚洲各国的什么地方对输入商品的实际

---

① 《马克思恩格斯选集》（第一卷），人民出版社 2012 年版，第 802 页。

需求与设想的需求——设想的需求大多是根据新市场的大小、当地人口的多寡，以及某些重要的口岸外货销售情况等表面资料推算出来的——不相符时，急于扩大贸易地域的商人们就极易于把自己的失望归咎于野蛮政府所设置的人为障碍在作梗，因此可以用强力清除这些障碍。"① 按照《南京条约》的内容，中国被迫开放广州、厦门、福州、宁波、上海五处为通商口岸，东南沿海的门户被迫打开，香港岛被迫割让，关税主权开始丧失，随后，英国又强迫清政府签订一系列补充条约，美国、法国等国家也伺机窃取相关利益。从鸦片战争开始，中国的领土、领海、司法、贸易、关税等主权受到侵犯，沦为半殖民地国家。更为深远的影响是，由于主权的丧失，西方列强进一步向中国倾销商品，并进行原料的掠夺。中国自给自足的自然经济结构开始瓦解，在东南沿海开放的通商口岸地区更是如此。中国传统手工业部门中，最重要的是纺织业，而英国的棉纺织业在工业革命中也是进步最为明显的部门，英国的棉纺织业因为较高的生产率和较低的成本而具有很大的优势，再加上低关税，销往中国后便对传统的纺织业造成很大冲击，许多手工作坊被迫停产，以纺织收入作为农业收入补充的个体家庭，也因受到的冲击而陷入艰难的生存境地。另外，英国对茶叶、生丝的需求也使得许多农民由原来的粮食种植转为茶叶和桑树的种植，农业不再停留在过去满足温饱的需求，而是转为与商品经济的紧密相连。许多商贩从农民的手中收购茶、丝，再经由买办商人转手到洋商的手中，进而进入国外市场。自然经济的瓦解开启了中国的现代化进程，但是变化的过程是缓慢的，东南沿海的变化蔓延到内地还需要漫长的时间，何况古老的历史产生的强大路径依赖仍在发挥作用，自给自足的小农生产依然有着强大的力量。英国对华贸易额在经历鸦片战争后的短暂增长后，1846 年以后，开始大幅下降，每年约为 150 万英镑。英国议会下院在一个报告中提到："近来同这个国家的贸易处于十分不能令人满意的状态。"② 他们认为中国有着 3 亿多的人口，消费潜力不可估量，不应该是这样的结果，于是把

① 《马克思恩格斯选集》（第一卷），人民出版社 2012 年版，第 843—844 页。

② 《马克思恩格斯全集》（第十二卷），人民出版社 1962 年版，第 585 页。

原因归结到中国的门户还不够开放。法国、美国和英国以 12 年修约期限已到为理由，对清政府提出进一步扩大开放的要求。清政府拒绝，第二次鸦片战争随之爆发。1860 年，英法联军进入北京，咸丰皇帝逃往承德避暑山庄，战争又一次以清政府的失败而宣告结束，不平等条约的再一次签订使得中国的主权进一步丧失。

（四）清朝晚期社会危机的进一步加重以及洋务运动的开启

在此期间，清政府不仅面临着西方列强的侵犯，还遭遇着国内农民起义的挑战。鸦片战争后，许多农民的基本生存都成为问题，一方面是清政府的财政危机带来的对农民的搜刮程度加重，另一方面是自然经济的瓦解和自然灾害的频发。这些现状对于清政府的合法性是一个严重的削弱，最终于 1851 年爆发了太平天国运动，并产生了广泛的影响，控制了长江中下游的大部分地区和安徽、江西、湖北东部以及江苏的部分地区。[①] 清政府派曾国藩、李鸿章、左宗棠等地方官僚对太平天国运动予以镇压，双方的军事斗争异常激烈。西方列强一开始不清楚太平天国的对外政策，所以在其取得胜利之际采取观望态度。西方列强对太平天国予以多次试探，逐渐了解到其奉行的独立自主的外交主张。因此，英国、法国在第二次鸦片战争结束后，立即主动提出帮助清政府镇压太平天国。而清朝内部在 1861 年发生辛酉政变后，慈禧太后实际掌权，于 1862 年初向英法两国提出“借师助剿”，清政府与西方列强最终联合镇压了太平天国运动。

在镇压太平天国的过程中，清政府一开始重用满族官员和八旗军队，但是由于内部的腐化堕落，在与太平天国的交锋中节节失利。朝廷转而依靠汉族官僚，并设计团练制度以增强军事实力，以曾国藩为代表的汉族官僚依据实际情况，对团练制度予以转变，他们自招士兵、自筹粮饷。曾国藩继承明朝将军戚继光的军事管理方法，在部队内部形成了以私人关系为基础的层层效忠的体制，并强调同族和同乡的关系以加强军队的凝聚力，曾国藩领导的军事力量主要集中在其家乡湖南，因此称

---

① 李侃等：《中国近代史：1840—1919》（第四版），中华书局 2018 年版，第 59 页。

为湘军。除此之外，由于设置了不受中央财政控制的税收收入，并与湖南巡抚达成协议，湖南的大部分厘金都用于军队开支，湘军无论是普通士兵，还是高级将领，领取的军饷都比政府军队高出许多。这无疑也会增强士兵的效忠程度以及对贪污腐败的制止。除湘军之外，李鸿章的淮军、左宗棠的楚军等也都具备较强的作战力，这些地方武装在镇压太平天国的过程中发挥了决定性的影响，慈禧对其器重有加。汉族官僚的势力也因此而扩大，成为后来洋务运动的推动和主导力量。

西方列强的侵犯加上农民起义的爆发，使得中国的社会经济状况进一步恶化。在太平军与清军鏖战时间最长的苏、浙、皖地区，人口大幅减少，田地荒芜，曾国藩如此形容战后的皖南地区，"数十里野无耕种，村无炊烟"，李鸿章对苏南的情况也有类似的描述："一望平芜，荆榛塞路，有数里无居民者，有二三十里无居民者。"① 清政府颁布了减收赋税、鼓励开垦等措施恢复生产发展，一定程度上缓解了农村的凋敝程度。第二次鸦片战争后，外国人可以在中国内河自由航行，美国人成立旗昌轮船公司，基本上垄断了19世纪60年代的长江航运。英国人还在中国设立了银行，以便对金融进行控制。中国的海关管理权由英国人赫德长期掌控，赫德通过此项权力进一步影响中国的内政和外交。西方各国进一步倾销商品，掠夺中国的原材料，纺织品和鸦片的销量继续扩大，而中国出口的茶叶和生丝的价格则不断被外国商人压低。

与此同时，恭亲王奕䜣和大臣文祥等在与英法联军的交锋中认识到本国武器的落后，他们不得不承认中国在军事上落后的事实。汉族官僚在与英法军队共同镇压太平天国的联合行动中也认识到西方军事的先进之处。朝廷内的许多大臣意识到需要向西方学习，才能弥补差距，实现稳固的统治。19世纪60年代初，自强的主题经常出现在大臣的奏折中和士大夫的文章里。中央满族官员如奕䜣和文祥，地方汉族官僚如曾国藩、李鸿章、左宗棠，知识分子如郭嵩焘、冯桂芬等，都是主张学习西

① 胡绳：《从鸦片战争到五四运动》（简本），华东师范大学出版社2014年版，第127页。

方先进技术的代表，各方力量集合，逐渐形成洋务派。他们的主张逐渐成为一种新的思潮，引发广泛探讨。李鸿章曾说："惟深以中国军器远逊外洋为耻，日戒谕将士虚心忍辱，学得西人一二秘法，期有增而能战之……若驻上海久而不能资取洋人长技，咎悔多矣。"① 在朝廷内部，还有另外一些人极力反对向西方学习，被称为顽固派，以大学士倭仁为代表，认为中国的各项制度都已经完善，不需要任何改变，他们拒绝新思想和新事物的引入。双方进行激烈的论战，慈禧为了更加稳固的掌握权力，在洋务派和顽固派之间斡旋，以平衡双方的力量，防止任何一方的权力过大，威胁自己的地位。洋务派调动各方力量，同时争取慈禧的支持，并且利用当时相对稳定的政治局面，开启了学习西方科学技术的现代化进程，这场"师夷长技以自强"的运动从 19 世纪 60 年代一直持续到 19 世纪 90 年代，史称洋务运动，具体的成果包括：（1）洋务运动一开始以兴办近代军事工业为主，包括安庆内军械所、江南制造总局、福州船政局等一些兵工厂和造船厂，同时设立附属兵工学校和造船学校，以培养军事科技人才；（2）后期为了解决财政困难，并为军事发展提供燃料供给、后勤保障、运输和通信设施，创办了一批民用工业，分为官办、官督商办以及商办三种类型，商办企业多由官僚、地主、买办和商人投资，也有的由旧式手工作坊转化而来，商办企业的工厂主成为中国最早的民族资产阶级；（3）进行海防的筹划，建立了北洋、南洋和福建三只海军，并向英、德两国购买军舰；（4）教育方面，建立同文馆等新式学堂引入西学，选派留学生出国学习西方先进知识，旨在培养翻译、军事等领域人才；（5）聘请外国工匠和军事教练，分别进行技术上的指导和军事上的训练。

三 甲午战争——现代化成果的较量和展示

（一）洋务运动的问题和危机

洋务运动起步阶段，正是太平天国被镇压之时，当时清政府和西方

① ［美］费正清、刘广京编：《剑桥中国晚清史：1800—1911 年》（上卷），中国社会科学院历史研究所编译室译，中国社会科学出版社 1985 年版，第 484 页。

列强的关系也由于第二次鸦片战争达成的协定而形成了暂时和解的局面。可以说，洋务运动推进的国内环境还是相对稳定的。从外部环境来说，西方国家正处于第二次工业革命进程之中，以电力为核心的工业化在各国如火如荼地进行。一些包括德国、意大利在内的国家利用这一发展机遇迅速崛起。这些都为洋务运动的开展提供了有利的条件。如果中国在当时能抓住这个时机，也有实现现代化的可能。

洋务运动采取自上而下的变革路径，这也无可厚非。从世界范围内的现代化模式来看，后发国家要想实现赶超，由政府主导的现代化能集结各方力量，进行统一部署和规划，克服自由市场的盲目性和随意性，因此能在短时间内积累丰硕成果。洋务运动也是由官方力量推动的，但是最终没有完成现代化的任务。

洋务运动冲破顽固派的质疑和阻挠，富有魄力地兴办近代企业，但是从创办之初，就存在着诸多问题隐患，并逐渐趋向表面化。

李鸿章1865年在上海建立的江南制造总局，包括购地建厂、购买原材料和机器等在内的创办经费共计54.3万两白银，[①] 是当时国内最大的兵工厂，主要生产枪支、弹药、大炮等武器装备。李鸿章从建厂之初就指示兵工厂生产出一种优质的来复枪，然而直到1871年，被聘任的外国技师和先进设备到达之后，江南制造总局才开始生产后膛式来复枪。1873年底，生产了4200支左右的后膛式来复枪，但是质量和价格都不如进口的同类产品具有优势。就连李鸿章的淮军，也由于枪支质量的低劣而拒绝使用。江南制造总局后来进行了业务扩展，开始制造大型船只，然而生产的船只虽然成本很高，但是行驶很缓慢，而且能耗还很高，其价格比英国生产的同类产品要贵一倍。到了1875年，该厂中止了造船计划，但是在此之前，用于造船的费用占兵工厂总费用的一半左右。[②]

李鸿章在南京的金陵制造局，也是一个以生产弹药和大炮为主的较

---

① 李侃等：《中国近代史：1840—1919》（第四版），中华书局2018年版，第129页。

② ［美］费正清、刘广京编：《剑桥中国晚清史：1800—1911年》（上卷），中国社会科学院历史研究所编译室译，中国社会科学出版社1985年版，第507—508页。

大规模的兵工厂。大沽炮台在1875年试射该厂制造的两门重型炮弹时，发生爆炸，死伤官兵18人。李鸿章将该厂督办马格里召到天津，让其亲自试放，同样发生爆炸，显示出该厂产品的质量低劣。①

问题的发生很大程度源于内部经费管理的混乱，就江南制造总局来说，其产品原材料都是进口，占总经费的一半左右。高级雇员的工资也十分高昂，即使与西方同等级别的雇员工资相比，也属于较高级别。经费的30%用于工资的发放。② 在原材料的采办上，雇员的自主性较大，因此也存在挪用公款的现象。兵工厂到后来，雇员人数快速增长，然而很多人都是空挂姓名领取工资，但是并没有实际上的工作和效劳。无独有偶，左宗棠主管的福州船政局在最初开办的6年多时间里，总开支为535万两白银，远远超过预算额度。这其中，法国雇员的工资每月1.2万两白银，而造船厂每月的总经费才是5万—8万两白银。而中国工人的月工资总数才为1万两白银。③ 在原材料采购方面，采购人员侵吞公款现象时有发生，买来的木材、煤炭等原材料经常不能使用。

由于经费管理的混乱，没有一个有效的制度予以约束，加上军工产业主要为国家的军事服务，而不能以营利为目的，洋务运动在前期创办的军工企业大部分处于长期亏损的状态。当时清政府的财政收入已经捉襟见肘，洋务创办军工企业以及后来海防的筹划，很多都是从地方的海关关税和厘金中截留来的。财政上已经如此困难，清政府内部甚至还将本来用于筹划海防的经费用来修建颐和园，皇室的奢侈浪费可见一斑。在甲午战争前7年时间里，海军没有增添过一只船舰。但是在停止购置船舰之后，以北洋海军为例，其费用支出每年仍高达145万两白银，④

---

① 李侃等:《中国近代史：1840—1919》(第四版)，中华书局2018年版，第129页。

② ［美］费正清、刘广京编:《剑桥中国晚清史：1800—1911年》(上卷)，中国社会科学院历史研究所编译室译，中国社会科学出版社1985年版，第508页。

③ ［美］费正清、刘广京编:《剑桥中国晚清史：1800—1911年》(上卷)，中国社会科学院历史研究所编译室译，中国社会科学出版社1985年版，第510页。

④ 胡绳:《从鸦片战争到五四运动》(简本)，华东师范大学出版社2014年版，第151页。

主管人员是否把经费中饱私囊，答案不置可否。

洋务运动还存在过度依赖外国的现象。以军工产业来讲，在人员的配置上，聘请了许多外国人担任技术指导或者是军队教官，并支付这些外国人以高昂的工资，但是其中有许多人敷衍塞责，没有把真正的技术和知识予以传授。况且这些人员本身的技能水平也是一个问题，金陵制造局的督办马格里，之前是英国部队的一名军医，后被聘任为兵工厂的督办，对枪支弹药的生产进行指导。军工产业具备高技术含量，需要高度专业化的人员进行开发研制和生产制造，然而聘请的外国人中很多并非内行。另外，在产品的自主性上，用于制造轮船、武器装备的许多原材料、零部件以及生产机器都是从国外进口，并非源自中国独立自主的研发生产，而军工产业涉及各国核心竞争力，外国人也不可能把最先进的产品出口给他国，因此从外国进口的策略如果说一开始是为了学习研究，但是如果不在其基础上进行钻研创新，很难实现真正的赶超。洋务运动后期创办的民用企业，也由于管理上的混乱，很难实现长时间的良性发展。尤其是政府对商办企业的盘剥，更是使得在夹缝中生存的民族企业境地愈艰。

在西方近代思想的引入方面，最具代表性的要数总理衙门在1862年创设的京师同文馆，最初仅限于招收少量的满族子弟，通过外文的学习培养外交方面的翻译人才。到了1866年底，奕䜣等人建议增设相当于今日的化学和机械科目的“天文算学”科，为洋务企业培养技术方面的高级人才，并向朝廷建议从已经参加过科举考试并取得不错成绩的进士、举人、贡生等人中招生。这引起了顽固派的强烈反对，认为这将会损害读书人重名利而轻气节的良好品德，而被西方所利用。顽固派固守传统礼教，认为作为立国基础的儒家思想不可以动摇。事情的结果是，京师同文馆虽然按照原计划开设了天文算学科，但是由于顽固派的舆论所造成的广泛影响，招收的学生寥寥无几。参加考试的人员共计72名，被录取30名，最后毕业的只有5人，大部分应试者是被丰厚的津贴所吸引，许多人由于报考还被同乡人讥笑。同文馆学生的学习成果也实属平平，他们每月领取8两银子，每天还免费在学校食堂用餐，学生经常因为对待遇不满而闹学潮，一些学习外文的学生到最后连日常的对话都难以应付。[①] 李鸿章曾向朝廷建议，在科举制中增设考试科目，以选拔优秀的科技人才，但是没有得到朝廷的应允。由于科举制的强大影响力，许多人即使在京师同文馆里学习，但仍然在平日里练习八股文以准备科举考试。科举制没有改变，整个社会对人才的评价体系就不会改变，早年在福州船政学堂学习的严复，后来被派到英国格林威治皇家海军学院学习。严复的外文功底很好，是当时国内不可多得的翻译人才，从英国学成归来时已经享有盛誉。但是由于他没有考取科举功名，因而不能通过担任高级官员以实现革故鼎新的目标。有鉴于此，严复平时发奋阅读儒家经典，每年还都要参加科举考试，但是一直没有考上，直到20世纪初，慈禧太后为了让严复担任经济特科的主考官，他才被提前赐予进士的功名。同样是出国留学没有考取功名的荣闵，即使是从美国名校耶鲁大学学成归来，在没有功名的情况下也很难通过一己力量改变现实，后来曾国藩授予其五品军功的虚衔后，才得以出国采购机器。[②] 由这些事件看出，科举制的影响之大以及西学人才还没有得到足够的重视。

洋务运动虽步履艰难，但其发起也实属难得，30年间创办的军用工业、民用工业、交通通信业以及新式学堂等一系列成果迈开了中国工业化进程的第一步。但是终因各种问题的出现而没有完成其“自强”“求富”的目标。奕䜣不失客观、中允地对洋务运动评价道：“人人有自强之心，亦人人为自强之言，而迄今仍并无自强之实。”[③]

（二）日本明治维新改革

在与洋务运动开展大致同时期的日本，也开始了一场现代化的变革运动，史称明治维新。明治维新前的日本社会状况还不如中国，实际统

---

① 齐如山：《齐如山回忆录》，辽宁教育出版社2005年版，第72—79页。

② 罗荣渠：《现代化新论——中国的现代化之路》（增订本），华东师范大学出版社2018年版，第283页。

③ 罗荣渠：《现代化新论——中国的现代化之路》（增订本），华东师范大学出版社2018年版，第286页。

治权力为武士阶层幕府，并在各地形成割据势力。当时的德川幕府实行闭关锁国的政策，且兼并了大量土地，广大农民无地或者少地，幕府对农民征收重税，进行严重盘剥，人民的生活水平与同时期中国民众的生活水平相比还要差，爆发了许多农民起义。另外，日本自古以来奉中国为学习的榜样，但是中国在两次鸦片战争中的战败引起了日本的高度重视。唇亡齿寒的道理以及昔日比自己先进的国家遭到侵犯的事实使得日本人产生了一种极度的不安全感。日本是一个极具危机感的国家，四面环海的地理环境、资源的匮乏以及自然灾害的频发都使其在艰难中求生存的欲望极为强烈，于是形成了及时向比自己先进的国家学习的习惯。动荡的国内外环境使得日本的有识之士也开始思考发展出路，许多人主张向西方学习，从而实现独立自主的发展。当时的明治天皇也赞成向西方学习，在1868年颁布了《五条誓文》，成为改革的纲领性文件。明治维新以实现现代化为目标，提出了“富国强兵”“殖产兴业”“文明开化”三项基本国策，并在政治、经济、军事、教育、司法、社会习俗等领域推行一系列具体的措施。

在政治上，废藩置县。令各藩藩主交出土地，迁居首都，领取国家俸禄。同时重新划分行政区域，中央选派官员去地方任职。如此，消除了地方割据势力，强化中央集权，同时收回大量原来由藩主掌握的土地。在利益格局上进行重大变革的措施还包括取消武士阶层的特权，削减武士的俸禄并将其通过公债的形式给予。武士阶层的社会特权消失，迅速分化为商人、手工业者和城市贫民等。在随后的时间里还陆续推进了政治体制的改革，仿效西方立法、行政、司法三权分立的原则，颁布宪法、组建内阁、开设国会，逐渐建构起君主立宪的政治制度，为日本近代经济的发展提供制度保障。在军事上，仿效西方的征兵制，建立新式军队。

在经济上，一方面进行土地改革。明治维新之前，实行封建土地所有制，德川幕府把土地分封给全国200多个大名，大名在自己的藩属国内享有绝对统治权。这种土地制度严重影响了中央财政收入，明治政府废除之前严禁土地买卖的规定，允许人们自由买卖土地，并且对土地重新丈量，颁发土地执照，没有主人的土地归国家所有，从而确立了土地产权，之前无地或者少地的农民成为土地所有者。同时对土地税制进行改革，改变过去按照土地收获量的标准，以地价为基础进行征税，土地价格由政府规定。土地制度的改革解放了生产力，为近代工业的发展提供物质基础。另一方面，推行殖产兴业。与洋务运动相同的是，日本也是遵循先军事工业后民用工业的路径。日本的民用企业，一开始是由政府主导兴建起来的，后来由于财政开支较大，政府决定将一批民用企业廉价卖给私人，并且可以分期付款。同时，还通过发放贷款、减免税收、增加补贴等方式保护民营企业和私人产权。

在教育上，重视教育的普及和西学的引入。首先，在全国范围内废除旧式学堂，开设新式学堂，学习自然科学知识。政府规定凡6岁以上适龄儿童必须入校进行学习，男孩和女孩享有同等的受教育权利。没有入学读书的儿童的家长要受到惩罚，日本这种强制性教育措施在短时间内实现了小学教育的普及。同时重视师范队伍的培养，提高教师的物质待遇。其次，重视实业教育。日本政府注意到知识和技能的脱节，于是重视实际技能的培养。在初等教育和高等教育中均设置相应的技术课程，比如，小学的手工科，中学的工、农、商实业科，高等教育中兴办实业学校等，形成全面的实业教育网络。再次，重视大学的建设，培养高层次人才。1877年创办东京大学，后又建立工科大学、农科大学等。东京大学内部分为侧重学术科研的大学院和学习专门知识的分科大学两部分，1880年，东京大学接收的政府拨款占当年全部教育经费的44%。[①]

通过明治维新，到19世纪末，日本基本上完成了现代化的初步转型，实现了从农业国向工业国的转变。

（三）甲午战争的爆发——中日现代化成果的较量

日本通过明治维新，积累了国力，逐渐开始了对外扩张的道路，主要目的是想通过对外战争扩大国内市场，于是开始觊觎幅员辽阔的中

① 肖兴安、熊家国：《日本明治维新时期的教育改革及其启示》，《国家教育行政学院学报》2007年第1期。

国。1894 年，朝鲜国内政治发生变局，爆发了反对朝鲜封建统治和帝国主义侵略的东学党起义。朝鲜政府请求清政府帮助镇压，清政府出兵朝鲜，这对于日本来说是一个进行扩张的绝好时机，于是日军也进驻朝鲜。东学党起义被镇压之后，清政府建议中日两国同时撤军，日本予以拒绝，还进行大量增兵。7 月，日本在朝鲜海域袭击中国军船，甲午战争爆发。这场战争持续了不到一年，以中国的失败告终。中日签订《马关条约》，领土主权和经济主权进一步丧失。自此之后，列强对中国的资本输出逐渐加大，纷纷在中国办厂、修建铁路、抢夺租借地，掀起瓜分中国的狂潮，中国的社会危机大幅度加深。

这场战争实际上是两国现代化改革成果的较量。19 世纪 60 年代，两国的国力相差无几，然而 30 多年后，一场战争的结果显示出中日实力的悬殊，不得不从这 30 多年的发展中寻找原因。

从现代化推动的主体来看，日本的明治维新是在中央政权层面达成基本的共识后开启的，作为国家层面的基本国策予以实施。尤其是废藩置县后，其他各项措施的落实遇到的阻碍减少很多。日本自然经济瓦解程度比中国要高，一些贵族、地主、武士等从改革前就兴办工场手工业，逐渐形成资产阶级化的新贵族阶层，他们成为明治维新的主要推动力量和坚定的支持者。然而，洋务运动主要是由朝廷内部的一派官僚进行推动的，中央政权层面始终没有达成一致，顽固派自始至终都对改革持反对态度，慈禧也没有认识到改革的重大意义，而只是把洋务派当成其权力平衡的一个工具。因此，洋务派的许多措施都是在地方官员的推行下进行的，力量分散，并且各自为政。涉及重大改革的措施，超出地方官员的权力范围，就出现没有人做主的局面，改革措施只好被搁置一边。

从改革的广度来说，明治维新涉及政治、经济、军事、教育等各方面。废藩置县，改变日本的权力结构，加强中央集权；废除武士阶层，改变社会的结构分层；君主立宪，建构起现代政治制度；土地制度及税制改革，奠定经济基础，为工业发展提供物质保障，同时也加大了财政收入。改革由于措施的广泛性而涉及社会大部分成员，产生深远影响。

反观洋务运动，涉及经济、军事、教育等改革，但是在根本的政治制度和社会结构方面，并无多大变化，也因而没有在广大民众中间产生影响。

从改革的深度来看，明治维新在保护私人产权方面下足功夫，出台许多配套措施鼓励私人企业的发展，比如减少税收、发放贷款补贴等。在教育方面，普及西化教育，甚至使用强制措施让适龄儿童入学，建构起各层级的实业教育体系，教育制度的广泛变革改变了人们的知识体系、思想意识，从而为现代化提供人才以及思想观念上的支撑。洋务运动中，私人企业始终没有取得合法地位，始终在国外企业的竞争和国内政治权力的压迫下生存，更遑论保护私人产权的观念。即使是官办企业，也充斥着浓重的官僚气息，许多官员把兴办洋务当成获取个人私利的一种途径，中饱私囊的情况时有发生，导致企业的产品质量下降和资金周转困难，最终难以运转。在教育方面，仅限于几十所新式学堂的创办，涉及全国范围的基础教育则没有任何改变，仍然是以教授“四书五经”的旧式私塾为主。人才选拔仍然是科举制，因此新式学堂难以取得很高的认可程度。社会对西学的关注程度也总体不高，江南制造总局的翻译成果颇丰，但是少有人问津，在 30 年的时间里销量只有 13000 本，而同时期日本著名启蒙思想家福泽谕吉的介绍西方文化的著作则在其国内成为畅销书，销量在短时间内就达到了 25 万册。①

历史学家蒋廷黻在评价洋务运动时说道：“自强运动的领袖们并不是事前预料到各种需要而定一个建设计划。他们起初只知道国防近代化的必要。但是他们在这条路上前进一步以后，就发现必须再进一步；再进一步以后，又必须更进一步。其实必须走到尽头才能生效。近代化的国防不但需要近代化的交通、教育、经济，并且需要近代化的政治和国民。半新半旧是不中用的。”② 蒋先生对洋务运动的评价透露出对其不彻底性的反思，现代化是一个体系，牵一发而动全身，如果不踏踏实实

① 罗荣渠：《现代化新论——中国的现代化之路》（增订本），华东师范大学出版社 2018 年版，第 283 页。

② 蒋廷黻：《中国近代史》，民主与建设出版社 2017 年版，第 37 页。

地予以推进，而只是浮于表面的话，注定了其不能挽救民族危机的结局，一批批心系国家危亡的有识之士继续在现代化的道路上寻找光亮。

第三节　戊戌维新发生过程

一　康有为多次上书及1898年上书成功

（一）第一次上书未果

在19世纪80年代，洋务运动已经推进20多年，中国社会积贫积弱的现状仍然没有得到根本性的改变。尤其是1883—1885年的中法战争，中国不败而败的结果更是刺激着每一个有良知的中国人的神经。许多人由此认识到洋务运动仍然不足以帮助国家实现主权的独立和民族的富强，在失望的同时不放弃对国家未来的美好期望，继续寻求令沉睡的国家觉醒的药方，康有为就是其中的代表。

1888年，康有为进京参加顺天府乡试，虽然没有考上，但是一件影响更为深远的事情在此期间发生，那就是向光绪皇帝上书一事。这是康有为政治生涯的开端。上书的主要内容是陈述变法的理由，强调变法的迫切性，指出在当时内忧外患的情况下，只有通过“变成法、通下情、慎左右”，[①] 才能挽救危机。康有为首先陈述了帝国主义的侵略使中国处于极度的危机之中，并且具体描述了帝国主义的侵略野心和意图：俄国由于与中国东北临近，因此有蚕食东北地区的企图，而中法战争已经把法国企图通过越南侵略中国西南地区的阴谋显露殆尽。康有为进一步指出，要想赶走外国侵略者，必须从内部变法图强。

康有为接着对顽固派“祖宗之法不可变”的论点进行驳斥，他认为：当时的法制是从前代传承下来，已经积压了许多问题，不能墨守成规；日本的变法从政治制度上进行变革，取得了不错的成果，可以作为

① 胡绳：《从鸦片战争到五四运动》（简本），华东师范大学出版社2014年版，第229页。

学习的典范；顽固派不随着事情的变化而改变观念，墨守成规；洋务派只是从技术等较为浅层次的领域进行变革，无法实现真正的突破。康有为极为乐观地预言，如果从政治制度上予以变革，不出十年，即可实现富强。

再者，康有为指出了当时政治制度的不足，认为民众的意愿无法通过正常渠道传输到上层统治阶级，百姓和政府无法实现顺畅沟通，因而要求政府“通下情”。兼听则明，偏信则暗，皇帝在听取官员的意见时要做到“慎左右”。

在康有为之前，也有人提出过变革政治制度的主张，比如王韬、郑观应等。他们在相关著作中介绍西方民主制度，认为君主立宪制是适合中国的制度形式，并进行了具体的制度设计。但是这些早期维新派人物只是通过著书立说进行舆论上的宣传，并没有将政治主张化作政治实践。康有为也不是第一个向光绪皇帝上书的人，在他之前，翰林院编修崔国因于1884年呈递折片，提出通过仿效西方政治制度实现自强的建议，但最终被大臣予以否决。崔国因的上书行为，具有一定的进步性，但是他的此次上书极具偶然性，在此前后，都没有出现类似的行动，也没有发表过相关变法言论，更没有系统阐述政治制度变革的作品。与上述两类人相比，康有为不仅在舆论上和行动上均有所行动，并且还不止一次地在不顾个人名利的情况下上书光绪皇帝，最终取得了皇帝的信任，把个人主张转化为国家变革的具体措施。

康有为的第一次上书，由于遭到守旧大臣的阻挠，并没有到达皇帝手中。但是由于上书内容在民间被公开，所以在思想较为开放的知识分子中间产生了不小的影响，赢得了他们的共鸣，获得了一些声誉。

第一次上书未果，也未能成功考取功名的康有为回到广州，一面开展讲学，宣传变法思想；一面著书立说，完善自己的思想体系。尤其是在广州万木草堂的讲学，培养了一批具有维新思想的年轻人，这些人后来很多成为维新运动的骨干力量。康有为潜心创作的与变法相关的作品中，最具代表性的是《孔子改制考》和《新学伪经考》。《孔子改制考》把孔子描述成一位主张变革的先驱，说“六经”其实是孔子本人所作，目的是通过托古改制，宣传自己的观点和主张。康有为进行这样的叙述其实是在为自己的变法主张进行合理性论证。《新学伪经考》同样是打着孔子的名义，把历代统治者尊奉的传统斥为伪经，应该予以抛弃，这是对顽固派守旧的驳斥和回击。

孔子是中国传统思想领域的核心和权威，康有为以孔子之名论证变法的合理性，在舆论上产生了很大的影响，在思想领域的斗争中取得很大的成功。而皇帝则是最高权力的代表，康有为的思路是，影响皇帝是把政治主张变为政治现实的最优最快路径。因此一次上书的失败不会吓退性格倔强并有坚定变法决心的康有为。

（二）“公车上书”揭开了戊戌维新的序幕

“公车”，即官车的意思，汉代时以官方车马接送应举人才，后人由于这个传统，就把“公车”用作入京考试者的代称。维新运动中“公车上书”一词即指举人上书。1895 年，[①] 考取举人的康有为来到京城参加更高层级的科举考试。当时甲午战争中国战败和签订《马关条约》的消息传来，一片哗然，在京考试的各省举人更是深感震惊和悲愤，心中的危机感进一步加重。这极大地激发了康有为变法的决心，他连夜执笔写下洋洋洒洒的“万言书”，并和其学生梁启超积极奔走，发动 1000 多名举人联名上书朝廷。后来朝廷以《马关条约》已经生效，无法再更改为由拒绝，其他举人担心自己的功名受损，纷纷撤回，康有为自己单独上书。

“公车上书”之“书”，主体部分包含两方面内容。第一部分，康有为分析了国内形势，指出割让台湾岛的危险后果。弃台民将导致天下散，因为一个地方的割让将会给其他省份传递也可能会被割让的信息，如此一来，民心丧失，朝廷也将不复存在。与日本言和是长他人之志

① 在叙述戊戌维新的变法历史时，学术界在时间的表述上有时不太统一，有的用现在通用的公元纪年法，有的用中国古代的天干地支纪年法，本书为了便于理解，统一采用公元纪年法叙述历史事件的发生时间。

气，灭自己之威风，将加速朝廷统治的覆灭。因此康有为坚决反对《马关条约》的签订，请求政府拒和，并采取迁都的方式暂时转移外国的侵袭，利用此时间进行练兵和变法。

第二部分，陈述变法的具体措施。措施一是“下诏鼓天下之气”，第一诏是“罪己诏”，皇帝做垂范，检讨自身错误，激励民众同雪国耻；第二诏是“明罪诏”，对于委屈求和、作战不力的官员予以处罚，对作战有功之人予以奖赏；第三诏是“求才诏”，广泛招揽天下贤才，为国效力。措施二是“迁都定天下之本”，主张把都城转移到陕西，扼守函谷关、潼关要地，外国难以攻破，以持久战来减损敌人的作战力，以内陆战来弥补海上战斗力的不足。措施三是“练兵强天下之势”，选拔练兵将领要不拘一格降人才，“贵新不贵陈，用贱不用贵”；各地士绅负责举办团练，以增强地方军备力量；购买军械装备要选拔公正廉洁之人。措施四是“变法成天下之治”，前三项措施是应付敌人的权宜之计，而最后一项变法措施则是从根本上实现自强的方法，谓之“立国自强之策”，主要分为富国、养民、教民、官制、外交、议院等方面。富国之法包括制造钞票、建立政府银行、修建铁路、发展机器制造、保护民营企业、开设矿务、设立邮政等；养民之法包括务农、劝工、惠商、恤穷；教民之法包括创立新式学堂、开设报馆、办道学；官制方面，指出官位设置不合理，京城闲散人员众多，领取高额俸禄，地方知县任务重，但是人员少、职位低，应该裁汰冗官，同时提高知县品级；外交方面，注重人才的培养，学生要学习各国语言文化、政治法律、风土民情等，并把他们派出国外进行考察和学习，学成归来要著书立说，方可参与外交事务；议院方面，设议郎这一类似于西方议会的机构，实现君民共治。①

从“万言书”中变法的具体措施来看，最具变革意义的要数设议郎一项。康有为指出中国发生危机的最大根源在于官员和君主、官员和

---

① 姜义华、吴根梁编：《康有为全集》（一），上海古籍出版社 1987 年版，第 352—362 页。

民众，以及各层级官员之间的沟通不畅。议郎的设置为社会不同层级的人讨论时事、沟通交流提供平台。如此一来，君主可以更加了解民情，有利于社会问题的及时解决。

从内容上来看，“公车上书”的内容相较于第一次上书更加完善。第一次上书阐述变法的原则，而此次上书则对变法的具体措施进行详尽阐发。尤其是设议郎的措施，包含近代西方政治制度的因素，因此最具进步意义。以后多次上书提出的改革措施基本上没有超出此次上书的内容。

从结果上来看，虽然都察院最终以《马关条约》已经签字，无法改变为由拒绝了此次上书，“万言书”因此也不能送达皇帝手中，但是“公车上书”的内容得到了广泛传播。变法思想因为和挽救民族危机的行动结合起来而产生了深远影响。

鉴于以上几点，“公车上书”可谓是揭开了戊戌维新的序幕。

“公车上书”后不久，康有为中进士，被授予工部主事的职位。他在同年又连续两次上书。第三次上书与“公车上书”的内容大致相同，阐述变法措施，在第二次上书的基础上进一步补充说明。可喜的是，光绪皇帝看到了这次上书的内容，对于“书”中有关问题的剖析和变法的举措深表认同，于是随即下令抄录副本，分别呈送慈禧和朝廷要员。第四次上书的特色是针对设议郎的主张进行重点阐述，列举了上情下达的方法，包括在午门设置上书处，广开言路，想要言事之人都可以在上书处呈递折子；在地方，按照人口比例推选代表进行集体议事，讨论的事宜需要经过2/3的人同意才可以予以执行；开便殿，广设图书，从翰林、举荐、上书、地方公推的议员中选拔顾问轮班，负责回答皇上翻阅图书时产生的疑问，回答不出或者不好者受相应惩罚，这项措施意在使皇帝获得广博的知识，也便于选拔治国人才；设立报馆，各级行政机构都要设立，使上级政令及时通报给民众。

康有为通过多种途径呈递第四书，先后遭到工部、都察院和督办政务处的拒绝。这在某种程度上反映出上书内容的激进以及前几次上书所产生的影响，引起了顽固派的警觉。

（三）连续上书催生百日维新

甲午战争之后，中国的危机步入了一个“新阶段”，被西方列强殖民的程度和自然经济的瓦解程度从“量变”转向了“质变”。从1895年至1898年，（1）清政府为了偿还对日赔款，加上国内自然灾害频繁，大举向俄国、法国、英国、德国等国借款，这些贷款都附加有政治条件，中国的海关和财政主权进一步丧失。（2）西方各国还纷纷抢夺在中国修建铁路的权利，法国取得了西南部的筑路权，俄国取得了东北的筑路权，其他国家继续争夺直通北京的交通要道。如此一来，中国的交通大动脉直接被外国控制，实施军事上、经济上的侵略都更为方便，并且可以更加迅速地深入中国的内陆腹地。（3）列强利用最惠国待遇，援引《马关条约》中日本可以在中国设厂的条款，在中国竞相设厂。工厂涉及采矿、水电、纺织、食品、造船等行业。西方国家创办的这些工厂资金充足、技术含量高、管理先进、拥有关税特权，因此迅速占领了中国市场，中国民族工业的发展空间受到挤压。（4）列强还在中国划分势力范围、强制占领租借地。俄国租借了大连和旅顺地区，控制了长城以北和新疆地区；英国租借威海卫等地，控制了长江流域、云南、广东；日本占领台湾和澎湖列岛，控制福建。中国除藏、青、甘、陕、晋等区域没有被控制外，其他地方都被纳入了列强的势力范围。

外国学者如是分析当时中国所面临的严重问题：

> 在世界历史上，没有一个拥有中国十分之一的领土和人口的国家，曾经遭遇过中国1897年11月到1898年5月这六个月中所遭到的那样一连串的屈辱。我们不妨补上一句，也没有一个国家在行政上的那些公认弊病的改革方面，在具有很多优良品质的坚强民族所居住的一块极其富庶的土地上的一切资源的组织方面，曾经表现出这样的无能。①

① ［美］马士、宓亨利：《远东国际关系史》（下册），姚曾廙等译，商务印书馆1975年版，第412页。

1897 年冬，德国的两个传教士因为在山东地区的过分行径而引起公愤被杀。德国高层听到这个消息，为之振奋，因为他们蓄谋已久的占领山东地区的企图终于有了冠冕堂皇的理由。果不其然，德国立即派出舰队占领了胶州湾。当时全国上下群情愤慨，康有为闻讯后，也立刻从上海赶赴北京，继续他的上书之路，并于 1897 年底和 1898 年初先后多次向光绪皇帝上书。①

康有为在第五书中，以德国抢占胶州湾为引子，说明当时中国面临的险恶处境，他陈词慷慨地劝说皇帝要下定决心进行维新，否则皇上与大臣再也不能享受歌舞升平、欣赏湖光山色，甚至连普通布衣也做不成。康有为在此书中还把之前提到的设议郎直接表述为设国会，并制定区分民权和君权的宪法。第五书中显示的忠肝义胆极富感染力，此书虽然遭到官员的拒绝而没有立即传到皇帝手中，但是通过报纸刊发而流传颇广，在北京的官员和士大夫中产生影响，激发了他们内心的爱国之情。都察院的一个官员读到了第五书，深受感动，于是向光绪皇帝呈递奏折，请求皇帝召见康有为。正当皇帝打算召见康有为之时，恭亲王奕䜣以皇帝不能召见四品以下官员为由予以阻拦。皇帝于是令李鸿章、荣禄、翁同龢、廖寿恒和张荫桓 5 位大臣会见康有为，并与之交谈。康有为于 1898 年 1 月被召到总理衙门，在与 5 位大臣的会面中，他陈述变法的主张和措施，同时对于李鸿章和荣禄等人的质疑予以回答或者批驳。大臣们对于康有为的主张持反对或者观望态度，只有翁同龢表示认同和赞许。翁同龢是同治和光绪两代皇帝的老师，在朝廷享有一定的声誉。在他的引荐下，光绪皇帝命令官员从此以后不能阻拦康有为的上书行为，并要求官员保证上书内容的及时传送。康有为之前呈递的第五书因此送达皇帝手中，皇帝读了颇为感动，不愿做亡国之君的意愿变得更为强烈。

① 学界对于 1897 年底至 1898 年初的上书次数有争议。有的认为康有为一共上书三次，在第六次《应召统筹全局折》之后还有一书。由于康有为上书的频繁和时间间隔之短，学界对于此时段内上书的时间和内容考证不详。有鉴于此，再加上第六书对于百日维新发端的重要性，本书对于第六书之后的上书不做论述。目的在于重点突出第六次上书的内容，主要由于此次上书是在皇帝的要求下对变法主张和措施的全面论述，对于影响实际的政治制度变革具有重要意义。第六书之后的上书时间和内容有待学者进一步考证。

康有为因打通了和皇帝直接沟通的渠道而备受鼓舞，接着应光绪皇帝拿出具体改革措施的要求呈递了第六书。第六次上书的题目为《应召统筹全局折》。此次上书全面阐述了具体的变法措施，并明确提出设立制度局作为变法的领导机构，以集中各方力量统筹规划。并极力让皇帝“以雷霆霹雳之气”，“成造天立地之功”。第六次上书对于戊戌维新的开启具有重要意义，成为康有为领导的维新派的施政纲领。考虑到变法将要遇到的阻力，此次的变法措施与之前的相比，在程度上有所缓和，没有提及开议会、兴民权的主张。随后，康有为还向皇帝呈送了《日本明治变政考》《俄罗斯大彼得变政记》两本书，旨在使皇帝通过了解日本和俄国的变法，进而向日本的明治天皇和俄国的彼得大帝学习，主动革新，寻求富强。[①] 康有为的历次上书，着眼于将维新思想转化为现实的施政措施，从时局出发，摆明了坚决反对帝国主义侵略的坚定立场，提出实现国富民强的经济措施，并在政治上主张学习西方的先进制度。这些内容都彰显了康有为忧国忧民的特性品质，同时显示其想要参与政治的强烈意愿。康有为以及受到他思想启蒙的一批维新派人士回答了时代提出的问卷，这些答案在某种程度上正好迎合了年轻的光绪皇帝想要励精图治的意愿，对于百日维新的开始起到了催化作用。

二　百日维新的开始和结束

（一）《明定国是》的颁布开启百日维新进程

时局动荡带来的国家危机的加深、维新派人士强烈的变法呼声以及

---

① 关于这两本书的呈递时间，学界有不同说法。《从鸦片战争到五四运动》一书认为这两本书是在上书第六书时顺便呈递的；《中国近代史：1840—1919》一书认为两本书是在光绪皇帝接受了翁同龢对康有为的引荐，在阅读第五书的同时看到的；《中国近代现代史》一书，对于两本书的具体呈递时间没有描述，但提及其是在第六书之后进呈给皇帝阅读的；王宪明、张勇、蔡乐苏等人认为两本书分别是在3月12日以及4月10日呈递给总理衙门，随后再由总理衙门在第六书之后呈递给皇上阅读的。本书在比较各类文献的基础上，认为两本书的呈递时间是在第六书之后。具体参见胡绳《从鸦片战争到五四运动》（简本），华东师范大学出版社2014年版，第243页；李侃等《中国近代史：1840—1919》（第四版），中华书局2018年版，第249页；易劲鸿《再论公车上书》，《湖南城市学院学报》2011年第3期；人民教育出版社历史室编著《中国近代现代史》，人民教育出版社2003年版，第62页；王宪明、张勇、蔡乐苏《戊戌变法史》（述论稿），清华大学出版社2001年版，第699、705页。

宫廷内部日益白热化的权力斗争，这些原因最终促使光绪皇帝下定决心，开始变法。大臣翁同龢草拟了有关变法的奏折“请定国是”，光绪皇帝读后向慈禧太后汇报，征得了她的同意。光绪皇帝遂在 1898 年 6 月 11 日，颁布诏书《明定国是》，是为新政开始的标志。

在《明定国是》颁布以前，光绪皇帝在 1898 年初就颁布了三道上谕，内容分别是改进中央机关办事作风、提高行政效率，求贤才、裁冗员，命军机处督促各省筹款建立制造局厂。当时的报纸在新年社论中的评论对此举表达出极为乐观的态度：“苟从此变行新法，将无日而不新，无年而不新，……将来神而明之，安见西人不转以华人之法为新法乎？”① 在百日维新的 103 天时间里，光绪皇帝又陆续发布了 100 多道上谕，试图在短时间内实现各方面的革新。② 这些上谕加在一起，构成了一套较为系统的改革措施。

在政治方面，一是起用新人和职位较低的官员参与变法事宜。《明定国是》颁布不久的 6 月 16 日，光绪皇帝召见了康有为，君臣相谈达两个多小时，十分投机，许多观点不谋而合。康有为被任命为总理衙门章京上行走，官职虽然不高，但是被允许专折奏事，这为康有为参与百日维新提供了便利条件。光绪皇帝后来还召见了梁启超，任命他办理大学堂和译书局事务。接着，光绪皇帝任命谭嗣同、林旭、杨锐、刘光第 4 人为军机章京，负责草拟变法诏书。二是广开言路，准许官民上书言事。普通民众有机会上书中央，初步具备了政治参与的权利。在此之前，职位较低的官员也没有上书的权利。广开言路的措施给予民众言论自由权，有利于加强对官员的监督。司员士民在百日维新前后，共上书 567 件，计 457 人次，促进了民众与统治阶层的沟通和交流。③ 三是取消闲散重叠衙门，裁汰冗员。长期以来，职权的模糊划分导致部分机构职能重叠。一方面，扯皮现象经常出现，影响问题的解决；另一方面，

---

① 《说新》，《申报》1898 年 1 月 25 日第 2 版。

② ［美］费正清、刘广京编：《剑桥中国晚清史：1800—1911 年》（下卷），中国社会科学院历史研究所编译室译，中国社会科学出版社 1985 年版，第 320 页。

③ 茅海建：《救时的偏方：戊戌变法期间司员士民上书中军事外交论》，《近代史研究》2005 年第 1 期。

一些部门产生了许多闲散人员，而一些业务繁重的部门则是人手缺乏。冗员的产生浪费了国家财政，“现当开创百度，事务繁多，度支岁入有常，岂能徒供无用之冗费，致碍当务之急需”[①]。因此，在中央，撤掉詹事府、通政司、鸿胪寺、大理寺等部门，归入内阁。在地方，裁撤云南、湖北、广东三省巡抚，相关事务由总督兼管。东河总督被裁，事务由河南巡抚接手。此外，还通过废除满人寄生特权、修改部门则例等提高行政效率。

在经济方面，一是创办国家银行。此项事务主要由盛宣怀提出和负责，他上奏皇帝，指出银行兼具“有形”和“无形”的益处。“气脉流通，商民交便，利在无形；余利愈厚，归公愈多，利在有形”，[②] 盛宣怀的上奏得到了皇帝的应允，国家银行得以建立，这为中国近代金融体系的形成打下基础，促进了工商业的发展。二是设立农工商总局和铁路矿务局，保护农业和民族工商业的发展。维新派人士认为，中国矿产资源丰富，种类多样，人民勤劳，政府只要正确引导，国家富强的目标就会实现。这与光绪皇帝重视商务、发展经济的观点相一致，他随即同意康有为等人设立农工商总局的建议，同时设立铁路矿务局管理繁重的铁路、矿物事务。三是奖励发明创造，提供专利保护。维新派认为古代国家间的竞争依靠体力，近代国家间的竞争依靠智力，因此，要通过鼓励创新激发民众的才智。他们还看到西方国家的发展得益于蒸汽机、汽船、铁路、通信业的发展，中国要想赶超，也必须通过奖励工艺来提高工业化水平。光绪皇帝采纳此条建议，总理衙门制定专利和奖励章程十二条。此外，经济方面的改革措施还包括改革财政、编制国家预算决算、裁撤驿站、设立邮政局等。

在文化教育方面，一是废除八股，改试策论，并增加经济特科。策论考察内容为国家历史和清朝政治，经济特科包括内政外交、财政金融、农业技术等内容。关于科举制的改革事关人才评价体系和利益格局的调整，影响深远，因此在措施颁布前后，曾引发了激烈的讨论。康有

---

① 朱寿朋编：《光绪朝东华录》（四），中华书局2016年版，第4170页。

② 翦伯赞等编：《戊戌变法》（二），神州国光社1953年版，第445—447页。

为陈述八股文的弊端，主张废除八股文，这招致广大旧式读书人的反对，他们一直以来都是以准备八股文来参加科举考试的。但是朝廷的大臣如李鸿章、张之洞等也认识到了八股取士的弊端，因此，废除八股的主张得以冲破重重阻力而变为具体的措施。二是在京师设立大学堂，地方设立中小学堂，同时教授儒学和西学。教育体制的改革与人才选拔方式改革相配套，《明定国是》中提出，要优先创办京师大学堂。这得到了负责部门的积极响应，多个部门及其人员积极开展筹备工作，仿效日本和英国大学的模式，拟定了学制、课程设置、经费支出等方面的章程。在课程设置上，规定“中西并重，观其会通，不得偏废”。[①] 光绪皇帝接着发布上谕，命令将各省书院改为新式学堂，形成与京师大学堂一体的中小学教育体系。此项工作迅速展开，京师、直隶、两湖、江浙等地区均创办了新式中小学堂。与此同时，新式女子学校也在上海等地出现。三是成立编译局，翻译外国书籍，设立报馆、学会等。此项工作主要由梁启超负责，他在北京与上海的编译机构合并之后开展了一系列活动，通过购买外文书籍、聘请专门的翻译人员等，进行了大量的翻译工作。同时还搜集了许多中国古代典籍，编写教科书，用于各省学堂的教材。报纸作为重要的舆论工具，既有反映民意也有传播知识等功用。在设立报馆的措施颁布之前，许多维新派人士就通过报纸传播时事，打开风气。在文化方面，还包括派遣留学生出国游学、废除妇女缠足的恶习等措施。

除政治、经济和文化教育方面的措施外，百日维新期间还颁布了一系列的军事改革措施，在军种设置上，取消绿营，增添海军，精练陆军；在军事人员的选拔上，改变武举考试，实行征兵制；在军备制造上，在洋务运动的基础上增设兵工厂。

（二）变法措施的施行情况及结果

百日维新的推进始终没有在统治阶层内部达成共识，从始至终都伴随以光绪为代表的帝党和以慈禧为首的后党围绕权力而展开的斗争和博

---

① 汤志钧等编：《中国近代教育史资料汇编：戊戌时期教育》，上海教育出版社 1993 年版，第 128 页。

弈，并且随着变法的推进而日趋表面化。另外，凡是变法都要涉及利益格局的调整，既得利益者出于维护自身利益的需要而对变法采取抵制态度。基于各种因素的综合，无论是中央的大臣，还是地方的官员，都对变法持观望态度。对于颁布的措施，他们并不认真贯彻执行，或是敷衍塞责，或是拖延执行。在中央，光绪皇帝在 1898 年 7 月 29 日宣布撤销旧则例，改为执行更加简明的文书记录方式。吏部一直以业务繁重为由不予执行，直到光绪帝在 8 月再三催促执行后，吏部才于 9 月 1 日汇报执行的情况。[①] 在地方，除湖南巡抚陈宝箴和湖北巡抚曾鉌对变法予以支持外，其余各省官员对变法均采取敷衍塞责甚至是抵制的态度。如军事改革中的裁兵一事，各省督抚报告说没有可以再裁汰的冗兵，对于购买新式武器的规定，福建官员认为新式毛瑟枪的价格高昂，转而向天津央行订购旧式毛瑟枪应付了事。两江总督刘坤一和两广总督谭忠麟二人对于变法的要求没有回复一字，置若罔闻。光绪皇帝虽然对于像陈宝箴这样积极应对的官员予以表扬，对于消极执行的官员予以斥责，但是不能从本质上决定官员的去留。因为许多官员都是由慈禧扶持上来的，他们的去留由手握实权的慈禧掌控。

再来看百日维新过程中帝后力量的博弈，《明定国是》颁布后的第 4 天，也就是 1898 年 6 月 15 日，慈禧迫使光绪颁布三道命令。其一是以办事不力和过度揽权为由革除翁同龢的所有职位，将其驱逐回原籍。翁同龢是光绪皇帝的老师，是帝党的核心力量，同时也一直支持变法。翁同龢被革职对于变法来说是一大损失。其二是新任职的二品以上官员，必须先到太后面前谢恩。看似象征性的仪式从背后反映出慈禧对人事权把控的加强。因为慈禧在此之前已经宣布退隐归政，照此来说也不应该再召见官员，对大臣的召见实则是对光绪通过变法而加强人事权的抑制和打压，以防止光绪破格任用维新派人士。其三是任命荣禄为直隶总督，加强对京津地区的控制。同时统帅甘军、武毅军和新建军，新建军当时的将领是袁世凯。三军均驻扎在京津周围。荣禄是慈禧的亲信，

① 汤志钧：《戊戌变法史》（修订本），上海社会科学院出版社 2003 年版，第 556 页。

通过此，慈禧掌握了京畿地区的军事控制权。

在此之后，慈禧对于变法的上谕基本上采取默许态度，有的上谕还事先经过了她的同意。由于变法措施没能得到有效贯彻，光绪采取了一些人事措施打破僵局。一是裁撤前文提及的詹事府、通政司、鸿胪寺、大理寺等没有多少实际职能的部门，同时裁撤云南、湖北、广东巡抚，由该地的督抚接管全部事务。二是任用谭嗣同、林旭、杨锐、刘光第四人为军机章京上行走，负责起草变法上谕。三是革除礼部尚书怀塔布、许应骙的职位，理由是此二人多次阻挠礼部主事王照的奏折，王照的奏折内容是建议光绪皇帝游历日本及其他国家。

这些做法引起了慈禧太后的极大不满，她担心光绪的权力羽翼日益丰满，但是此时她没有做出任何举动，只是暗中部署好各方力量，伺机对帝党力量进行绞杀。随着权力斗争的继续，京城流传着慈禧太后将借10月去天津阅兵的时机强迫皇帝退位，光绪帝深感不安，于是想采取先发制人的办法，遏制慈禧的力量。他先是密诏于康有为商量对策，由于皇帝不掌握军事指挥权，而维新派也没有武装力量和指挥作战的经验，最后决定拉拢袁世凯。袁世凯的新建军在天津，有7000余人，①是一支新式陆军。维新派内部虽然在拉拢袁世凯一事上有分歧，许多人了解他的为人，深知此人不可信任，但鉴于袁世凯之前参加过强学会，对变法表示过一定的支持，更为重要的是，情况紧急，只有袁世凯可能起到帮助皇帝的作用。维新派人士同时还对西方抱有希望。9月14日，日本首相伊藤博文来到北京，了解到变法成功的可能性不大，于是对于维新派只是持表面上的同情态度。另外一位是英国的传教士李提摩太，此人在中国有一定的影响力，梁启超找到他企图获取支持，但是李提摩太也持观望态度，没有明确表达立场。维新派最后决定派谭嗣同去和袁世凯密谈，劝说他刺杀荣禄。袁世凯表面同意，实际上以回天津调兵为由，借机向荣禄告密。1898年9月21日，慈禧经过周密布置，发动政变，将光绪囚禁起来，宣布临朝训政，并大肆逮捕维新派人士，百日维

---

① 李侃等：《中国近代史：1840—1919》（第四版），中华书局2018年版，第254页。

新结束。维新派人士中，康有为由英国人保护逃至香港，梁启超由日本人保护逃至日本。谭嗣同本有获救的机会，但是他拒绝了，决心以付出生命的代价激发世人变法图强的决心，并最终和杨锐、林旭、刘光第、康广仁、杨深秀一起，被政府逮捕杀害，史称“戊戌六君子”。其余被牵连的人，有的被流放戍边，有的被监禁失去自由，有的被罢免官员职位。

（三）百日维新的成果和影响

戊戌年的这场变法，是以光绪皇帝作为政治推动力，以康有为为代表的维新派知识分子提供思想支撑而进行的。历史上任何一次变法的成功，都需要强大的政治权力作为后盾。自上而下的变法涉及利益格局的调整，这必然引起新旧势力的激烈斗争。推动者如果没有强大的政治权力，很难将变法措施彻底推行下去。百日维新无疑印证了这个规律，最终以慈禧太后发动的戊戌政变为标志而终结。

百日维新推出的一系列变革措施随着戊戌政变的发生而被废止。政变发生后，慈禧随即颁布一系列措施把形势拉回至变法前：（1）恢复之前裁撤的詹事府等衙门；（2）取消广开言路的规定，按照变法前的规定，不符合奏事标准的人员一律不得进书言事；（3）取消维新派创办的报纸《时务报》；（4）恢复八股取士制度。

经济方面的措施，考虑到事关国计民生，没有予以取消，并命令各部门和各地切实履行。客观地说，百日维新中颁布的经济措施，基本原则是促进工业化的发展，这与之前洋务运动的思路是一致的。近代工业至19世纪末已经发展了几十年，百日维新中颁布的创办新式银行、成立农工商总局和铁路矿务总局、改革财政、设立邮局等措施不过是经济发展的进一步推进，同时也是在西方列强掀起瓜分中国狂潮的背景下采取的自救行为，因而得以继续施行。

教育方面的措施，对创办的京师大学堂予以保留。京师大学堂的创办是百日维新的第一项变革措施，在全文总共451个字的《明定国是》诏书中，与京师大学堂相关的文字就有127个，[①] 占了新政纲领的很大

① 王晓秋：《戊戌维新与京师大学堂》，《北京大学学报》（哲学社会科学版）1998年第2期。

篇幅，可见其在变法中的重要地位。京师大学堂的创办是作为教育改革的第一步加以推行的，而教育又在现代化进程中占有举足轻重的地位，它的保留体现了教育制度转变的必然趋势，因而成为百日维新留存不多的成果之一。

百日维新中颁布的措施，对于腐朽的政治制度和落后的经济现状起到了某种程度的修补和改善作用，但是变革的力度总体而言不大，也不能从根本上把处于深重危机中的国家拉回到快速发展的轨道。维新派知识分子是百日维新的主要推动力量，康有为作为维新派的领袖人物，其政治思想具有一定的先进性，在之前给光绪皇帝的诏书中曾反复提及设议院、开国会、立宪法等变革君主专制，实现君民共治的变革主张。但是在与统治阶层建立起联系后，他的立场有所妥协，不再触及具有较大变革程度的主张，原因是为了使变法循序渐进地推行。殊不知在 19 世纪末，中国在外部形势尤为危急，内部路径依赖严重的情况下，要想突破重重困局，必须配之以大刀阔斧的改革措施。

从另一个角度来看，对于当时的中国来说，前进与变革的一小步也是好的，何况百日维新在当时产生了广泛影响。其实，当时斗争双方的矛盾焦点已经不是变或者不变，而是围绕变的领导主体、变的方式和变的内容展开的斗争。① 洋务运动时期像倭仁那样的极端保守派，坚持以不变应万变，以中国的传统文化抵制西方的侵略，在维新运动时期基本上已经不存在了。单就变法措施所产生的对现实的改变而言，如前文所述，其成效并不明显。但是百日维新并非只是统治阶层从上至下发布上谕一条主线，在变法推进的过程中，以维新派为主力的知识分子积极奔走，通过多种方式营造舆论氛围，在社会中产生了不小的波澜，这一路径主要体现为思想观念上的变革。

首先是唤醒了人们心底的民族主义情结。其一，不论主观出发点是什么，百日维新的客观目的是挽救民族危机而开展的一场涉及政治、经济、教育、军事等领域的变革。这一举动本身就是在提醒人们，中华民

---

① 朱育和：《维新变法研究中有关“变”的几个问题——兼论维新变法的复杂性》，《清华大学学报》（哲学社会科学版）1998 年第 3 期。

族在危机面前具有不服输、肯自强的精神，这对于有拳拳爱国之心的人们来说是一件振奋的事情。其二，变法过程中，鼓励人们上书言事，使人们关注时政，积极参与政事；报馆的开办，使人们可以随时了解国内外形势，从而树立起一定的政治意识，也可以使有识之士时刻关注变法进程。其三，变法遇到的阻碍、戊戌政变的发生更是被有心人看在眼里，这从反向激发出他们报国的一腔热血。"戊戌六君子"为了变法流血牺牲，尤其是谭嗣同被抓前和临刑前的悲壮陈词，对人们起到了深刻的教育作用，坚定的话语和信念使每一位有良知的中国人感受到磅礴的力量。

其次是思想启蒙方面的影响。一是提倡西学促进了教育体制的变革。作为百日维新中颁布的教育措施之一，对于西学的提倡虽然在戊戌政变后只保留了京师大学堂，但是在一定程度上引起人们对西学的关注和了解，在坚固的传统教育体制上打开了一个缺口。二是报纸、学会和政治团体的兴起使各种思想得以表达。立场不同的人们通过各种传媒方式表达观点，摆事实、讲论据、予以论证。思想的激荡锻炼了人们独立思考的能力，使一些人逐渐形成救国救民的新路径。三是对旧式风俗的废弃打破了传统观念对人们的束缚。维新派人士在变法期间主张的戒除妇女缠足，改变了自宋代开始的旧习俗，促进了男女平等观念的形成。此外，禁止鸦片、注重卫生、反对跪拜等提法在一定程度上转变了社会风气，解除了传统习俗对人们的思想和行为产生的束缚。

然而，思想解放的程度到底如何，其影响的广度、深度和层次是怎样的呢？这些具体的问题有待在下面几章进一步考察。笔者将就这些问题与戊戌维新在政治制度变革上的失败结合起来予以分析，进而从政治文化角度思考戊戌维新运动的得与失。

三 百日维新过程中的权力博弈

（一）帝党和后党的权力争夺以及后党的力量分析

百日维新是一场自上而下的涉及经济、政治、军事、教育等各领域的变革，其发生变革的起点是统治阶层，然而其变革的终结同样也是来自统治阶层的力量。这种状况背后显示出统治阶层内部的分歧和矛盾，具体表现为以光绪皇帝为首的帝党和以慈禧太后为首的后党之间的力量博弈。此处的“党”的含义不同于现代政党的含义，更多的是指围绕一个核心政治人物而日益集中的政治力量，或者用一种通俗的表达方式，是指一种派系。

双方的矛盾始于1889年，光绪年满18岁，慈禧宣布隐退，归政于皇帝，但是她仍然掌控大权。首先，对于朝廷要事，尤其是官员的任命和重大措施的推行，年轻的皇帝要向皇太后请示，包括事前请示和事后汇报，然后才能下达命令。其次，所有的奏折都需要送到太后手中，由她批阅。大臣汇报要事时，通常是皇帝和太后一起接见，并且太后参与讨论的话语往往更多。再次，按照惯例，新皇帝执政后，作为核心机构的军机处要进行人员上的重大调整。但是光绪皇帝名义上执政后，军机处人员并没有改变，他们还是之前慈禧摄政时指派的。

慈禧在宣告隐退后仍然拥有实权，源于很多原因。一是由于她是皇帝名义上的母亲。在传统中国的意识形态中，皇帝不仅应该在治国方面为政精明，在道德礼俗方面也应该是全国的典范。道德方面首要的一条就是要行孝道，鉴于意识形态的强大约束力，光绪很难违背慈禧的意愿，否则就要背负不肖的罪责。二是光绪皇帝并不是他的前任——同治皇帝的法定继承人。同治皇帝英年早逝，没有留下子嗣，作为太后的慈禧选择了自己妹妹的孩子——年幼的光绪作为继承人。因此，光绪的君主之位是由于慈禧的意愿才得以获得。年幼的光绪入宫后，也是在慈禧的保护下长大成人的，无论是君位的获取，还是心理上的情感依赖，都促使光绪对慈禧有一种敬畏的情感存在。三是慈禧在人事上拥有绝对的优势。光绪上台时，朝廷中的很大一部分官员都是由慈禧提拔上来的。他们受惠于慈禧，因此选择效忠于她。行政机构的核心部门——军机处的主要官员，都是由于慈禧的恩典而担任重要位置。即使是光绪皇帝的心腹翁同龢，其在光绪八年（1882）时担任军机大臣，也是源于慈禧的应允而得以任职。

（二）帝党和维新派知识分子结盟——百日维新的开始

年轻的光绪皇帝在名义上开始执政之后，面对依然不肯放权的慈禧，心有不甘。尤其是甲午战争失败后，光绪皇帝想要获得权力治理国家的愿望更加强烈。这首先源于李鸿章和慈禧太后的妥协态度使得他们的声誉急剧下降，社会舆论对他们多是批评指责。此外，统治危机的进一步加深也激发了光绪的爱国之心，不愿做亡国奴的他想要励精图治，在政治上有一番作为。这时，恰好发生了由康有为、梁启超发起的“公车上书”，这个事件在社会上产生的震动，光绪皇帝不可能一点也不了解。1898 年，康有为坚持不懈地上书终于引起了他的足够重视。康氏想要通过变法实现富强的路径正好与光绪皇帝不愿做亡国之君的强烈意愿契合。维新派在民间组织的强学会、保国会等组织，也显示了其在组织社会力量上的能力。更为重要的是，光绪也想通过变法，做出一番政绩，培养一批自己的心腹，从而真正获取权力，摆脱傀儡之君的空壳。基于此，以知识分子为代表的维新派与名义上的最高统治者开始联合，具体表现为百日维新的开始。在这场变革中，以康有为为代表的维新派知识分子充当了智库的角色，围绕变法目标提供具体的措施和办法，以供皇帝决策。

光绪皇帝与维新派的合作，除上述原因外，兼任帝师和军机大臣的翁同龢对康有为的引荐也起了很大的作用。翁同龢早年间是科举考试的状元，后来接触到西学，逐渐对其产生兴趣并开始接受吸收，因此对于康氏的变革思想较为赏识。但是翁同龢后来在谈及对于康氏的引荐时，讳莫如深，这跟二人后来逐渐显现的思想分化有关。翁同龢对于康氏后来的思想并不认同，认为其过于激进，并在日记中评价康氏为“狂甚”。[①] 引荐的动力或许还源自翁同龢想要在政治上进一步有所作为的权力欲。如果变法促成，翁同龢作为皇帝的亲信在政治上必定会更加位高权重。值得注意的是，1898 年 5 月，慈禧的亲信——恭亲王奕䜣的辞世也在某种程度上加快了光绪皇帝开始百日维新的步伐。

（三）帝党力量

综观中西古今，任何一场政治的变革都要面对反对力量的阻拦，正

---

① 萧公权：《翁同龢与戊戌维新》，中国人民大学出版社 2014 年版，第 111 页。

如15世纪意大利的政治学家马基雅维利所说的那样："再没有什么比带头采取新的制度更困难的了，再没有什么事情比这件事的成败更不确定更没有把握了，再没有什么比这件事施行起来更加危险的了。因为新制度的倡导者使所有那些旧制度的利益者都变成了他的敌人，而所有那些可以从新制度得到好处的人们则只是他的三心二意的支持者。"① 马基雅维利的这段话精准地描述了变革所遇到的困难。百日维新也不例外，政治上裁撤机构、裁汰冗官，以及废除满人寄生制度，对于许多人来说意味着权力、地位和收入的丧失，直接威胁到他们的利益；军事上废除绿营、精练陆军等，同样对一部分人的直接利益构成威胁；人事上破格提拔维新派人士，并且准许他们越级上书言事，对旧有权力格局造成冲击；教育上废除八股取士，使得做了长期准备，并且耗费了巨大精力的广大读书人一时间入仕无望，这对于他们来说是一个不小的打击。这些措施牵扯的利益格局的变动规模相当庞大。

如果变法推动者做了充分的准备，尽一切可能把持中间立场的人集合起来，并且遵循变法路线图循序渐进地推行变法措施的话，变法或许能冲破重重阻碍，最终成功。但是作为百日维新推动者的帝党在变法力量的集结方面并没有做好准备。光绪皇帝由于政治资历尚浅，并且一直处于慈禧的压制之下，身边的亲信又少。只有翁同龢以及一些具有维新倾向的大臣支持变法，况且翁氏等人在支持光绪的同时并不反对慈禧。

（四）维新派力量

维新派作为变法的积极倡导者，其力量也存在先天的不足，并且在拉拢变法力量方面缺乏经验。其一，朝廷大臣如李鸿章、张之洞等人一开始对于变法举动并没有反对，即使是慈禧太后，也没有明确反对。在当时内忧外患的情况下，变法是大势所趋，是开明之士的不二选择。没有人再像几十年前洋务运动开始时那样，固守传统不变的立场。李鸿章甚至称自己为"康党"，② 在强学会成立之时还捐赠大量款项，但是被维新派予以拒绝，理由是李氏由于签订《马关条约》而名声扫地。张

① ［意］马基雅维利：《君主论》，潘汉典译，商务印书馆2001年版，第34页。

② 郭卫东：《再论戊戌维新运动的力量配比》，《中国高校社会科学》2017年第3期。

之洞对于梁启超也颇为赏识，即使是在百日维新结束后，张氏还在与人交谈中表达对梁启超等维新人士的肯定。但是张氏在对待传统儒学的态度上与康有为极不相同，后来二人还发生了论战。慈禧太后也不是绝对的守旧力量，这在洋务运动中就有体现。百日维新中颁布的措施，一开始也是得到慈禧同意后才予以颁布的。对于这些有利条件，维新派不仅没有加以利用，反而对可能争取的力量予以拒绝，还劝说光绪皇帝要乾纲独断，这些举动引起了慈禧的反感。其二，维新派内部力量也存在各种分歧，思想上并没有实现完全统一。比如，在变法路径的选择上，就分化出以康有为、梁启超为代表的激进派和以严复、张元济为代表的稳健派，[①] 康有为、梁启超主张依靠皇帝推行变法，从而实现富强的目标。严复、张元济则把重点放在文化教育的启蒙上，主张从民间做起，启发民智，有了思想基础之后再逐渐推进变革。光绪提拔的军机四卿，分别是谭嗣同、林旭、杨锐和刘光第，其内部也存在分歧，谭嗣同和林旭在思想上较为激进，而杨锐、刘光第和张之洞有密切联系，杨锐还是张之洞的学生，此二人在维新派中属于思想较为保守的一方。思想上的不同必然产生意见上的分歧。由此看来，维新派内部并非一个凝聚力很强的团体。其三，维新派涉及变革君主制度的主张，比如设立制度局、开国会等并没有被光绪皇帝采纳。维新派人士对于颁布的措施不甚满意，认为与其一开始的提议相差甚远。这说明光绪皇帝和维新派在具体的变革措施和变法方式上也存在分歧。

总而言之，变法的主要推动者力量过于单薄。光绪皇帝没有过多实权，受制于慈禧太后；康有为等维新派人士主要通过呈递奏折的方式推动变法，他们的官职较低，没有一呼百应的号召力和统筹能力；梁启超也只是负责管理翻译馆和创办学堂等教育文化领域的工作；翁同龢在百日维新开始后不久即被罢官废黜。

（五）变法措施实施方式的冒进性

除了变法力量的先天不足，帝党在变法的实施方式上也显得过于急

---

① 张玉山：《戊戌变法期间维新派内部两种类型辨析》，《江汉论坛》2011 年第 5 期。

躁。首先，涉及经济、政治、教育、军事等领域的措施一时间全部铺开，使得人们难以招架，心理上没有做好充分的接受准备。一些无关痛痒、不触及根本的措施却被明确要求予以执行，比如剪辫易服等习俗方面的改变使得许多人在对变法本质不了解的前提下就对其产生反感。事实上，变法的措施很多是洋务派的继续，如果循序渐进予以推行的话，还是能赢得一些人的支持的，但是变法实施方式的冒进性引起了统治阶层内部人士的反感。其次，光绪在和慈禧的权力博弈中，显得较为冒进。废除礼部官员、开懋勤殿议政以及启用维新派人士担任军机处职务的举动都是对慈禧权威的挑战，这不得不引起慈禧的警觉。除此之外，光绪帝和维新派在伊藤博文来华时与其的过密接触，以及想通过袁世凯发动政变的计划更是激化了帝后之间的矛盾，使得帝后双方斗争一触即发。①

帝党随着变法的推进而日益显现的急躁态度使得负责实施变法措施的中央和地方官员不敢轻举妄动。在中央，内阁和六部等衙门对变法措施表示抵抗，不予施行；在地方，各省督抚，除前文提到的湖南巡抚陈宝箴等少数人执行以外，其他各省均没有什么动作。

帝党的力量是一种两极组合，是“名义上的最高统治者所附庸的小圈子与转型中的新知群体小圈子的结合，统治阶级最高层与官绅边缘群体的结合”②。这种组合形式缺乏广大官员作为中坚力量的支撑，因此在最重要的实施阶段缺乏响应，使得变法诏书成为一纸空文。

（六）外国对变法的态度

帝党对于外国力量的争取，源于维新派主张联合英日以反俄的策略，因此在某种程度上，日本对于变法是持支持态度的。维新派还积极奔走，想邀请伊藤博文来担任变法顾问，以更好地取经日本。伊藤博文来华后，与光绪会晤，提出了一些忠告，主张变法要详细规划、循序渐

---

① 孔祥吉：《关于戊戌政变二三事之管见》，《历史档案》1983 年第 3 期。

② 郭卫东：《再论戊戌维新运动的力量配比》，《中国高校社会科学》2017 年第 3 期。

进、不可轻躁，在用人上既要有气盛锐利者，也要兼用老成持重者。[①]伊藤博文之所以对变法持支持态度，一是因为维新派变法的基本思路是向日本学习改革的成功经验；二是帝党的对外政策立场是联日制俄，这与日本的对外政策产生了契合，日本国内有些人希望中国强大起来，和其一起对抗西方列强。英国对于变法也不反对，因为中国如果通过变法把经济发展起来，那么就会拥有更广阔的销售市场和消费潜力，英国与中国的贸易量就会扩展，有利于其经济利益的增进，而直接控制中国领土的成本过于高昂。当时外国人在中国创办的报纸，在百日维新开始阶段对其是持肯定态度的。只不过到了后来，帝党在变法方式上的冒进和力量的薄弱使得外国力量逐渐预测到变法的失败，因此没有予以全力支持。而鉴于以慈禧为代表的后党在利益谈判过程中的妥协性，有的外部力量转而偏向后党一方。北京的外交使馆对百日维新如此评价："维新党的计划是不合实际的。光绪皇帝可能把中国弄得不成样子，太后是宫廷中唯一头脑清晰的人，而她之及时干涉是有裨于时局的。"[②] 当时英国人在上海办的报刊《字林西报》转述了这段文字。

行文至此，关于变法中各方力量的博弈已大致描述出来，变法的推进不可避免地要伴随权力的斗争，权力的分配代表着利益的分配，这也是政治的核心要义所在。帝党和后党的权力争斗随着百日维新的推进而逐渐白热化，"一方是皇帝和少数激进的少壮维新派，另一方是太后和整个官场。"[③] 一方是想要脱下傀儡外衣、有所作为的年轻皇帝；一方是对于权力有着强烈欲望、一生都游走在夺权游戏中，并且有着丰满羽翼的老成太后。似乎历史在斗争的一开始就已经预设好了结局。但是，历史真的有那么简单吗？制度的转型仅仅充斥着人对权力、声誉和利益的渴求吗？先不着急说答案，对于任何一件事情的考察都需要审慎的态度。

---

① 王宪明、张勇、蔡乐苏：《戊戌变法史》（述论稿），清华大学出版社 2001 年版，第 833 页。

② 胡绳：《从鸦片战争到五四运动》（简本），华东师范大学出版社 2014 年版，第 257 页。

③ ［美］费正清、刘广京编：《剑桥中国晚清史：1800—1911 年》（上卷），中国社会科学院历史研究所编译室译，中国社会科学出版社 1985 年版，第 321 页。

第三章

精英与大众政治文化分析

第一节　维新派政治思想状况

一　“变”——摆脱危机的必然出路

（一）“变”的必要性和迫切性

19世纪末的中国危机深重，尤其是甲午战争的失败对于开始于19世纪60年代的洋务运动来说是一个毁灭性的打击。日本开启现代化的时间比中国还要稍晚一些，当时的发展程度还算不上很充分，然而残酷的事实摆在每一个中国人面前：曾经是别人学习的榜样，如今成为别人战败的对象。维新派知识分子面对此种情况，保持较为清醒的头脑，放眼世界发展大势，认识到中国要摆脱危机，必须改变现状，否则毫无出路。救亡图存是维新派人士主张变法的直接动因和最终目的。康有为在《上清帝第六书》中说道：“观大地诸国，皆以变法而强，守旧而亡”，“观万国之事势，能变则全，不变则亡，全变则全，小变则亡”。[①] 不变法就会有亡国灭种的危险，只改变一点、小修小补也无助于形势的改变。由此可见，康有为对于变法必要性和急切性的大声疾呼和深刻认识。梁启超在主办《时务报》期间，发表了一系列主张变法的政论文章，其中以《变法通议》最具代表性。《变法通议》分期连载在《时务报》上，文章从正面叙述了变法的必要性，也从反面论证了不变法的

---

① 汤志钧编：《康有为政论集》（上），中华书局1981年版，第211页。

危害，并提出了变法的具体措施。梁启超在文中直抒胸臆地写道："法者，天下之公器也；变者，天下之公理也。"鲜明的观点和犀利的笔触使其文笔具有强大的感染力，变法思想产生了广泛的影响。谭嗣同也在危机中意识到中国必须通过变法实现独立，他认为："中国不变法以期振作，彼外洋内入而代为变之，可使四百兆黄种之民管为白种之奴役。"① 谭嗣同还把中国古代所面临的外夷之祸与当时所受的西方列强的侵扰做了明确区分，指出中国再不通过变法改变现状，就要被列强侵占，人民也要成为白种人的"鱼肉"。严复对于危机的认识比其他人有更切身的感受，他早年在福州船政学堂学习，后来又在北洋水师学堂任教。甲午战争中，他的学生和早年的同学有许多在战争中牺牲，亲身的悲痛使得他比其他知识分子对于危机的认识更多了份沉重。严复利用自身所长，翻译了许多西方政治学、经济学、社会学等方面的经典著作，同时又发表了一系列提倡变法图强的文章，呼吁人们通过变法自立图强。他在《论世变之亟》中指出，"今之夷狄非犹古之夷狄"，② 认为中国遭遇的西方列强侵略与古代的夷狄侵扰有本质区别。后者在军事上的胜利不代表其在文化上的优越，但是前者的胜利是包括军事、经济、技术、制度乃至文化上的综合国力的胜利，不容小觑。

（二）"变"的理论基础

维新派知识分子关于变法的主张，除在中西对比中论证变法的迫切性，以及以现实为准绳，从正反两面论证变法的必要性之外，还以进化思想为理论根基，全面论证变法的合理性。

"公羊三世"说是儒家今文经学的重要学说，其主要观点体现在《春秋公羊传》中。书中认为孔子在《春秋》提及的史料，"所见异辞，所闻异辞，所传闻异辞"，③ 即有的是亲眼所见；有的是听闻见到的人说的；还有的是听别人说的，而说的人自己也没有见过。康有为在此基础上，把社会的发展分为"据乱世""升平世"和"太平世"，三者分

---

① 蔡尚思等编：《谭嗣同全集》（增订本上册），中华书局1981年版，第156页。

② 王栻主编：《严复集》（第一册），中华书局1986年版，第1页。

③ 黄铭、曾亦译注：《春秋公羊传》，中华书局2016年版，第6页。

别对应君主专制、君主立宪和民主共和的政治制度，这三个阶段是不断向前推进的，社会治理状况依次变好。“三统”说与“三世”说相辅相成。“统”是指新出现的朝代赖以奉行的准则，不同的朝代对应着不同的“统”，表现在具体的政治运行中就体现为制度的更新和改变。公羊学派的“三统三世”说是后人假借孔子的名义对儒家学说的改造，康有为把它拿来，用以说明政治制度变革的必要性。在《新学伪经考》中，康氏把中国古代王朝统治者奉为圭臬的古经说成伪经，用以驳斥顽固派恪守祖训的传统。在《孔子改制考》中，又把孔子描述为一位托古改制的先驱，“六经”是孔子借先人之口来表达自己的政治观点。康有为如此之为，是拿“孔子对抗孔子”。[①] 孔子本来是封建威权的代表，康有为把孔子描述为一位具有变革精神的先锋和典范，以此来对抗循规蹈矩的守旧观点，可以说是一场思想观念的“飓风”，也是让“学术和思想服务于实际政治需要”的表现。[②] 严复在翻译《天演论》和《群学肄言》的过程中，把赫胥黎的自然进化论和斯宾塞的社会进化论相结合，旨在为变革提供系统论证。严复认为，进化论是自然界的普遍规律，并谓之“天演”，“天演之事，不独见于动植二品中也。实则一切民物之事，与大宇之内日局诸体，远至于不可计数之恒星，本之未始有始以前，极之莫终有终以往，乃无一焉非天之所演也”。[③] 自然界和人类社会在进化过程中的普遍规律是优胜劣汰，即“物竞天择，适者生存”。[④] 自然界中，难以适应环境变化的物种会被淘汰，留存下来的品种较为优良。人类社会同样如此，弱肉强食，小至个人，大至民族或者国家，如果没有随着形势的发展而变化，那么就会不进则退，被社会所淘汰。严复在《天演论》的按语中提及了美洲和澳洲土著人由于不知革新、固守传统，而面临种族灭亡的危险。在西方国家开拓海外殖民地的过程中，英国脱颖而出，成功的秘诀在于探索出了一条适应形势变化

① 汤志钧：《戊戌变法史》（修订本），上海社会科学院出版社2003年版，第133页。

② 甘阳等：《康有为与制度化儒学》，《开放时代》2014年第5期。

③ 王栻主编：《严复集》（第五册），中华书局1986年版，第1326页。

④ 王栻主编：《严复集》（第五册），中华书局1986年版，第1324页。

的发展道路，“不仅习海擅商，狡黠坚毅为之也，亦其民能自治，知合群之道胜耳”[①]。严复的进化论思想旨在提醒当时的国民：唯有变法图强，适应形势的发展，才能改变落后现状，否则就面临着被社会淘汰的危险，成为验证自然法则的反例。这些思想主张体现了严复作为一位知识分子的忧患意识和民族感情。

二 “破”——对君主专制的批判

维新派知识分子考察危机产生的根源，他们认为问题出在政治制度上。君主专制的制度形式抑制了社会活力，阻碍了政府效率的提高，使国家陷入停滞不前的状态之中，维新派由此对君主专制的合法性提出挑战。

（一）对君主独尊地位的质疑

维新派在吸收西方政治学说的基础上，从社会契约的角度，探讨君主的起源，对君主的独尊地位提出质疑。这方面的典型代表是谭嗣同，他将西方民主学说和中国传统民本思想进行融合，探讨了君主权力的来源：“生民之初，本无所谓君臣，则皆民也。民不能相治，亦不暇治，于是共举一民为君。”[②] 社会开始形成时，并没有所谓的君主和臣民之分，大家都处于平等的地位，只不过人们彼此之间不能相互管理，也没有闲暇进行管理，于是共同推选出君主。这就说明了君主的权力并非上天赐予的，而是民众给予的。先有民众，才有君主，君主本来也是人民的一分子。民众相对于君主来说处于根本的地位，一切都应该以民众的利益为归依。谭嗣同由“民本君末”的观点出发，对君主和民众的地位做出了明确规定。君主的职责就是为民众办事，如果君主的治理不符合人民的意愿，人民就可以推翻其统治，另换他人管理众人之事。类似的，梁启超对“天子受命于天，天下受命于天子”的论点进行了驳

① ［英］赫胥黎：《进化论与伦理学》，宋启林等译，北京大学出版社 2010 年版，第 162 页。

② 谭嗣同：《仁学》，中州古籍出版社 1998 年版，第 177 页。

斥，[①] 认为国家是属于全体社会成员的政治实体，不仅仅属于统治者，也属于被统治者，是全体成员利益的综合。如果国家权力归某一个人或者某个家族所有，就与共同体建立的促进公益的初衷相违背，最终只能导致国家的腐化变质。

另一位维新派代表严复在《直报》上发表的文章《辟韩》，对中国古代思想家韩愈的维护君主专制的观点进行了批判。韩愈在其文章《原道》中对君主专制的起源和合理性进行了论证。他认为，人类在原初阶段面临着恶劣的生存环境，后来出现了一位圣人，他教给人们生存的技能和方法，为人们提供衣物、食品和房屋，并且创立了一系列社会行为准则保障最大多数人处于良好的生存状态之中。在这样的社会中，君主、大臣和民众各自的职责分别是发布命令、传达命令以及执行命令。"君不出令，则失其所以为君；臣不行君之令，则失其所以为臣；民不出粟米麻丝、作器皿、通货财以事其上，则诛。"[②] 三者各司其职，保障共同体有秩序地运行。韩愈的观点论证了君主权力的来源，在中国政治思想史中的影响颇为深远。

严复在《辟韩》一文中针对韩愈的论点进行驳斥。他认为，在远古时期，不存在圣人，那么人类由于没有掌握生存技能，岂不是要濒于灭亡？事实恰恰相反，人类繁衍生息、世代更替。人们生存技能的掌握是源于代代相传，而非圣人传授，因此也无所谓君众之别。严复进一步指出，"夫苟如是而已，则桀、纣、秦之治，初何以异于尧、舜、禹三王？"如果君主都是圣人的话，那么历代的君王又为何差别如此之大呢？像桀、纣那样的暴君，没有很好地履行自己的职责，如果人们非得要君主传递生存技能的话，岂不也面临灭亡的危险？在对韩愈的观点予以批驳之后，严复紧接着提出，民众是在迫不得已的情况下才设立君和臣的，目的在于卫民，"君也臣也，刑也兵也，皆缘卫民之事而后有也"。[③]

① 梁启超：《饮冰室合集》（一），中华书局 1989 年版，第 128 页。
② 王栻主编：《严复集》（第一册），中华书局 1986 年版，第 33 页。
③ 王栻主编：《严复集》（第一册），中华书局 1986 年版，第 33 页。

（二）对儒家“三纲”合理性的抨击

君主专制制度在中国之所以稳固并且长时间地存在，主要原因之一在于儒家学说作为官方意识形态提供的思想支撑。在传统社会，伦理和政治紧密相连，儒家学说的“君为臣纲，父为子纲，夫为妻纲”的准则既为家庭关系的处理提供道德遵循，也为政治秩序的维系提供不二法则。

谭嗣同的《仁学》，从哲学的高度对平等原则予以论证。他首先从宇宙的本源出发，认为“仁”充斥于天地之间，产生了万物。“仁”的第一要义是“通”，其核心要义指涉平等，包括国与国、君主与臣民、男性与女性、人与自我之间的平等，由此论证了平等是天地的第一原则。基于“仁—通—平等”的逻辑，谭嗣同对中国古代的“三纲”进行批判，原因是这些处理传统社会关系的准则，与平等原则相违背。尤其是对其中的“君为臣纲”批判最为猛烈，“由是二千年来君臣一伦，尤为黑暗否塞，无复人理，沿及今兹，方愈剧矣”。[①] 谭嗣同认为，君主和臣子、民众本来都是平等的、无差别的人。可是中国两千年来的现实是，君主的行为基本上不受限制，即使是遇到了乖戾横暴的君主，广大民众也基本上对其统治采取俯首帖耳的态度。这种现象产生的主要原因正是以“君为臣纲”为首的封建纲常的存在，其目的是维护统治者的利益而非民众的利益。君臣之间的关系还影响到了父子和夫妻之间关系的处理，导致家庭成员之间也存在不平等的关系，其特征都是以一方的绝对权威为基础。在这样的伦理秩序下，社会日益变得腐化堕落。谭嗣同由此展开了对纲常伦理和君主专制的批判，提出要“冲决君主之网罗”“冲决伦常之网罗”。[②] 这个观点即使在维新派知识分子的思想光谱中也处于较为激进的位置，体现出其批判的彻底性，动摇了君主专制赖以存在的思想根基。许多人对谭嗣同“冲决网罗”的思想予以高度肯定和正面评价，梁启超说：“《仁学》内容之精神，大略如是。英奈端倡‘打破偶像’之论，遂启近代科学。嗣同之‘冲决网罗’，正其

---

① 蔡尚思等编：《谭嗣同全集》（增订本上册），中华书局1981年版，第337页。

② 蔡尚思等编：《谭嗣同全集》（增订本下册），中华书局1981年版，第290页。

义也。”[①] 蔡元培评价道：“谭嗣同在那时候，敢出这种‘冲决网罗’的议论，与尼采的反对基督教奴隶道德差不多了。”[②]《仁学》一书在谭嗣同牺牲后才得以出版，但是在此之前，已经在维新派内部传播开来，一批知识分子受其思想的影响，亦对封建纲常予以否定。

（三）对君主专制不良后果的诘责

维新派还着眼于君主专制给国家和社会带来的不利影响，对旧制度进行批驳。康有为认为，君主专制尤其注重对等级关系的强调，通过森严的等级制度维持统治秩序。这种人与人之间不平等的关系导致统治者和民众之间的沟通不畅，皇帝无法熟知世界发展大势，也无法真正了解民情，而民众也没有正常的渠道用以表达自身利益诉求，“皇上虽天亶聪明，而深居王宫，一切壅塞，既未尝遍阅万国以比较政俗之得失，并未遍见中国而熟知小民之困穷，……故欲坐一室而知四海，较中外而求自强，其道无由”。[③] 如果遇上曲意逢迎的官员为了讨皇帝的欢心，故意歪曲事实，或者为了保全自身，故意隐瞒事实，那么对于国家的良序发展将更为不利，“尊严既甚，忌讳遂多，上虽有好言之诚，臣善为行意之媚，乐作太平颂圣之词，畏言危败乱贼之事，……至中国败坏之由，外夷强盛之故，非不深知，实不敢言”。此外，君主专制还以统治阶层的利益为根本目的，这损害了广大民众的利益。君主为了防止民众起义，采取一系列的愚民政策，抑制民众的创造力和积极性。久而久之，社会也丧失活力，国家发展道路陷入泥潭而无法自拔，循环往复的停滞状态最终导致中国在近代被西方列强所蹂躏的结果，“吾既自居于弱昧，安能禁人之兼攻？吾既日即于乱亡，安能怨人之取侮？不知病所，而方药杂投；不知变症，而旧方犹守，其加危笃，固也”。[④]

梁启超在《变法通议》中指出，专制制度导致君主权力的日益增强和民众权力的日益衰微，统治阶层变得因循守旧，各项事业被荒废，

① 张品兴主编：《梁启超全集》（五），北京出版社1999年版，第3102页。

② 中国蔡元培研究会编：《蔡元培全集》（五），浙江教育出版社1997年版，第122—123页。

③ 汤志钧编：《康有为政论集》（上），中华书局1981年版，第220页。

④ 汤志钧编：《康有为政论集》（上），中华书局1981年版，第203页。

这是中国贫弱的根源。君主专制是一种压迫人的黑暗制度，统治者为了保持政治稳定，就加强对秩序的维护，这不利于中国应对现代化进程中的国家竞争。具体地说，由于君主专制的存在，民众中间无法形成社会力量来维护自身的利益和顺应经济的发展，因此广大的基层社会丧失活力。此外，统治者和被统治者之间也缺乏沟通，社会各领域之间彼此隔绝。现代化进程中，国家的发展依靠社会力量的支撑，而君主专制的存在使中国的现代化发展缺乏后劲，也缺乏应对外敌的民族团结的力量。

严复在文章《原强》中，用广阔的视野，探寻不同国家之间发展差距如此之大的本原。他给出的答案是政治制度，西方的民主政治制度建构在自由原则之上，民智大开，为经济的发展提供智力支撑。而中国的君主专制抑制民智的发展，民智没有得到充分开发，处于较低水平，因此国力衰微，落后于西方国家。严复这个观点的提出在当时使许多人大为震惊，因为自古以来，中国人都以自己的文化自豪，尤其是跟周围的少数民族相比，民智开化较早，隋唐以来不断完善的考试体系逐渐制度化，更是为国家培养了一大批优秀人才。然而严复对君主专制的批判点恰恰又集中到了科举制上。他在另一篇文章《救亡决论》中对科举制度尤其是八股取士进行了系统的批判，认为其有“锢智慧”“坏心术”“滋游手”三大害。[①]“锢智慧”的具体表现是，科举制下形成的教育体系违背了人的智力发育规律，让人们从小就开始死记硬背以“四书”为代表的儒家经典，后来稍大一些，就开始写作八股文。如果一个人凭借良好的写作技巧考上了功名，就自视甚高，但是对于实际的治理一无所知，人的创新能力和解决实际问题的能力从很小的时候就被扼杀，国家的发展也无从谈起。“坏心术”是指由于科举考试的内容固定不变，考生总是倾向于使用各种作弊手法获得不错的成绩。即使不作弊，也会在考试中借鉴别人的词句。身为学生，就出现这样的不规范行为，如果有朝一日成为官员，极有可能贪赃枉法，为一己之私而损害百姓的利益，而此种现象的出现正是由于科举制考试内容的僵化所致。

① 王栻主编：《严复集》（第一册），中华书局1986年版，第42页。

“滋游手”是指科举制产生了许多游手好闲的人。科举制把许多人引向了读书入仕之途，然而科举的考试内容多为坐而论道之学，不涉及实际生产的技能。官僚系统吸纳人才的能力有限，国运衰微之时更是如此。没有被录取的人由于没有掌握其他方面的实际技能，有的人又碍于面子不肯从事基层劳动。结果往往是，没有考取功名的读书人，除一部分担任教书工作外，还有相当一部分处于无业状态，为社会增添了不稳定因素，使原本可以为国家发展做出贡献的人力资源白白浪费，“八股取士，使天下消磨岁月于无用之地，堕坏志节于冥昧之中，长人虚骄，昏人神智，上不足以辅国家，下不足以资事畜。破坏人才，国随贫弱”。①严复在某种程度上肯定中国传统文化的价值，认为“四书五经”蕴含深刻的道理，宋明以来大儒的学说也都有利于人格的完善和民族的强大。问题在于君主专制制度下，统治者把儒家学说加以改造，把其变为维护统治阶层利益的官方学说，抑制着人们才智的发挥。特别是八股取士，禁锢了广大读书人的思想，这实际上是统治者愚民的手段，为了启发民智，应该将其废除。

三　“立”——君主立宪制度的建构

维新派以自由、平等思想为基础，主张对政治制度进行更新。定宪法、兴民权、设议院，变君主专制制度为君主立宪制度，才可以做到“国家无难决之疑，言路无壅蔽之患”，从而实现“解生民于倒悬之危，置国家于磐石之安”。② 康有为首先提出建构君主立宪制度的一整套方案。一是定宪法，他主张仿效日本明治维新，制定一部对君主和民众同样具有约束力的宪法。如此一来，权力在各个国家机构之间有明确的界限，从而保障政治秩序的平稳运行。二是设议院，给予民众参与决策国家大政方针的权利。在《上清帝第二书》中，康有为依据汉朝的议郎制，提出每十万户公举一名议郎的主张，“轮班入直，以备顾问。并准其随时请对，上驳诏书，下达民词，凡内外兴革大政，筹饷事宜，皆令

① 王栻主编：《严复集》（第一册），中华书局1986年版，第43页。

② 翦伯赞等编：《戊戌变法》（三），神州国光社1953年版，第195页。

会议于太和门，三占从二，下施部行。所有人员，岁一更换”。[①] 设议院表面上是仿效旧制，但议郎具有参政议政的职能，实际上更接近西方议会中的议员。他们广集群议、博采舆论，有利于制定出更加合理的政策。三是实行立法、行政和司法三权分立，康有为将中西政治制度进行对比，论述三权分立的优势所在，“盖有三权鼎力之说出，以国会立法，以法官司法，以政府行政……东西各国，皆行此政体，故人君与千百万之国民，合为一体，国安得不强？吾国行专制政体，一君与大臣数人共治其国，国安得不弱？”[②] 梁启超吸收了其师康有为“三世说”的思想，认为人类社会依次进入据乱世、升平世和太平世，与此相对应的政治制度分别是君主专制、君主立宪和民主共和。政治制度的建构不是一蹴而就的，需要与其所处的时代背景相适应。梁启超同样主张实行君主立宪制度，认为此制度可以约束君主的权力，在某种程度上保障了民权的实现。民权在梁启超的政治思想中占据重要位置，他对比君权和民权的此消彼长，分析其对于国运兴衰的影响，“当知三代以后，君权日益尊，民权日益衰，为中国致弱之根源”。[③] 而实现民权增长的最有效的途径是设立议院，“问议院之立，其意何在？曰君权与民权合，则情易通；议法与行法分，则事易就。二者斯强矣”。[④] 要充分发挥好议会通情就事的功能，就必须提高民智水平。几千年的君主专制实行的是愚民政策，使民智的水平总体不高。梁启超清醒地意识到这一点，于是他身体力行，办报刊、兴学校，通过多种方式提高民智水平。1896 年开始，他赴上海担任《时务报》的主笔，并以缜密的思维和慷慨的笔触撰写了《变法通议》等一系列阐发维新思想的文章，启蒙了人们的思想，其文风也影响了一代人，被称为“时务体”。1897 年，梁启超又应湖南巡抚陈宝箴的邀请，赴长沙担任时务学堂的总教习，培养了一大批具有维新思想的进步学生。1898 年，百日维新开始后，光绪皇帝任命

---

① 汤志钧编：《康有为政论集》（上），中华书局 1981 年版，第 135 页。
② 汤志钧编：《康有为政论集》（上），中华书局 1981 年版，第 338 页。
③ 梁启超：《饮冰室合集》（一），中华书局 1989 年版，第 128 页。
④ 梁启超：《饮冰室合集》（一），中华书局 1989 年版，第 96 页。

梁启超负责文化教育事业，令其在译书馆以及新式学堂的创立上功不可没。梁启超把议会看作实现民权的重要机构，而民智的开发则是民权实现的内在动力，把民权和民智结合起来的鲜明观点体现了他思想的深刻性。

严复也对民智极为重视，他指出："民智者，富强之原，此悬诸日月不刊论也。"① 在此观点的基础上，严复吸收了斯宾塞的思想，认为德、智、力三者的水平是决定国家盛衰强弱的关键性因素。对照中国，这三项的水平并不乐观。统治阶层内部，缺乏将帅之才，因此在战争来临时无人能担当御敌大任。甲午战争不到一年时间，中国就陷入了国将不国的境地。真正关心国际大势，并能为民族的发展拿出切实可行方案的人也寥寥无几，大臣们总是忙于阿谀奉承，尽力为自己谋私利。上层如此，民间的情况更是不容乐观，"神州九万里之地，四百兆之民，此廓廓者徒土荒耳，是熙熙者徒人满耳"。② 严复冷静审慎地分析，认为战争的一时成败说明不了什么，关键是民德、民智、民力是否能为国家的崛起提供后劲支撑。通过观察，他认为西方在近 50 年的时间里主要忙于保身治生和利民经国两件事情，取得了巨大成就。为此，他提出一整套变革方案以图国富民强，包括"标"和"本"两方面的内容。前者主要是效仿俄国，收权练军，后者则指开民智、奋民力、和民德。"标""本"二者，如果实现了"本"，"则上虽不治其标，而标将自立"。③ 具体而言，"开民智"包括引入西学，废除八股，以此开阔民众的视野；"奋民力"包括禁止买卖和吸食鸦片、废除缠足恶习、增强民众身体素质等举措；"和民德"则主要是通过设立议院、选举官员、决定政事，增强人们的公德心。标本兼治的首要目的是实现国家的崛起，但其最终目的还是保障个人的自由。严复极其重视自由，认为这是每个人的天赋权利，是人的尊严和价值实现的前提，"民固有其生也不如

① 王栻主编：《严复集》（第一册），中华书局 1986 年版，第 14 页。

② 王栻主编：《严复集》（第一册），中华书局 1986 年版，第 9 页。

③ 王栻主编：《严复集》（第一册），中华书局 1986 年版，第 14 页。

死，其存也不如亡，亦荣辱贵贱，自由不自由之间异耳”。[①] 他还从积极和消极两个方面对自由加以阐释，积极自由是人可以凭借自己的意志行事的自由，消极自由是人的行为不受他人的干预和侵犯的自由，而包括设议院在内的政治制度变革举措能在某种程度上同时保障两种自由的实现。个人的解放还能带来集体力量的融合，而这种集体的活力正是西方社会公共精神的精髓所在。虽然立宪制度具有进步意义，但是鉴于中国的民智水平总体不高，所以要想在中国建立起君主立宪制度还需要一个缓慢的过程，不能超越历史阶段而冒进行动，那样反而会带来对自由的戕害。梁启超和严复都非常重视民智因素，只不过梁氏将其与民权的实现相结合，而严复将其与自由的实现相结合。

与严复对自由的重视有所不同，谭嗣同在建构新制度的设想中更注重平等的因素。谭嗣同在《仁学》一书中，从哲学本体论的角度对平等的正当性加以论证。他设定前提，认为“仁”是万事万物的本原，又赋予“仁”以“通”的要义，而“通”在现实世界中的表现就是平等，由此得出平等是世界的普遍法则的结论。在制度变革上，谭嗣同依照平等的原则提出“四通”主张，包括如下四种。（1）中外通。学习西方先进国家的社会政治学说、议会民主制度、自然科学知识、商业贸易技能。（2）上下通。消除君主和民众的隔膜，通过设议院等措施逐步实现民众权利，变君主专制为君主立宪。（3）男女通。提倡男女平等，通过开办女子学堂等提高女性受教育水平。（4）人我通。人与自由的相通，具体指个人自由的实现。君主立宪制度的建构在谭嗣同的政治思想谱系中是较低层次的制度建构目标，而他的最终目标是大同社会的实现。大同社会以平等主义为原则，“君主废，则贵贱平；公理明，则贫富均。千里万里，一家一人”。[②]

无独有偶，在对理想社会的设定中，康有为也有关于大同社会的设想。他同时看到了专制社会和资本主义社会的弊端。专制社会之下，统治者用封建礼教和严刑峻法压迫人，统治者把百姓视为鱼肉，肆意侵犯

---

① 王栻主编：《严复集》（第四册），中华书局 1986 年版，第 23 页。

② 蔡尚思等编：《谭嗣同全集》（增订本下册），中华书局 1981 年版，第 367 页。

其利益，人们身在专制制度下，比之深陷囹圄有过之而无不及。在资本主义制度下，由于人们对利益的竞相争夺，导致贫者愈贫、富者愈富，两极分化严重。尤其是伦敦、巴黎、纽约等这样的大都市，贫富分化的现象更为严重。康有为接着对大同社会进行设想，把其描述为一个人人平等的世界：社会财富平均分配，个人生老病死由公共部门负责，工作之余有闲暇以供放松。康有为有关大同社会的理想图景与空想社会主义者的思想有类似之处，是一种朴素的理想社会观念的体现。

康有为、梁启超、谭嗣同和严复等具有代表性的维新派知识分子的政治思想虽然在具体的思想主张方面有所差异，但是他们在戊戌政变发生前的主要政治观点具有基本的一致性。他们在国家危机日益严重的背景下，从政治制度层面反思落后的根源，认为君主专制抑制了社会活力的迸发，导致国家发展止步不前，并从不同角度对君主专制制度进行了批判。他们同时从中国与西方的交锋中认识到西方政治制度的先进性，因此主张通过设议院、定宪法、实行三权分立等方式建构起君主立宪制度，为富国强兵提供制度保障。在变革方式上，他们认识到，制度的变革不是一蹴而就的，需要长时间的与本国环境相互适应，因此主张实行从上至下的渐进变革，反对激进的革命方式，避免像法国大革命那样由于过度激进而导致大量流血牺牲现象的发生。采取渐进方式的另外一个原因还在于维新派意识到民智水平还不能完全与先进的民主制度实现匹配，因此要循序渐进，启发民智，为制度的更新提供内在动力。难能可贵的是，在对制度的反思中，维新派还从传统政治文化的角度进行反思，对封建纲常伦理进行了深刻的批判，这在近代史上是开风气之先的，启发人们理性客观地看待中西方政治文化各自的特点。但是，由于维新派的力量薄弱，虽然掌握了思想舆论的主动权，却没有拥有能对现实政治产生影响的实际权力。他们依附的光绪皇帝，由于本身是君主专制的既得利益拥有者，同时又受慈禧太后的权力掣肘，不可能真正身体力行地把君主立宪的政治主张变为现实。维新派本身，在百日维新期间提出的建议措施，相对于他们之前的思想主张来说，也显得较为温和与保守。戊戌政变发生之后，维新派力量受损，幸存的知识分子没有放弃对政治制度的思考，他们根据形势的变化提出了不同于戊戌维新运动时期的政治观点。

第二节　统治阶层政治思想状况

一　慈禧——马基雅维利主义的实践者

（一）家庭出身、政治经历对慈禧政治思想的影响

慈禧太后（1835—1908）（以下简称“慈禧”），叶赫那拉氏，清朝晚期最具影响力的政治人物，她的一生见证了道光、咸丰、同治、光绪四位皇帝的在位历史，也在风雨飘摇的时代之中经历着人性善与恶的考验。

慈禧出生在一个世代为官的满族家庭。曾祖父吉郎阿在嘉庆时期曾任军机章京，负责草拟皇帝上谕。父亲惠征一开始是吏部的文职官员，精通满语、汉语和蒙语，后来被调到地方任职。叶赫那拉氏家族在清朝统一之前与努尔哈赤家族进行过对抗，在八旗中属于下五旗的镶蓝旗。因此，慈禧的家族虽称不上显赫，但也是具有一定地位的官宦世家。咸丰即位后，选拔秀女，年轻的叶赫那拉氏入选，被封为贵人，从此开启了漫长的宫廷生活。她凭借自身的才貌在后宫中脱颖而出，成为懿嫔，后来又因为生下皇子而晋升为懿妃。咸丰“七年，进懿贵妃。十年，从幸热河。十一年七月，文宗崩，穆宗即位，与孝贞显皇后并尊为皇太后”。①

慈禧未临政之前在后宫中的晋升之路可谓是顺风顺水，然而当她踏上政治之途后，等待她的则是时代给出的种种考验。1861 年，咸丰帝在行宫承德避暑山庄驾崩，年幼的载淳继位，身为其母的慈禧在恭亲王奕䜣等人的辅助下发动了辛酉政变，从此垂帘听政，实际上掌握了清王朝的最高权力。以辛酉政变为起点，一直到 1908 年慈禧逝世之前的这

---

① 赵尔巽等撰：《清史稿》（卷二十一），中华书局 1976 年版，第 821 页。

段时间，虽然有名义上归政于皇帝的情况，但慈禧一直拥有清王朝统治的最高权力，她统治中国近50年的时间。在此期间，清朝面临着复杂严峻的国内外形势，内部先后发生了声势浩大的太平天国起义、捻军起义和义和团运动，外部面临着英、法、美、日等国的挑战，先后经历了中法战争、甲午战争和八国联军侵华战争。

丰富的政治经历让慈禧在权力的获取和平衡方面游刃有余，然而在遇到事关国家的道路发展问题时却显得缺乏深谋远虑，其政治思想也从中可见一斑。这在洋务运动、戊戌维新运动以及后来的清末新政等以挽救国家危机为目标的现代化运动中得到体现，也在其对待西方列强的立场和态度中显现，还在其数次立嗣听政的实际行动中得到显现。从这些事件当中可以看出，慈禧并没有什么一以贯之的政治思想，她的行为都是围绕着权力的获取和清王朝统治的延续这两大目标展开。从另一种角度来说，没有具体的政治思想也是一种最为鲜明的政治思想。对权力和利益的追求、对王朝统治长久的渴望，把这两个目标的实现作为其政治活动的行为准则和政治立场的最终归依，是一种典型的实用主义政治观的体现，在政治思想史中称之为马基雅维利主义。

（二）从实际政治经验中得出政治行为的一般准则

马基雅维利作为15世纪时意大利著名的政治学家，曾经说："当我聆听一位年长的智者而不是根据他从哲学书本上学到的知识，而是根据他从自己的经验、行为中学到的知识来谈论公共事务和文明的时候，我不知道有什么别的事情比这更使我愉快了，因为这才是真正学习的方式。"① 马基雅维利这种对政治现实和经验的强调与慈禧实用主义政治观念的形成有某种程度上的契合。慈禧受到的书本教育并不是很充分，因此，她的政治观念的形成基本上是源于其丰富的从政经验，而非从书中所展现的传统政治思想中获得有关政治行为的一般准则，她也没有发表过任何具有影响力的政治口号。

在咸丰皇帝在位之时，年轻的慈禧就时常在皇帝左右，辅助其批阅

---

① ［意］加林：《意大利人文主义》，李玉成译，生活·读书·新知三联书店1998年版，第8—9页。

奏折。这段经历成为慈禧涉足政治的起点，帮助她了解国内外政治局势、政事的处理技巧、官僚间冲突的化解智慧以及君臣关系的分寸拿捏。第二次鸦片战争爆发，咸丰准备出逃北京，当时还是贵妃的慈禧对其极力劝阻，请求皇帝对侵略者采取坚决抵抗的态度，慈禧在政治上的决断力和勇气由此得到初步显现。咸丰驾崩，皇太子载淳当时年幼，载垣、肃顺等担任辅政大臣，宫廷斗争一触即发。慈禧联合奕䜣密谋除掉8位辅政大臣，提前掌握了事态发展的主动权，最终发动辛酉政变，处死肃顺等3人，其余5人被罢免。这次政变对于慈禧来说是人生的重大转折点，她由此登上了清王朝权力的最高峰。在王位继承人的选择上，慈禧先后立载湉和溥仪为嗣，因为年幼的皇帝对她的统治地位构不成实质性的挑战。立幼子为嗣的做法展现了慈禧在权力游戏中的纯熟技巧。镇压太平天国运动，扩大汉族官僚的权力，给予曾国藩、李鸿章、左宗棠等地方实力派练兵扩饷以充足空间，最终如愿镇压了波及范围极广的农民起义运动，并平衡了满汉官僚的政治博弈……处在清王朝权力的最高层，慈禧的大半生都伴随政治形势的风云变幻，这使她积累了丰富的政治经验，这些来自现实的经验逐渐内化为其政治行为的一般准则。

（三）政治行为之目的：权力的维持和统治的延续

马基雅维利在人性观的基础上考察政治行为。他认为，追求权力或者财富是人最基本的欲望。权力总是有限的，而人的欲望是无限的，人们在满足自身权力欲的过程中，在行动上总是显得反复无常。统治权问题是国家的根本问题，统治者的目的也应该以权力的夺取和统治的延续为核心。古希腊政治思想和中国传统政治思想中，都将政治和道德联系在一起。亚里士多德认为，政治是最高的善，城邦是实现善业的组织。“仁义礼智信”的道德标准在中国传统政治思想中一直占有重要地位。马基雅维利将道德和政治区分开来，把权力作为政治中的核心要素，体现了其实用主义的政治思想。这种政治思想在慈禧身上得到了充分体现。

洋务运动作为中国现代化进程的开端，离不开慈禧的支持。离开了最高统治者的许可和支持，规模如此之大、持续时间如此之长的洋务运动也不可能成为现实。洋务运动从始至终都遭到以倭仁为首的顽固派的反对，慈禧发挥自身所长，运用权术技巧，平衡洋务派和保守派之间的冲突。但在涉及关键方向的选择时，她基本上还是采取支持洋务派的立场，具体表现为如下三点。一是支持了奕䜣在京师同文馆中建立天文算学馆的主张。顽固派认为，谋求国家富强的关键在于人心而不是技艺，要坚持传统文化，学习天文算学知识只会导致人心尽失，不如不施行。慈禧对此加以驳斥，认为天文算学知识有助于增长实际技能，朝廷已经做出决定，不会另行更改，最终批准了天文算学馆的增设。二是在经费方面，军工产业和海军的建立均需要大量的财政资金，慈禧对此均予以支持。江南制造局耗资 1529 万两白银，福州船政局耗资 1542 万两白银，天津机器局耗资 724 万两白银，北洋舰队创建之初，仅在购买军舰一项上就花费了 800 多万两白银，更不要说建成后军队的巨大开支了。① 三是在用人上，破除满汉之别，起用汉族官僚李鸿章、左宗棠等人，支持他们大办洋务企业，并还在适当时机给予洋务官员鼓励。1867 年，洋务运动起步阶段，甚是艰难，当时正值三年一次对官员的考核，慈禧颁发的嘉奖懿旨中提到了很多洋务派官员，“协办大学士、两江总督曾国藩，公忠素著，保障东南。陕甘总督左宗棠，严疆惕厉，谋划忠诚。湖广总督李鸿章，才略优长，不辞劳瘁”。②

洋务运动开始之时正值辛酉政变发生后不久，当时慈禧的政治根基还不太稳固，因此需要恭亲王奕䜣的帮助。奕䜣当时被加封为议政王，负责军机处和总理衙门事宜，主持内政外交。洋务运动措施的制定，很多是出自奕䜣之手。慈禧对洋务运动的支持首先源于能和奕䜣实现权力的联合，通过此，慈禧逐渐稳固了统治根基。此后，由于担心奕䜣夺权，慈禧在 1884 年下诏将其赶下台，内政外交事宜由醇亲王奕譞接替。另外，对洋务运动的支持也是为了挽救统治危机，从而更好地维系权力。第二次鸦片战争后，清王朝面临的统治危机加深，学习西方技术工

① 张国辉：《洋务运动与中国近代企业》，中国社会科学出版社 1979 年版，第 388—397 页。

② 中华书局编：《清实录》（第四十九册），中华书局 1987 年版，第 493—494 页。

艺的主张形成一股强音，慈禧看中了洋务运动有助于摆脱危机、实现发展的可能性，于是对其采取支持态度。但这种支持是有限度的，当洋务运动的推进与统治地位的维系发生冲突时，慈禧的态度就会转支持为反对。以派遣留学生的措施为例，这本来有助于打开中国人的视野，培养新型人才，但是当慈禧听说留学生在国外受到西方生活习惯的影响过深时，由于担心学生的离经叛道，就赶紧下令将留学生召回。[①] 百日维新同样如此，慈禧对百日维新一开始是持支持态度。甲午战败使清王朝统治岌岌可危，维新派的变法图强与慈禧力图挽救统治危机的目的相一致，因此当光绪皇帝请求推行变法时，慈禧给予其一定的空间推行变法。变法期间收到的奏折和光绪颁布的上谕，慈禧也基本上事先进行了浏览，一些重要举措如果没有征得她的同意也不可能予以推行。随着变法的推进，光绪皇帝在人事方面的调整，如罢免礼部尚书怀塔布、许应骙的职位，启用维新派人士担任军机处职务等行为，对慈禧的权威构成挑战。另外，变法过于激进的方式也遭到了既得利益群体的反对，八股取士的废除使得“举国守旧迂谬之人，失其安身立命之业，自是日夜相聚，阴谋与新政为敌之术矣”，裁撤闲散机构和冗官使得被裁之人“多失其所恃，人心皇皇，更有与维新诸臣不两立之势”。[②] 变法遇到了强大的阻碍力量，最终导致了戊戌政变的发生。政变发生后，慈禧并没有完全废除百日维新期间颁布的措施，尤其是经济发展方面的举措得以保留。这说明在现代化进程中，权力的获取和统治的维系仍然是慈禧最为看重的。

末代皇帝溥仪在回忆录中认为慈禧是一个对权力有着很强欲望的人，她不愿放弃手中的权力，顺之者昌，逆之者亡。[③] 慈禧在洋务运动、百日维新中的所作所为表面上是前后态度的不一致，实际上则是一以贯之的对权力和统治地位的维护。慈禧权倾朝野近 50 年，这与她善于平衡各派政治力量的高超政治手腕分不开，同时也离不开她对时局敏

---

① 刘孔伏、潘良炽：《慈禧太后与“中体西用”》，《社会科学辑刊》1996 年第 2 期。

② 翦伯赞等编：《戊戌变法》（一），神州国光社 1953 年版，第 269—272 页。

③ 溥仪：《我的前半生》，群众出版社 2003 年版，第 128 页。

锐的感知能力，表现为在关键时刻顺势而为，在国家危机深重之时支持开明人士进行现代化的探索。但慈禧终究不是一位拥有雄才大略和远见卓识的政治家，实用主义的政治思想使她对权力有一种强烈的渴求，最终没能突破专制主义的泥潭而带领国家走向进步。

二　光绪——专制王朝强弩之末下的除旧布新者

（一）拯救国家危机的历史责任观

甲午战争的失败，使光绪皇帝（以下简称“光绪”）悲痛地认识到，清王朝的统治已经面临着严重的危机，必须进行革新，才能实现自强独立和气象更新。他在给官员的上谕中说道：“自今以后，深省愆尤，痛除积弊，咸知练兵筹饷为今日当务之急，切实振兴，一新气象，不可因循废弛，再蹈前辙。”① 革故鼎新的思想在光绪那里寻求到了合法性。与此同时，康有为坚持不懈地向光绪上书，认为中国作为一个在领土和人口上与日本相比都占据明显优势的国家，反而被日本打败，其主要原因在于固守旧有的制度和规则，没有根据时局的变化调整治国之道。要想改变落后现状，就应该革新求变，而不能坐以待毙。康有为的上书活动最终引起了光绪的重视，二人关于通过变法挽救国家危机的观点不谋而合。当时包括李鸿章、张之洞、盛宣怀、翁同龢在内的许多官员，虽然在变法的具体措施上主张有所不同，但是在“变”与“不变”的问题上给出的答案都是肯定的。变法主张在朝廷内达成一定共识，光绪在1898年6月颁布《明定国是》，变法正式开始，诏书实际上是变法的“宣言书”。百日维新中，光绪对维新派的部分主张予以采纳，并且允许其围绕变法而开展相关宣传工作，推动了维新思潮的传播。在103天的时间里，一系列诏书、上谕密集发布，7月12日甚至颁布了71条谕旨，内容涉及范围广泛，围绕变法形成了一揽子措施。改革必然会触动既得利益集团的“奶酪”，引起他们的顽强抵抗，“上制于西后，下壅于顽臣”，② 但是光绪仍然突破重重阻碍，每天对官员呈递的

① 朱寿朋编：《光绪朝东华录》（四），中华书局2016年版，第3596页。

② 梁启超：《戊戌政变记》，江苏广陵古籍刻印社影印版，1990年，第2页。

上书认真阅读，推进变法的开展，鸡鸣而起，日晡乃罢，显示出其推动变法的决心勇气和实现自强的急迫心情。变法虽然最终归于失败，但是成为中国现代化道路中具有进步意义的探索。这场自上而下的变革，光绪是有力的推动者，如果没有他的参与，变法不会在国家层面予以开启，也很难形成如此之大的社会影响力。

作为君主专制最高权力的象征，光绪锐意进取、敢于自我革命的精神值得肯定，梁启超称他"舍身忘位而变法"，容闳称他为"爱国之君"。① 这种想要把国家从危机中挽救出来的责任感，一方面是延续王朝统治的需要，另一方面也是维护国家整体利益的考量。光绪从小接受严苛的宫廷教育，在他的老师翁同龢的悉心指导下，系统阅读了儒家经典和史学书目。明代政治家张居正所著的《帝鉴图说》，主要讲述的是历代帝王的治国之术，是一本帝王政治学的经典著作；司马光的《资治通鉴》，采用编年体的形式叙述国家和民族兴衰的规律，旨在使统治者从历史的经验教训中体悟治国之道；《圣祖圣训》《庭训格言》《开国方略》等书目，反映了清朝前期帝王创业守成的艰辛和重振国力的韬略。② 通过阅读这些书目，光绪从小就意识到自己作为一国之君所应该担负的维护国家利益、保障民生发展的职责，同时也了解了祖辈创业的艰难历程，这使他深知爱新觉罗家族统治地位的来之不易，更坚定了要重现家族荣耀的信念。

这种观念与中国古代一直流行的"家天下"观念紧密相连。在早期国家的形成过程中，氏族首领通过兼并战争最终成为一国之君，氏族内部的"宗法"升级为更大范围内的"国法"，家国同构的秩序由此形成。国是家的扩大，君主是最具权威性的家长。国家成为占据统治地位的家族的私有物，清朝皇帝身边的大臣自称"奴才"，更是这一情况的典型体现，暗指大臣的职责是为统治家族服务。另外，一个家族要想维持统治地位，还必须承担一定的公共职能，不能仅凭一己之私任意行事，否则国家就将陷入一种无秩序的状态之中，国将不国，统治权就无

① 刘孔伏、潘良炽：《光绪皇帝论评》，《运城高专学报》1997 年第 3 期。

② 谢俊美：《光绪皇帝的宫廷读书生活》，《历史教学问题》1986 年第 6 期。

从谈起。[①] 光绪作为君主专制制度之下的君主，不可能完全脱离这种“家天下”的观念，其拯救国家危机、维护国家利益的历史责任观归根结底是在维护家族统治观念的基础上形成的。

（二）向西方学习的开放变革观

百日维新中颁布的措施，很多是光绪意识到中西方发展差距，继而转向西方学习的结果。他支持维新派保护实业的主张，成立农工商总局，协调不同产业的发展，奖励发明创造，施行专利保护政策，并告诫各地督抚体察民情，保护私人工商业的发展；准许官民上书言事的措施颁布，打破了民众和统治阶层的隔膜，把上书言事的权利从四级以上官员下放到普通民众，旨在使民众的难言之隐有处申诉，官员的行为有了监督约束，百姓对于上书的具体规则不熟知，光绪帝也不在意细枝末节，对此一笑了之，颇具民主作风；[②] 改革教育制度，创办新式学堂，教学内容增加自然科学知识和技术，兼修儒学和西学，同时派遣留学生去国外学习，开阔年轻人的视野。孙中山先生后来说到，辛亥革命之所以能如此迅猛地发展，还得感谢光绪皇帝，他在被囚禁以前派遣留学生出国学习，使得这些青年学生了解到西方国家的文化风俗和政治制度，接受了革命思想，回国后推动了革命的发展。在用人上，支持维新派人士参与变革，授予康有为专折奏事的权力，提拔维新派成员谭嗣同、林旭等在军机处任职，负责起草变法诏书。湖南有守旧人士上报梁启超在时务学堂给学生批阅试卷时经常出现离经叛道的言论，光绪给出的答复是言论虽然夸大其词，但也是为了鼓励人心，没有必要治重罪，另有湖南举人曾廉同样以离经叛道为由弹劾康、梁等人，光绪令谭嗣同对曾廉的奏折逐条批驳，再呈送给太后过目。[③]

这些做法都反映了光绪向西方学习的开放态度，正如范文澜对其的

---

① 张星久：《帝制中国的两种基本“公”“私”观及其制度表现——一个从制度回溯观念的尝试》，《武汉大学学报》（哲学社会科学版）2006 年第 6 期。

② 晏路：《光绪皇帝・戊戌变法・西学东渐》，《满族研究》1997 年第 2 期。

③ 蒋懿菊：《试评光绪皇帝》，《西南师范大学学报》（人文社会科学版）1985 年第 1 期。

评价："满洲皇族中比较能接受新思想、颇想有作为的青年皇帝。"[①] 这源于他在中国已然落后的残酷现实面前的清醒态度，不是选择抱残守缺、逃避问题，而是痛定思痛、不断思索，最终选择了向西方学习的态度。观念的转变开始于对西学的研习：魏源的《海国图志》使他了解到美国的选举制度，打开了认识西方政治世界的第一步；冯桂芬的《校邠庐抗议》强调以中国传统的伦理纲常为根本，接受西方知识的有用部分，光绪读罢之后深有感触，认为此书切合时宜；陈炽的《庸书》、汤震的《危言》，促进了年轻皇帝进一步加深对西方民主制度的认识；外文的学习、地理科技知识的获取都开阔了光绪的眼界，使他在了解西方各项制度的基础上进行吸收和借鉴，逐步形成了较为开放的变革观念。

然而，对于维新派提出的一些涉及变革政治制度的建议，比如设立制度局、制定宪法以及实现君民共治的有关措施，光绪采取把相关建议交给军机处或者总理衙门大臣讨论的做法，旨在搁置这些从根本上触动政治制度的主张。这说明光绪作为一位改革者的局限性，他无法完全脱离自己的阶级属性去进行自我革命。

（三）不愿做傀儡之君的权力争取观

同治皇帝去世后，慈禧选择年幼的载湉继承帝位，是为光绪。光绪的母亲是慈禧的胞妹，父亲是咸丰帝的弟弟，因此光绪和慈禧在血缘上亲上加亲。满族入主中原，遵循汉族的宗法观念，按照祖制，先帝驾崩，本应立子嗣为继任者，没有子嗣是一件极为忌讳的事情。同治皇帝去世时没有留下子嗣，理应从皇族中选择"溥"字辈的后辈继承皇位，然而继位者与同治辈分一样，是同为"载"字辈的光绪。原因在于慈禧并不想真正放权，同辈的皇族继位，她仍然是皇太后，掌权还具有一定的合理性，如果让下辈称帝，她的身份就转为太皇太后，掌权的理由就没有那么充分。因此，当年幼的光绪登基的那一刻起，就注定了他成为傀儡的悲剧事实。

---

① 范文澜：《中国近代史》，人民出版社1955年版，第315页。

慈禧作为年幼的皇帝在偌大的皇宫里最亲近的庇护人，并不是一位温和慈祥的长辈，她从一开始就对光绪进行很严格的管教，威严有余而关爱不足。这一方面有助于光绪从小养成自律的好习惯；另一方面也使他从小缺乏长辈的呵护，性格中不可避免地带有一丝沉郁和寡断。在皇帝的宫廷学习中，传统的伦理道德构成了重要内容，尤其是对孝道的恪守更是被放在了重要位置。孝道不仅体现在家庭关系的处理中，对一个君主来说还体现在治国理政当中。“以孝治天下”是官方意识形态对君主提出的首要要求。光绪在接受教育的过程中，不可能不受传统纲常伦理教育的影响，因此，他对慈禧的情感中充满着敬畏。

1888 年，光绪即将年满十八，慈禧将自己的胞弟桂祥之女指定为皇后，然而皇帝对这位皇后并无感情可言，政治婚姻的结局注定是不完满的。慈禧此举的目的是加强对将要亲政的皇帝的控制。次年，光绪亲政，但是实权仍然被太后紧握。军机处的人员没有变动，朝廷要臣也基本上是她的羽翼，年轻的皇帝想要掌握实权，仍显得有些力不从心。在动荡的社会背景下，拥有实权，继而将国家从水深火热中拉出来的想法一直萦绕在光绪心头。尤其是甲午战争发生后，他对太后由一开始的主战转向主和的态度很不认同。名义上是最高统治者，却没有实权实现理想抱负，这种长期被压抑的愤懑之感积压越久，抵抗的决心就会越坚定。甲午战败使光绪进一步加强了通过变革获得权力施展抱负的决心。当时恰逢维新派宣传变法，皇帝看到康有为的上书后，深感变法的时机已经来临，他对大臣奕劻说：“太后若仍不给我事权，我愿退让此位，不甘作亡国之君。”①后经奕劻调和，慈禧最终准许光绪开启变法进程。

慈禧不是彻底的顽固派，只要不对她的权力和地位构成威胁，对于一些有益的促进现代化的做法，她还是会予以支持，这也是百日维新得以开启的原因。但是当光绪启用维新派新人，并撤掉对变法敷衍塞责的礼部官员的职位时，引起了太后的高度警觉，二人的矛盾进一步激化。光绪想先发制人，发动政变推倒慈禧及其党羽，然而终因泄密和力量薄

① 中国史学会主编：《戊戌变法》（Ⅰ），神州国光社 1953 年版，第 331 页。

弱而失败，光绪被慈禧囚禁起来，失去了自由，最终于1908年驾崩。

光绪的一生都在与权力打交道，不管其主观意愿如何，当他4岁被指定为皇帝的那一刻起就不自主地卷入了权力的旋涡。后来的帝王观教育和动荡的社会大背景促成了他想摆脱傀儡皇帝的枷锁和束缚，进而拥有实权施展理想抱负的想法。但是他的对手慈禧太后，纵横权力中心几十年，积累了丰富的政治势力和权力制衡经验，这是光绪所望尘莫及的。变法不仅需要推动者想要变革的决心和勇气，更重要的是，对形势的判断和对时局的把控，以争取最大力量的支持。这些要求对于年轻的皇帝来说可能过于苛刻，但历史是客观公正的，它没有给光绪过多的时间来反思和弥补自身的不足，光绪最终在权力的争夺中归于失败。

三　张之洞和翁同龢——具有变革思想的旧式官僚

（一）张之洞——中体西用论的系统阐发者

毛泽东在论及中国近代的工业发展时说道："讲到重工业，不能忘记张之洞。"① 张之洞作为洋务运动后期的代表人物，不仅创办了汉阳铁厂、湖北枪炮厂等一系列重工业领域的工厂，还推行了许多旨在促进现代化的举措，包括编练新军、开办新式学堂、派遣留学生等。在洋务运动中积累的丰硕成果使张之洞成为晚清"四大名臣"之一。在国家发展道路上，张之洞不同意维新派对中国传统文化的批判，认为民族危机的化解应该在坚持传统文化的基础上借鉴西方的科学技术等先进成果，他的思想可以概括为"中体西用"论，集中体现在其1898年刊发的《劝学篇》中。《劝学篇》分为《内篇》和《外篇》两部分内容，其中，《内篇》共有9篇文章，主要阐述三纲五常作为封建统治基础的合理性，《外篇》包含15篇文章，基本观点是在坚持传统道德伦理的基础上，学习西方先进的科学技术，从而挽救民族危机，实现国家富强。中国传统的道德伦理是立国之道的根本，只有保持三纲五常的正统性，才可以达到正人心的目的。而西方科学技术确实有其先进合理之

---

① 转引自丁守和《关于近代史人物研究和评价问题》，《近代史研究》1983年第4期。

处，必须加以学习，才能开风气之先。

从《劝学篇》中可以看出，张之洞的“中体西用”思想既有变革性的一面，也有保守性的一面。甲午战争后，面对洋务运动的破产，作为领导者之一的张之洞越发认识到，运动中寻求自强的途径不能彻底挽救民族危亡，需要探索新的途径。因此他主张不泥古薄今，应变通陈法、去除积弊，以雪战败耻辱。他在《劝学篇》序言中就指出，当今世界的剧变是之前的所有朝代没有经历过的。面对变化，只能积极应对，“穷则变，变通尽利，变通趣时，损益之道，与时偕行”。[①] 他分析西方先进国家的发展，认为其富强源于不断完善的政体和学术。西方先进国家的政体、学术经历了数百年的发展过程，成效显现，引起后发国家竞相学习。美洲国家向欧洲国家学习，东洋国家向西洋国家学习。世界的发展大势预示着一个道理，如果一个国家不顺应潮流，而是继续保守封闭的话，那么结果只会是先进国家和落后国家之间的差距越来越大。在指出了变法的紧迫性之后，张之洞还对变法的具体措施进行了论述，主张用西法弥补中法的不足。西法包括西政和西艺两个方面，西政主要是指“学校、地理、度支、赋税、武备、律例、劝工、通商”等，西艺主要指“算、绘、矿、医、声、光、化、电”等。要想实现富强，只学习西艺还不行，还必须从西政方面进行变革。需要指出的是，这里的西政不是维新派指涉政权性质的政治制度，而是具体的政治体制。张之洞尤其注重教育改革，他认为，“自强生于力，力生于智，智生于学”。[②] 把教育提升到国家兴亡的高度，提出在各个行政区划内广设新式学堂，兼修新旧、政艺之学。他还提倡派遣留学生到先进国家学习，认为这是培养人才的有效方式，由于日本和中国在地理上的相近和文化上的相通，张之洞鼓励留学生去日本学习。这些主张都体现出他思想的变革性。

然而仔细分析，张之洞变革主张的根本目的是维护清王朝的统治。作为传统教育培养出来的社会精英，张之洞对于传统道德礼教的信奉不

① 张之洞：《劝学篇》，湖北人民出版社 2002 年版，第 24 页。

② 张之洞：《劝学篇》，湖北人民出版社 2002 年版，第 128 页。

可避免，这些都决定其政治思想不可能脱离政治精英的立场而彻底地主张变革。“中体西用”思想的立足点是根本的政治制度和封建纲常不能动摇，而先进国家的技术和器械，只是用来弥补中国在器物方面的不足。张之洞认为，传统的纲常伦理是维系社会稳定的纽带，“圣人之所以为圣人，中国之所以为中国，实在于此。故知君臣之纲，则民权之说不可行也；知父子之纲，则父子同罪免丧废祀之说不可行也；知夫妇之纲，则男女平权之说不可行也”。[①] 而维新派主张的兴民权将导致“愚民必喜，乱民必作，纪纲不行，大乱四起”，[②] 政治秩序混乱，社会也无法向前发展。儒家的“三纲”学说与君主专制紧密结合，前者从意识形态的角度为后者进行合法性论证。因此，维护“三纲”的根本意图实际上是坚持君主专制。张之洞虽然在《劝学篇》中也主张学习西政，但是这里的“政”更多的是指对官僚的管理方式、对政府政策的制定和运行的规则。这些变革的主张只不过是对洋务派思想的进一步发展。

变革性和保守性兼具是张之洞“中体西用”思想中的一大特点。变革性的一面与维新派的主张具有一定的相通之处，而保守性的一面则使其和守旧派官僚的矛盾弱化，表面上的中间立场使《劝学篇》一经刊发，就广受欢迎，取得了极大的影响力。光绪皇帝还亲自下诏要求各地官员阅读学习：“原书内、外各篇，朕详加披览，持论平正通达，于学术、人心大有裨益。着将所备副本四十部，由军机处颁发各省督抚、学政各一部，俾得广为刊布，实力劝导，以重名教而杜卮言。”[③] 20世纪初，此书还被外国人译成英文、法文，在国外出版。英文版中，题目为《中国唯一之希望》(*China's only Hope*)，序言中对张之洞评价道：“今日中国一个最伟大的人，中国没有比这两湖总督更为杰出的真正爱国者与有才能的政治家了。”[④]《劝学篇》的影响力之大对维新派政治制

---

① 张之洞：《劝学篇》，湖北人民出版社2002年版，第71页。

② 汤志钧：《戊戌变法史》(修订本)，上海社会科学院出版社2003年版，第455页。

③ 苑书义等主编：《张之洞全集》，河北人民出版社1998年版，第10758—10759页。

④ 黄兴涛：《张之洞〈劝学篇〉的西文译本》，《近代史研究》2000年第1期。

度变革的主张造成了冲击，之所以有如此结果，得益于其文章论证之严密和逻辑之严谨，而不是像一般的宣传口号那样只是浮于表面的批驳。至此，张之洞表面上的中间立场实际上更多的是反对维新派，二者之间的观点博弈在深度和广度上均达到了一个高度，推动了人们对于国家发展道路的思考，是以学术论战的形式行政治斗争之实的尝试。

（二）翁同龢——变革梦与权力欲兼具的矛盾帝师

作为光绪皇帝的老师之一，出身于官宦世家的翁同龢27岁时中状元，曾任工部、户部等朝廷多个部门的尚书，总理衙门和军机处等重要机构的大臣，在晚清的政局中占有重要地位。由于和光绪的特殊关系，他在维新运动中扮演了重要角色。翁同龢的政治思想既透露出他是一个“雄心勃勃的官僚，渴望在仕途出人头地；同时，他也是个严肃的学者，深深关切这个多难的帝国”。[①] 翁氏一方面具有传统士大夫忧国忧民的历史责任感；另一方面也具有对于权力和名望的欲求，二者结合，使得他的政治行为呈现矛盾的特点，并最终导致被开缺革职的结局。

1. 变革梦的矛盾性

翁同龢早年持有的政治立场较为保守，是属于反对洋务运动的阵营。19世纪60年代，朝廷内部围绕京师同文馆设立天文算学科一事展开激烈讨论。以倭仁为代表的保守派认为这是以夷变夏，简直是离经叛道的行为。翁同龢参与了这场争论，他站在了支持倭仁的立场，反对天文算学科的设立。但是，与倭仁、徐桐等保守派不同的是，翁氏并非坚定地奉行程朱理学，他早年对今文经学有一定研究，经世致用的思想对其有一定影响。19世纪80年代，之前一直没有直接参与洋务运动的翁同龢与曾纪泽、盛宣怀、荣闳等洋务派代表人士有了接触，这使他的眼界得到了开阔，认识到了洋务运动的合理性。西学书籍的阅读使他的思想进一步发生改变，冯桂芬的《校邠庐抗议》、陈炽的《庸书》以及汤震的《危言》均在翁同龢的阅读书目之中，这些书籍涉及的西学内容广泛并且都强调变法的必要性。每次回家乡常熟修墓之际，他常常会到

① 萧公权：《翁同龢与戊戌维新》，中国人民大学出版社2014年版，第4页。

上海，参观租借地，并在此购买介绍西学的书籍。1889 年，翁同龢还把冯桂芬的《校邠庐抗议》推荐给光绪，对皇帝政治思想的转变产生了重大影响。甲午战争的失败，举国上下感到一种亡国的危机感，翁同龢也不例外，战败的残酷结果使他的政治思想进一步转变，意识到变法的紧迫性。他很早就关注到康有为发起的维新运动，并最终把其引荐给光绪皇帝，促成了百日维新的开始。

百日维新的纲领性文件是由光绪颁布的《明定国是》，这份诏书实际上是翁同龢负责起草的，因此间接反映了其主张变革的政治思想。在该文中，翁同龢阐述了变法的原则，即借鉴西学中可以使中国富强的部分，包括科学技术、教育理念、军事制度、经济管理等，把这些有益的内容融入社会发展之中，以挽救民族危机。长时间的官场经历也使翁同龢认识到官场的腐败作风，因此，政治体制的改革在他那里也显得很有必要。然而，在对待传统文化的态度上，翁同龢的立场与张之洞类似，他坚持传统文化和伦理道德的合法性。在变法诏书颁布之前，光绪原本主张“今宜专讲西学”，翁同龢知道后，上奏皇帝说“西法不可不讲，圣贤义理之学，尤不可忘”。① 这里的“圣贤义理之学”，主要是指以儒家思想为代表的传统文化。在最后颁布的诏书中，翁同龢改为“以圣贤义理之学，植其根本，又须博采西学之切于时务者，实力讲求”。② 在对待康有为的态度上，翁同龢赞赏康氏的政治勇气和变法主张，但是二人在具体的变革思想上并不一致。当翁氏首次看到《新学伪经考》时，对文中显示的非正统观点表示质疑，斥责康有为是“经家一野狐”。③ 后来当听到康有为变革祖宗之法的主张时，更是在日记中写下了“狂甚”二字。④

翁同龢在政治思想上，一方面支持变法，主张在经济、军事等领域实现现代化，政府机构也应该通过机制改革实现效率和廉洁的统一；另

① 翁同龢：《翁文恭公日记》（三十七），商务印书馆 1925 年版，第 58 页。
② 萧公权：《翁同龢与戊戌维新》，中国人民大学出版社 2014 年版，第 70 页。
③ 谢俊美：《翁同龢维新变法思想简论》，《河北学刊》1998 年第 5 期。
④ 萧公权：《翁同龢与戊戌维新》，中国人民大学出版社 2014 年版，第 111 页。

一方面又反对改造传统文化和变革君主专制，这使其与维新派产生分歧。康有为提出的政治改革举措超出了翁同龢主张的改革范围，然而要想推动变法，又必须引进具备先进思想和变法才干的新人，这使翁同龢暂时克制对康有为变法主张的不满，从而壮大支持变法的力量。

2. 权力欲的矛盾性

翁同龢作为朝廷要臣，曾经长期得到慈禧的信任，同时又由于担任帝师这一特殊职位而又与光绪有相对于其他官员更为亲近的关系，因而在官场中具有较大的影响力，也不可避免地陷入党派纷争的泥淖。

光绪和慈禧之间的权力博弈使大臣们的阵营分化日益明显，逐渐形成帝党和后党两大政治派别。在帝后两党斗争之初，权力斗争还未呈现白热化的时候，翁同龢本着亲帝而不反后的原则，力图调和两宫之间的矛盾。翁氏在官场数十年，积累起来了丰富的生存经验，他看到斗争双方都具有一定的实力和优势，因而想从中调和，实现利益均沾。

光绪成年之后，慈禧虽然在名义上归政，但是她仍然掌握着实际权力，并且这种权力的掌握还保持着一种较为稳固的状态，慈禧依然具有至高无上的权威。对于光绪而言，由于中国传统文化中“以孝治天下”原则的存在，他不敢公然反抗慈禧的意愿。由于长期对人事权的掌控，朝廷中许多要员都是通过慈禧的提拔而升迁的。因而在政治势力的对比上，慈禧相对于光绪也具有绝对的优势。翁同龢数次被提拔的经历，大部分也是得益于慈禧。翁氏为官生涯中最后的升迁，虽然主要是源于光绪的意图，但是也得到了慈禧的同意。在变法主张上，慈禧也并非绝对的保守，她对于西方先进技术还持有较为开放的态度。在对待传统文化的立场上，她和翁同龢一样，坚持传统道德的统治地位。基于以上原因，翁同龢不敢违抗慈禧。然而与光绪相比，慈禧在年龄上并不占优势，如果没有特殊情况发生，光绪总可以等到慈禧寿终正寝之后而掌握实权。随着帝后的矛盾激化，许多权倾朝野的大臣如李鸿章、张之洞等都支持慈禧。由于私人恩怨的存在，翁同龢与李鸿章、张之洞二人的关系较为紧张。这一点从其对李氏、张氏二人主张修建铁路的态度中可以看出，翁同龢原本是赞成通过学习西方先进科学技术来实现现代化的，然而当现代化进程由他的政敌发起时，翁氏却从支持转向明确的反对态度。慈禧曾经的提拔、与慈禧对待西方相近的立场、同其他官员微妙的复杂关系，这些原因共同促成了翁氏对待慈禧采取有保留地支持立场。

另外，翁同龢担任过光绪多年的老师，日常相处的点滴使得翁氏对光绪的禀性较为了解。在成长的陪伴中，翁氏对光绪关爱有加，反过来，年轻的皇帝对于老师也有一种亲近感和感恩之情。在权力的争夺中，由于皇帝较为年轻，在时间和精力上相对于太后都占据优势。在变法主张上，皇帝接受新思想的过程较快，其向西方学习的思想在最初的形成过程中受到了翁氏的很大影响，因而二人在变法的意愿和主张上都较为相近。多重因素叠加，使得翁同龢支持皇帝变法，同时又考虑到光绪并不掌握实际政治权力，羽翼尚未丰满，因此在支持光绪的同时也不敢公然反对慈禧。后来，光绪的变法主张逐渐超出了翁氏的接受范围，变得越发激进而接近维新派的主张，翁氏更是在帝后之间左右摇摆。

翁同龢想要以变法为契机，调和帝后两宫的矛盾。他支持皇帝推行变法，但是也不敢和太后公开决裂。于是经常游走于二人之间进行协调，他经常规劝皇帝要听从太后的旨意，不要轻举妄动。翁氏想要通过变法帮助皇帝掌握实权，如果一系列改革措施的推行能够实现国家发展，那么皇帝就会顺理成章地赢得威望，掌握实权，而他作为主要辅佐大臣，在官场中的地位也会迅速提升。然而事实并非如此，帝后二人之间的不信任和隔膜由来已久，权力的斗争也不是想象中的那么温和。变法的推进不仅没有调和帝后之间的矛盾，其矛盾反而是进一步被激化。本打算在两宫之间取得信任的翁同龢结果是两面受敌，帝党认为他没有全力支持变法，后党又认为他是光绪最忠诚的追随者。这最终导致了他被开缺革职的结局，没有能安全渡过 1898 年的政治风暴。

翁同龢的政治策略导致了其权力欲望的破灭，致力于努力缓和帝后矛盾源于他一方面想要依靠皇帝谋取政治前途，另一方面又鉴于太后的强大威望而不敢与其公然对立。然而，这种矛盾的立场使其同时失去双方的信任。此外，翁氏与李鸿章、张之洞等朝中大臣的变法主张原本较为接近，但是由于私人恩怨的存在，翁氏采取了与李、张二人对立的立场，失去了本该可以合作的力量。国家已然面临深重的危机，作为本该承担起历史重任的朝中要员本来应该齐心协力，共同思考御敌强国的实现路径，但是他们仍然出于私人恩怨而彼此钩心斗角，这反映出当时官场的不良风气和制度的低效腐败。

一方面，挽救民族危机的爱国观念促成了翁同龢的变革思想；另一方面，人性中自私性和趋利性的因素驱使他对权力和声望的追求。这是翁氏政治思想的矛盾点所在，也是他想要同时获取帝、后青睐的政治策略之根源。

张之洞和翁同龢作为政治精英，其政治思想没有本质上的差异，都主张技术、经济、军事和行政体制方面的变革，同时坚守儒家思想在意识形态领域的统治地位。然而由于权力斗争的存在，二人最终分道扬镳，分别站在了后党和帝党阵营。这从侧面反映出变法所需的政治合力没有形成。把萧公权先生对翁同龢的评价扩展到对那个过渡时代大部分政治精英的描述也不无道理："依存于中国皇朝传统，成为一个爱国、忧患而囿于传统的典型士大夫。当中国被迫改变她的环境以调整其制度与思想生活的关键时期中，这批士大夫正主宰着政治舞台，当王朝体系消逝，翁同龢这类人的信仰与志业所依托的客观条件也就一去不复返了。"①

第三节　大众政治心理状况

所谓政治心理，是指"社会成员在政治社会化过程中对政治生活的心理投射"。② 政治心理的形成一方面从传统政治文化那里传承而来，另一方面也受到现实社会环境的影响。与政治思想相比，政治心理更加感性、直观，是对政治世界不成系统的认识。它产生于日常生活，源于积累的经验，而非经过理性思考的成果，因而也大多是对政治表象的认

① 萧公权：《翁同龢与戊戌维新》，中国人民大学出版社 2014 年版，第 122 页。

② 王浦劬等：《政治学基础》（第三版），北京大学出版社 2014 年版，第 245 页。

知，并不具备完整的逻辑体系。但是政治心理一旦形成，就以隐性的形式存在于人们的内心深处，较为稳定而又不易察觉。社会存在决定社会意识，精英和大众阶层由于物质基础、社会地位、受教育程度等的不同，因而对政治生活的认知也大不相同。这种差异不仅包括政治认知内容的不同，还体现在政治认知形式的不同。社会精英由于受教育程度较高，能形成较为完整的思想体系，多以著书立说、发表言论等方式向社会传达自己所持的政治思想，启发人们对政治形成新的认知。社会大众对政治的认知多以政治心理的形式呈现，是一种直观的、感性的，但是又具有很强稳定性的政治文化形式。本节将以政治心理为切入点，考察大众的政治文化状况。

一 超稳定社会结构之下保守传统的臣民政治心理

中国传统社会以农业为主，土地成为人们获取生活资料最重要的来源。由于土地的不可移动性，农民的活动范围较为固定，久而久之，形成了安土重迁的传统。离开故土是生存受到挑战之后迫不得已的行为，稳定生活圈的形成使人们在情感上对家乡有强烈的依恋，费孝通因而认为中国传统社会是乡土性的。[①] 戊戌维新运动发生时的晚清社会，由于受到西方国家的冲击，部分农村地区，尤其是靠近通商口岸的农村地区，经济和文化领域发生了一定程度的变化。经济上由于受到外来商品的冲击，传统手工业破产；文化上由于传教士的宗教宣传活动，出现了一些信仰基督教的农民。然而从整体上来看，广大农村地区仍然以自然经济为主体，儒家的传统政治思想依然占据统治地位。在这种超稳定的社会结构下，农民的政治心理呈现出保守传统的特点。

（一）安于现状、畏惧变革的政治心理

农业社会中，人口的流动性小，人们从出生到死亡，世代生活在一个地方。居住环境的稳定使得日常经验占据重要位置：过去是这样做的，现在遇到相同的问题，也应该用相同的方法解决。经验可以从个人

---

① 费孝通：《乡土中国》，人民出版社 2015 年版，第 1 页。

过去的经历中获得，也可以从祖辈那里传承而来。后辈所遇到的问题并不是什么新鲜事，祖辈早已遇到过，并收获了相应的解决办法。因此后人为了少走弯路，往往会选择从祖辈那里习得生活经验。这样一来，人们对过去和传统就极为重视，形成了保守和好古的心理习惯。这种心理习惯在政治领域表现出墨守成规、反对变革的特点。

中国传统社会实行的是以一家一户为单位的小农经济，此种生产形式下，农民有着相对独立的经济利益和自主空间。在经济上，生活资料的获取以男耕女织为主要途径，只要有固定的土地，小家庭可以不依赖商品交换便可求得生存。无地或者少地的农民，选择从地主那里租赁土地耕种作物，虽然要交纳一定数额的地租，但是在社会稳定时期，仍然可以保证生存。在政治上，由于古代交通通信方式的滞后性，地理上的距离时常成为中央政权向地方传达政令的天然阻碍，“天高皇帝远”的俗语说的正是这个道理。除了在战争爆发、重大水利工程的修建等特殊时期，在大多数时间里，广大农民与政权保持着一种疏离状态。社会的平稳运行多依靠小农经济的自行发展，农民时常感觉不到政权的存在，在他们头脑中，政权更多的是一个象征性的存在。因此，在这种存在一定政治自由度的现状之下，人们为了保全自身，总是倾向于寻求安稳，安于现状、知足常乐是中国人传统的生活智慧。以辩证的思维来看，人们寻求安稳的心理趋向一方面有利于政治稳定、保障生产发展；另一方面，也使得中国社会止步不前、少有变化，直到与西方国家的差距逐渐显现，人们才猛然间意识到自身的落后，从而被迫做出改变。

大众保守的政治心理从王朝的更迭规律中也得到显现，朝代的兴衰更替往往与土地兼并现象的周期性波动密切相关。王朝建立之初，统治者往往首先采取措施抑制土地兼并，他们通常会没收豪强地主的土地，并将收来的土地分配给广大自耕农耕种，旨在通过恢复生产发展来巩固政权。统治阶层从上一个朝代灭亡的教训中总结出一条经验：土地兼并过于严重将会导致农民的生存失去保障，农民的温饱都已经成为问题，更别提向国家上缴税赋了。因而，要想保持统治的延续，必须保证广大农民，也就是广大纳税人的物质生活水平。抑制土地兼并的举措既奠定了统治的物质基础，也保障了统治的政治基础。随着时间的推移，新一轮的土地兼并由于土地私有制的存在又重新开始。统治阶层也失去了一开始的理智，税负和徭役的增加使农民的受剥削程度大大深化。再加上自然灾害频发、人口增长等因素的综合作用，广大农民的生活境遇日益艰难。一旦多数农民发生破产，起义的爆发也就不可避免，随之而来的就是王朝统治的终结，一个王朝兴衰的演变过程就此完成。农民起义爆发的前提是，只有当人们的生存境遇普遍面临严重威胁之时，大规模的暴动才会发生，这反映出大众政治心理的保守性。然而，尽管会有起义暴动的发生，但是民众始终对地主土地所有制和君主专制制度保持认同，权利和主体意识自始至终没有产生。在封建社会的大部分时期，农民和地主的关系并非今人想象的那样紧张，“大量在现实和具体生活中的农民面对更多的可能并非恶霸，或者说碰上恶霸的几率并没有与碰上平平常常的富人那么高”。① 甚至到了20世纪40年代，华北地区的农民在中共发起土地改革运动之时，还没有对土地制度产生过质疑，他们认为：“土地越多越好，人人都希望获得土地，而且尽可能地多置田产。等到土地多得自己经营不过来了，就把它租出去，这是天经地义的事情。”② 费孝通也指出：“中国传统租佃关系里还常充满着人的因素。这因素又被儒家的‘中庸’、不走极端，所浸染的富有弹性……确曾减少过农民反抗的可能。”③ 大众由于安于现状而产生的对既定政治制度的认同促成了保守、求稳、反对变革的政治心理。

（二）对权力依赖和崇拜的政治心理

农业社会中，物质资料的获取主要依赖于自然条件，农民因此对于大自然有一种敬畏之感，加之古代的科学技术较为落后，人们对自然环境背后的科学规律并不十分了解，长久以来，形成了听天由命的宿命论。小农经济形式之下，农民的力量较为分散，单个家庭难以应对气候

① 张鸣：《乡村社会权力和文化结构的变迁（1903—1953）》，广西人民出版社2001年版，第253页。

② ［美］韩丁：《翻身——中国一个村庄的革命纪实》，韩倞等译，北京出版社1980年版，第51—52页。

③ 《费孝通文集》（四），群言出版社1999年版，第375—376页。

反常或者是自然灾害带来的危害。农民向政府缴纳赋税、贡献徭役，统治阶层由于财力、人力方面的优势，常常担负起兴修水利、赈济灾民等职责，帮助民众渡过难关。除在某种程度上保障民众的经济利益之外，统治阶层还由于掌握军事力量而得以抵御外族入侵、平定动乱等，为民众提供安定的外部环境。政治权力的这些工具性价值使人们对其产生依赖，民众总是倾向于期待明君、贤相、清官的出现，这些政治权力的拥有者可以为民作主，提供经济和政治上的庇护。然而，这种庇护的获得是以部分的个体自由被剥夺为代价的。长此以往，广大民众的主体意识逐渐丧失，对权力依赖的政治心理由此产生。

中国古代政治权力高度集中，权力架构从地方到中央呈现金字塔形状。君主处于政治权力的最顶端，具有绝对的权威和至高无上的地位。各个层级的官僚拥有政治权力的多少也决定了其政治地位的差异，不同级别官僚的服饰和住房样式明显不同，出行方面的交通工具和随行人员的配备也有严格规定。专制制度下森严的等级制度，决定了人与人之间地位的不平等，拥有越多的政治权力就意味着可以获取更多的资源。与经济实力决定政治地位的西方社会不同，中国古代是政治权力决定着经济利益的分配，这种把权力绝对化、至上化的泛政治主义导致民众对权力崇拜的心理产生。“一人得道，鸡犬升天”的俗语是传统社会权力泛化的真实写照。科举制几乎是普通人获取政治权力的唯一途径，“学而优则仕”因之成为古代读书人的终极人生目标。

对权力崇拜的政治心理不仅存在于政治领域，社会领域同样也是如此。在家庭中，长幼有序、贵贱有别，父亲对子女、长辈对晚辈有绝对的权威。“父要子亡，子不得不亡”，在现代人看来有些荒谬的观念在传统社会却得到普遍认同。孝道在传统社会占据极为重要的地位，百善孝为先，孝不仅意味着对祖先和长辈的尊敬，同时还包含有政治伦理精神。对父权的无条件服从推广到政权层面就是对君主统治的绝对服从，孝道要求人们对权威的服从导致独立思考能力的丧失。鲁迅先生认为，中国古代的孝道，培养了人温良的品格，这有一定的积极作用。然而，不分对错地对长辈予以服从则绝对不是美德的体现，最终导致唯唯诺诺，毫无生气和创造性可言。[①] 中国人从小就提倡克制自己的个性，西方人则主张释放天性，而孝道的约束则是个性被压制的主要原因，林语堂先生说："中国人已经容忍了许多西方人从来不能容忍的暴政、动荡不安和腐败的统治，他们似乎认为这些也是自然法则的组成部分。在四川的一些地方，人民已经被提前征收了今后三十年的赋税，但是他们除了私下在家里发出几声别人似能听见又听不见的咒骂外，再无任何有力一些的反抗。"[②] 个体诉求的被压制造就了中国人逆来顺受、极为忍让的特点，由此造就了典型的臣民政治心理。这种臣民政治心理伴随权力本位中支配和服从的关系而呈现出两面性。人们在不同的权力等级中呈现出不同的行为模式，在面对比自己权力高的人时，阿谀奉承、逆来顺受；在比自己权力低的人面前，肆意妄为、作威作福。"权威要求服从，这不仅要使他人惧怕他的权力，而且要使人格外相信他在道德上的优越性和权力。对权威的尊重伴随着对此不可有所怀疑的禁忌。"[③] 鲁迅先生笔下的阿 Q 就具有典型的奴性心理，在遇到比自己地位高的人时，双腿自然就跪下了，而面对比自己地位低的人时，却又蛮横起来。鲁迅先生又在《灯下漫笔》中对臣民政治心理精辟地分析道："我们自己是早已布置妥贴了，有贵贱，有大小，有上下。自己被人凌虐，但也可以凌虐别人；自己被人吃，但也可以吃别人，一级一级地制驭着。"[④]

（三）缺乏公德心的麻木政治心理

农耕文明之下，人们的亲疏远近以血缘为标准进行划分，由此形成了以家庭为基本单位的社会结构，家庭又进一步扩展为家族或者宗族。费孝通先生把中国传统的社会结构概括为"差序格局"，即由于婚姻事实和生育制度的存在，个人以自我为中心，根据亲属关系可以无限扩展自己的关系圈子。差序格局的社会结构就像一块石子投入水中所产生的波纹，一圈一圈无限向外推出。这与西方社会结构大为不同，西方的团

---

① 《鲁迅全集》（六），人民文学出版社 1981 年版，第 82 页。

② 林语堂：《中国人》，浙江人民出版社 1988 年版，第 31 页。

③ ［美］埃·弗洛姆：《为自己的人》，孙依依译，生活·读书·新知三联书店 1988 年版，第 143 页。

④ 《鲁迅全集》（一），人民文学出版社 2005 年版，第 210 页。

体结构如同扎好的成捆柴火，每一捆都有明确的数额限定。在此基础上，西方人对公私有着明确的界限，而中国人对公私的概念则较为模糊。拥有权势的人和无权无势的人的亲属圈子有巨大差异，前者的亲属圈子可以辐射至很大范围，而后者的亲属圈子可能仅限于夫妻二人和他们的孩子。学者在对福建溪村进行考察时发现，该村的“公”“私”范围具有相对性。当全体家族与异族或者是外村人相提并论时，家族就属于私的范畴，而当论及小的家庭时，家族又变为公的范畴。①

在差序格局的基础上，中国传统社会不像西方那样拥有各种各样的公益性组织。正如前文所述，农业生产方式之下的社会结构极为稳定，人们世代在一个地方生活，周围的人也大多是跟自己有血缘关系的人，地缘上的固定和血缘上的亲近使得人们形成了安土重迁的观念。当遇到困难时，小的家庭难以应对，国家权力又难以在短时间内触及基层，这时往往是宗族承担起责任，帮助族内成员渡过难关。以血缘关系为基础的中国传统社会，人们对国家的认知是模糊的，不具备现代意义上的国家观念。国家只不过是扩大的家庭，是属于统治家族所有的，古代君主把大臣视作自己的家奴，就是这种家天下思想的体现。然而，现代意义上的国家观念则是建立在平等的权利和义务基础之上的，国家属于全体公民，担负着保障公民各项合法权利的义务。如果无法承担其应有的职责，人们完全有理由推翻现有政府，从而另选新的统治者。在西方人的观念中，国家是一个被明确规定权利和义务的政治组织。而中国传统社会之中，由于公私的界限不明确，人们往往缺乏公德心。当一件涉及公共利益的事情与自己或者家人没有直接联系时，人们总是抱着“事不关己，高高挂起”的心态来应对。然而事实上，公共事务看似与个人距离遥远，但如果从长远来看，又与每个人的利益息息相关。“各人自扫门前雪，莫管他人瓦上霜”，透露出人们在社会事务的处理中自私性的一面。费孝通先生曾经举过一个生动的例子，苏州的人家后门都有一条河，人们日常会在其中洗菜洗衣，但是看到有人向河里倾倒垃圾时，

① 王铭铭：《溪村家族——社区史、仪式与地方政治》，贵州人民出版社 2004 年版，第 74 页。

碍于情面，很少有制止行为。长久下来，公私观念的缺失导致人们公德心的缺乏，人们对待公共事务冷漠麻木。孙中山先生在面对外国人认为中国人像一盘散沙时分析道，大部分人心中只有家族和宗族观念，而没有国族观念，个人为了保护家族或者宗族利益，愿意做出牺牲，而几乎很少愿意为国家事务付出，中国人的团结只到了宗族层面，没有扩展到社会和国家层面。① 公德心的缺乏以及对国家利益的漠视在鲁迅先生的作品中得到充分体现。在小说《药》中，普通民众无法理解革命者的牺牲，华老栓夫妇为给自己的儿子治病买来沾有革命者鲜血的馒头。这一方面反映出民众的愚昧，另一方面也显示出人们对革命者牺牲的漠视和麻木。无独有偶，梁启超先生曾痛心疾首地指出国民的旁观特点，“天下最可厌、可憎、可鄙之人，莫过于旁观者”。② 国民一味旁观，放弃对国家的责任，最终将会导致国家灭亡，他还列举出旁观者的众生相，有终日浑浑噩噩、没有目标的“混沌派”，有置国家民族利益于不顾、专为一己私利考虑的“为我派”，还有面对困难只会唉声叹气的“呜呼派”，等等。梁启超对此大声疾呼，国民不要再继续做旁观者，要树立起对国家和民族的责任感，担当起挽救民族危机的重任。

二 西方冲击背景之下的民族主义政治心理

鸦片战争以后，清王朝在与西方国家进行的多次正面交锋中频频失败，封建制度早已失去了生命力。残酷的现实除促使知识分子开始反思传统政治文化的不足之外，还促使普通民众的政治心理发生转变，一种朴素的民族主义由此产生。

（一）近代民族主义的产生

纵观 19 世纪后半叶晚清的政治局势，动荡构成了其中的主旋律。外国的入侵使得民众的人身安全得不到保障。甲午战争期间，日本攻占旅顺之后，对这里的民众进行了泯灭人性的大屠杀，一时间震惊世界。

---

① 赵晓峰：《公私观念与传统中国农民的行为逻辑》，《华中科技大学学报》（社会科学版）2012 年第 3 期。

② 《梁启超文集》，北京燕山出版社 1997 年版，第 82 页。

在内忧外患的冲击下，社会矛盾明显激化。由于不平等条约的签订，帝国主义在中国内地修筑铁路、设立教堂，侵占了大量农田，再加上政府无力对土地兼并现象进行管控，地主大肆侵占农民土地，人口的增长更是使广大农民的土地变少。失去了土地这一最重要的生产要素，农民的生存境遇变得更为恶劣，甚至产生了大量流民。大量的战争赔款使清政府加大对农民的盘剥，给民众的生活带来更大负担，无异于雪上加霜。此外，通商口岸的开放使部分地区的自然经济开始解体，传统的手工业由于难以与西方的机器生产竞争而纷纷破产。政治的动荡加上生存境遇的恶化使广大民众逐渐意识到国家落后的现状，"天朝上国"的优越感在与西方的被动接触中逐渐消失，民族危机感也伴随历次战争的失败而逐渐加深。最重要的是，主权的丧失带来国人个体利益的受损，这使人们产生极为愤懑的情感，他们希望通过实现国家的富强和民族的独立对西方侵略者进行最有力的回击。因此，民族主义的政治心理逐渐形成。

中国近代的民族主义和西方近代意义上的民族主义有很大不同。西方近代的民族主义源于三大传统：法国大革命中形成的人民主权观念、德国的历史主义和浪漫主义思想，以及工业革命引发的现代化社会转型。[①] 中国近代的民族主义有着久远的思想渊源，早在东周时期，华夏民族形成，一种以华夏为中心的民族观念逐渐成形。汉代之后，华夏族称为汉族，汉族由于生产方式的先进性，创造了丰富的文明成果。周边的少数民族由于生产方式的相对落后，文明程度远不及汉族。"华尊夷卑"的民族优越感由此形成，"以夏变夷"随之成为汉族处理与周边少数民族关系的准则。到了近代，中国人的优越感不复存在，但是华夏民族的群体观念得以留存。如果说西方的民族主义更多的是以个体意识的觉醒为基础，那么中国近代的民族主义则是源于民族危机的加深。

从形式上来看，晚清时期大众的民族主义政治心理主要包括种族民族主义，在西方国家发起的侵略战争中被激发出来的同仇敌忾、一致对

---

① 时殷弘：《民族主义与国家增生的类型及伦理道德思考》，《战略与管理》1994 年第 5 期。

外的心理；政治民族主义，对清政府在面对民族危机时表现出的无力懦弱，哀其不幸、怒其不争，从而产生推翻清王朝统治的观念；文化民族主义，儒家传统教义在广大民众心中根深蒂固，而在清政府与外国签订的不平等条约中，关于外国传教士可以来华传教的规定使部分地区面临基督教文化的冲击，保护传统文化和伦常礼教的思想应运而生。[①] 民众的民族主义政治心理首先体现在国别认知上，"英国鬼子真讨嫌，压制我买鸦片，美国鬼子惹不得，助运鸦片害中国"。[②] 反映出当时的民众认识到了不同国家的存在，并且区别于古代隶属于中央政权的藩属国。

从实际行动上来看，民族主义政治心理常常通过反侵略的斗争行为体现出来。鸦片战争爆发之际，广州附近三元里人民的抗英斗争，彰显了民众保家卫国的豪迈气概，"廓清妖雾见天日，个个杀敌逞英豪"[③] 是当时流行的口号。在稍晚时期的义和团运动中，反对西方侵略更是成为斗争的首要目标。义和团的歌谣中有一首这样唱道："你没吃，我没穿，趁早加入义和团，打败洋人吃饱饭。"[④] 这些都说明了晚清时期民众在内忧外患的背景下发生的政治心理的转变，具体表现为，由原来的对政治生活的疏离转向有意识地维护民族利益，这种政治心理的转变是一种历史的进步。

（二）逆反的排外政治心理

面对西方国家的冲击，大众政治心理转变的另一个表现是排外政治心理的产生。排外主义通常指涉一个民族在面对外来民族的威胁时所采取的本能排斥反应。西方势力的入侵以先进的工业文明为实力支撑，民众由于缺乏理性判断，采取全盘的抗拒态度来对待西方，没有认识到西方国家的先进物质文明应该予以学习，从而为我所用。

---

① 唐林丽：《晚清时期的民族主义与民族国家建构》，《科教文汇》（上旬刊）2007 年第 22 期。

② 张鸣：《乡土心路八十年：中国近代化过程中农民意识的变迁》，上海三联书店 1997 年版，第 112 页。

③ 李穗梅：《三星旗下誓抗英：三元里人民抗英斗争纪念馆》，中国大百科全书出版社 1998 年版，第 53 页。

④ 李云：《晚清农民政治心理与政治行为的嬗变》，《农业考古》2009 年第 4 期。

排外政治心理的产生由许多因素共同决定。首先，鸦片战争以来，尤其是甲午战争以后，西方国家掀起瓜分中国的狂潮。外国商品的输入使原本稳定的自然经济结构受到冲击，许多手工业者、少地或无地的农民失去生计，这些人被迫脱离传统的生活方式。铁路的修建、矿山的开采、通信设备的设立占用了大量农田，列强在征地过程中往往采取强制性手段，矛盾不可避免地被升级激化。铁路和航道的开通又使得传统人力搬运工失去生计。生活水平的下降使得民众对西方的入侵采取一种绝望的反抗态度。由于知识文化的缺乏和视野的受限，他们把一切与西方有关的事物均视为灾难的来源，列入打击的对象，并进行一味地破坏。其次，西方国家在经济入侵的同时也伴随文化侵略，许多西方传教士到中国内地进行基督教的宣传。一些传教士打着传教的名号欺压百姓、为非作歹，与当地民众时常发生矛盾，导致暴力事件频发。除社会治安遭到破坏之外，民众对于传教活动的排斥还源于东西方文化的冲突。在中国基层社会，人们长久以来恪守儒家传统文化，伦理纲常是安身立命的根本，人们对天地、对祖先有着崇高的敬畏之心。而西方基督教文明主张信仰上帝，是完全不同的信仰体系，广大民众在思想观念上无法理解和接受。

1897 年，德国强占胶州湾之后，当地民众的态度典型地反映了逆反的排外政治心理。德国在胶州湾驻军后，当地的德国传教士行事作风更加蛮横。在此之前，由于文化的差异，民众排斥传教活动的现象就时有发生，传教士有了本国军事力量的庇护后，“教焰益张，宵小恃为护符，借端扰害乡里，民间不堪其苦，以致衅端屡起”。[①] 德国军队也会直接出兵对内地实施侵略，欺凌手无寸铁的百姓是时有发生的事情，这进一步激化了民族矛盾，最终导致了义和团运动的爆发。以“扶清灭洋”为标志性宣传口号，义和团成员杀洋人、教民，销洋货，毁教堂、铁路，力量迅速壮大，不久就由山东扩展至直隶、京津地区。义和团在北京发布的一则揭帖上显示了这样的内容：“兹因天主教并耶稣教教

① 故宫博物院明清档案部编：《义和团档案史料》（上），中华书局 1959 年版，第 44 页。

堂，毁谤神圣，上欺中华君臣，下欺中华黎民，神人共愤，人皆箴默。以至吾等俱练习义和神拳，保护中原，驱逐洋寇，截杀教民，以免生灵涂炭。自示之后，晓谕村庄人等：无论尔等谁庄，如有教民，急速驱逐自遵，将教堂乃伊等房屋，俱各延烧毋留。”① 义和团运动的发起原因、兴起目标以及对待西方的态度行为从中可见一斑。一方面，从抵制西方列强侵略的角度来说，义和团运动具有进步意义，它是自鸦片战争以来民族主义情绪的集中爆发。另一方面，义和团运动对待西方的立场也是近代以来排外主义政治心理的顶峰，对西方事物不加选择地反对，缺乏理性和科学的认识，这种行为不利于对先进事物的吸收，也无法真正实现社会进步，义和团运动的最终结果无疑说明了这一道理。后来的革命党人对民众的这种盲目排外的政治心理进行了批判和反思，主张用理性、文明的方式代替过去原始粗暴的排外手段。

本章对精英阶层和大众阶层的政治文化进行了分析。其中，精英阶层包括维新派知识分子和统治阶层。维新派的政治思想主要体现在变法图强、对君主专制进行批判、对君主立宪的建构等方面。统治阶层中，主要对慈禧太后、光绪皇帝和以张之洞与翁同龢为代表的封建官僚的政治思想进行分析。笔者认为，慈禧是一位马基雅维利主义的实践者，她的一切政治行为都以保持自己手中的权力为归依。光绪则是一位主张变革的除旧布新者，他的目的是想要实现清王朝统治的延续，然而在大的历史潮流中，这种努力显得微不足道。张之洞与翁同龢的政治思想中，都有向西方学习的因素。然而张之洞向西方学习的主张仅限于器物层面，他在某种程度上也承认君主立宪的合理性，但是认为中国在当时不具备建构君主立宪制的条件。翁同龢一方面支持皇帝变法，民族独立和国家富强的理想在他的精神世界中占有重要位置，然而他支持变法的动机中还因权力欲望的掺入而变得充满矛盾性。这导致他在帝党和后党之间徘徊，想要同时获取双方的青睐，最后反而得不到任何一方的信任，其最终结局是百日维新发生后不久就遭到罢免。由于社会结构还没有发

① 包士杰：《拳时上谕、杂录》，转引自郭钦《义和团排外评析》，《贵阳文史》2001年第1期。

生根本性改变，普通大众的政治心理总体上还停留在传统的政治文化世界，具体表现为保守传统的臣民政治心理和西方冲击背景下的民族主义政治心理。总体来看，维新派倡导的新型政治文化没有扩展到普通民众领域，仅停留在知识分子和少部分官僚阶层的范围内，因而影响极为有限。

第四章

传统与外来政治文化博弈

第一节　传统政治思想

一　天命观论证政治合法性

美国政治学家戴维·伊斯顿指出：“没有对系统合法性的一些适度的信奉，任何系统都不能延续，至少不能延续很久。”① 一个政权建立后，其首要任务是维持统治，而维持统治就要有足够的合法性来说服被统治者。在专制政治制度下，被统治者是多数，他们往往是统治者剥削的对象，所以被统治者时刻希望推翻统治者，而以暴制暴并不是一个长久的办法。虽然暴力手段能够简单且直接地解决问题，但是统治者需要付出大量的政治成本，而暴力手段会在被统治者的心中埋下仇恨的种子，并且从侧面教育被统治者之所以被统治的原因是源于武装力量的弱小。这种错误的理念会导致被统治者蓄意暗中发展力量，再用暴力手段推翻统治者。所以改变被统治者的理念就显得十分重要，这种意识形态上的改造是一个政权政治合法性的重要基石。当然，由于不同政权的政治合法性内容不同，在实践的过程中会出现效果上的差异。

天命观在中国古代政治思想中占据重要地位，它最初的起源是因为

① ［美］戴维·伊斯顿：《政治生活的系统分析》，王浦劬主译，人民出版社2012年版，第266页。

落后的社会生产力无法帮助人们解释事物发展变化的规律，只能将其归因于第三方的神秘力量，人们将这个第三种力量选为高高在上的“天”。同时，“敬天”的仪式也成为人们尊敬神秘的自然力量的一种表达方式。自夏商开始，统治者开始以上天的命令，来作为自己行事的依据，天命观由此成为合法政治行为的理论来源，商纣王曾说：“我生不有命在天?”①

商汤创立了商朝，历经数百年传至商纣，虽然商纣自称有天命在身，但是其不纳忠言、宠信奸佞、残害忠良、虐待百姓。商纣的暴政最终导致了以周武王为代表的各路诸侯的暴动，商朝的统治最终被推翻。周朝在开始统治后，由于武王早逝，幼主继位，其内部出现了权力的斗争。此外，商朝的遗老遗少仍旧希图复国。此时的周朝迫切需要有正确的理论来明确自己的政治合法性，周朝的著名政治家、思想家周公在此方面做出了重大贡献。周公首先明确上天选拔统治者的标准是德行，“皇天无亲，惟德是辅”，② 德行好的人会得到上天的支持。商纣王因无德，所以被天抛弃，“惟不敬厥德，乃早坠厥命”，③ 而周王有美德，所以被上天选择，“天乃大命文王。殪戎殷，诞受厥命越厥邦民”，④ 所以上天是认可周朝取代商朝的。这种上天可以改变其在人间代理人的理论是周朝对天命观的重大创新。《诗经》中的“天命靡常”，⑤ 就是这个观念的反映。而强调君王的德行是周公对天命观的另一个重要创新。上天以德行高低选择自己的代理人，统治者无德，就会被上天抛弃。天命观与德行的考核结合在一起，给周朝替代商朝提供了政治合法性的依据。

孔子在此基础上对天命观予以完善。在他那里，“天”具有双重含义。首先是自然之天。在这层含义上，天是万事万物的主宰，创造万事

① 《尚书·商书·西伯戡黎》，中华书局 2012 年版，第 130 页。
② 《尚书·周书·蔡仲之命》，中华书局 2012 年版，第 462 页。
③ 《尚书·周书·召诰》，中华书局 2012 年版，第 224 页。
④ 《尚书·周书·康诰》，中华书局 2012 年版，第 181 页。
⑤ 周振甫译注：《诗经译注》（修订本），中华书局 2010 年版，第 369 页。

万物并决定其运行。“天何言哉？四时行焉，百物生焉”，[①] 孔子认为，四季的变化轮回以及物种的存在都是按照天的意志而产生。其次是人格化的天。孔子赋予天以人的情感，天有一套是非准则来决定人事命运。朝代的兴衰更替是天意的显现，上天会根据德行选择贤达的统治者维系社会的正常运转。对于百姓的疾苦、社会的动荡，上天不会置之不理。由于天具有超越个人的主宰力量，人们对天自然产生一种敬畏之情，“君子有三畏：畏天命，畏大人，畏圣人之言”，[②] 如果不按照天的旨意行事，就会“获罪于天，无可祷也”。[③] 同时，人也应该发挥主观能动性，知天命、顺天命，践行良好的仁义道德，从而把握住自己的命运。而如果要成为君主，就应该比一般人具备更高的德行，才能得到天的庇护。

孟子和荀子朝着不同的路径对孔子的天命观予以发展。在孟子那里，强调天具有的道德理性和道德情感。仁、义、礼、智、信既是人的本性，也是天的属性。“尽其心者，知其性也，知其性者，则知天也”，[④] 通过践行良善的本心，认识人的本性，进而知道天的意图。人和天是相通的，实现的途径是完善个人的修养品德。由此可以看出，孟子赋予天更多的道德因素。荀子则是相反的路径，在他那里，天更多地具备自然因素，是一种客观的规律存在。“天行有常，不为尧存，不为桀亡”，[⑤] 人可以掌握这种自然规律，通过制天命而实现自己的目的。

战国时期的邹衍，对天命观进行创新，提出了“五德终始说”，对后世影响深远。《史记》对此记载道：“邹衍‘称引天地剖判以来，五德转移，治各有宜，而符应若兹’。”[⑥] 阴阳二气是自然界的基本构成物质，二者的组合构成了木、金、火、水、土五行，自然界依靠此五行实现交替运行。寒来暑往、四季轮回正是五行运动的体现。这种自然界运

① 《论语·阳货》，中华书局 2016 年版，第 295 页。

② 《论语·季氏篇》，中华书局 2016 年版，第 276 页。

③ 《论语·八佾篇》，中华书局 2016 年版，第 41 页。

④ 《孟子·尽心上》，中华书局 2017 年版，第 289 页。

⑤ 《荀子·天伦》，中华书局 2001 年版，第 265 页。

⑥ 司马迁：《史记·孟子荀卿列传》（七），中华书局 2014 年版，第 156 页。

行的规律体现在历史领域就是木德、金德、火德、水德以及土德的五德相胜。金德克木德，火德克金德，以此类推，循环往复。朝代的兴衰更替按照五德相胜的顺序进行，一种德行衰亡，另一种取而代之。在德行改变之时，往往会发生反常的自然现象，作为符应传达德行和朝代更替的信息。王朝建立之初，要进行制度的更新，因为不同的德行对应不同的制度。受命然后封禅，君主还要进行封禅的受命仪式，以显示自己的地位是上天赋予的，统治是顺应天道的。五德终始说为王朝的合法性注入了神秘性色彩，为秦朝以及之后的历代王朝普遍使用。“始皇推终始五德之传，以为周得火德，秦代周德，从所不胜”，[①] 周朝对应的是火德，水克火，秦朝取代周朝，就定为水德。中国古代最后一个王朝清，其国号的确立也是源于五德终始说，朱明王朝有火义，清朝含有水义，水克火，国号由此而来。

汉代建立之初，统治者面临着统一意识形态的紧迫形势。董仲舒的“天人感应”说正好顺应了这一需要，该学说用完整的理论体系论证汉代统治的合法性。天人之间为何可以感应？源于天人同类，“人有三百六十节，偶天之数也；形体骨肉，偶地之厚也；上有耳目聪明，日月之象也；体有空窍理脉，川谷之象也”，[②] 说明了人的形体构造与自然具有一致性。不仅如此，人和天还具有相同的情感，“喜怒之祸，哀乐之义，不独在人，亦在于天”，[③] 温暖的春天代表着天的喜气，热情的夏天代表着天的乐气，萧瑟的秋天对应着怒气，寒冷的冬天则对应着哀的情感。根据同类相感的理论，天和人之间得以互相感应。那么，天人之间又是通过何种方式进行感应的呢？上天通过祥瑞或者灾祸来预示人世间的得失治乱。祥瑞包括稀有的飞禽走兽和植物等。灾祸包括水旱、蝗虫等自然灾害，日食、月食等反常的天文现象，各类祥瑞和灾祸代表奖励或者惩罚的程度也不同。统治者如果践行良好的德行，使天下归心，那么祥瑞现象就会出现。如果统治者失德无道，灾祸就会发生。此时，

---

① 司马迁：《史记·秦始皇本纪》（一），中华书局2014年版，第275页。

② 董仲舒：《春秋繁露·人副天数》，中华书局2012年版，第512页。

③ 董仲舒：《春秋繁露·天辨在人》，中华书局2012年版，第435页。

统治者一般会颁布罪己诏来进行自我反思，并将内容昭告天下，进而改善施政政策以寻求统治的延续。董仲舒的“天人感应说”承认了君主的统治地位是由上天授予的，而君主如果想巩固自己的统治，必须顺天得道。这一方面为政权的合法性进行了论证；另一方面也约束了君主的行为，标志着中国古代天命观的成熟。

天命观为统治者获取最高权力提供论证，并保证了其政权的平稳运行。中国古代著名小说《三国演义》在很多地方都体现着天命观在政治生活中的重要影响，如书中描写的汉代王室玉玺上的“受命于天，既寿永昌”的文字，谋士通过观测天文星象来预测战事的结局和重要人物的命运，诸葛亮用“应天顺人”来劝说刘备称帝，等等，这些生动的描写形象地说明了天命观已经成为人们头脑中根深蒂固的思维方式。① 在历代王朝中，统治者的诏书、大臣歌功颂德的言论、帝王的尊号和谥号、宫殿的建筑样式、皇族的服饰颜色、宫廷使用的器皿等，无不体现着统治者至尊的地位和其受命于天的正统性。这些政治生活的方方面面都在利用天命观来加强对统治合法性的论证。②

二　大一统思想维系君主专制中央集权制度

清代学者恽敬在论及中国传统政治制度时说道：“自秦以后，朝野上下，所行皆秦制也。”③ 自秦始皇建立起专制主义中央集权的政治制度后，中国在两千余年的历史中，虽然历经朝代更替，但是基本的制度结构没有改变，秦朝为后世的政治制度建构起根本基础。

其中，君主专制是基本的政权组织形式。在权力的归属上，君主拥有至高无上的权力，集立法权、行政权、司法权于一身。这种权力一旦获取，就不可分割也不可转让，正如卢梭所说：“专制政治是不容许有任何其他的主人的，只要它一发号施令，便没有考虑道义和职

---

① 刘孝严：《〈三国演义〉的天命观》，《社会科学战线》1995 年第 3 期。

② 张星久：《论帝制中国的君权合法性信仰》，《武汉大学学报》（哲学社会科学版）2005 年第 4 期。

③ 恽敬：《大云山房文稿·三代因革论》，转引自白钢主编《中国政治制度史》，社会科学文献出版社 2007 年版，第 26 页。

责的余地。”[①] 国家的意志多是君主个人意志的体现，当成文法律和君主意志发生冲突时，后者往往具有更高的效力。中国古代虽然有相权对皇权的约束，但是最高统治者在大多数时候依然掌握最后的决策权，其权力的行使并没有正式的制度予以约束。在王位的继承上，由于“家天下”观念的存在，统治者一旦获取最高权力，国家就成为君主的私产，权力也因之不可外移。为保证权力交替的稳定性，嫡长子继承制逐渐成为王位继承的主要依据。上一代君主驾崩，正室妻子所生的长子成为新的君主。君主一旦继位，就终身掌握最高统治权，权力不可让渡。世袭制和终身制的确立是出于政权平稳交接的理性考虑。

中央集权指涉国家的结构形式。在中央和地方的关系中，地方在政治、经济、军事等各个方面不具有独立性，必须听从中央的指令和安排。在中国古代，虽然出现过几次大的分裂割据时期，比如隋朝之前的魏晋南北朝、唐代之后的五代十国。但是即便在这些时期，称霸一方的割据政权也一直致力于发动兼并战争实现统一。中央集权制度下，不允许有独立的地方行政体系的存在，这主要体现在中央对地方拥有的人事决定权，中央政府承担对地方官员的选拔、任用和调动事宜，地方官员对中央政府负责。如此一来，保证了地方权力向中央的集中。此外，地方也不具有立法权，“海内为郡县，法令由一统”。[②] 在税收、徭役和兵力的征收上，也不允许地方私自行动，财政和军事事宜归由中央统一管理。

君主专制中央集权制度的建立与维系离不开“大一统”观念的支撑。早在上古时期，各个部落之间就经常发生战争。距今4600多年的涿鹿之战中，炎、黄两个部落联合，战胜了蚩尤部落。在部落战争的背后，隐含着模糊的天下一统的观念。《尚书·尧典》中对尧的功绩有这样的记载：“克明俊德，以亲九族。九族既睦，平章百姓。百姓昭明，

---

① ［法］让－雅克·卢梭：《论人类不平等的起源和基础》，高修娟译，译林出版社2015年版，第145页。

② 司马迁：《史记·秦始皇本纪》（一），中华书局2014年版，第280页。

协和万邦，黎民于变时雍。”① 尧从亲九族开始，接着对百姓进行安抚，最后实现万邦的和谐共处，这段记载透露出古人对尧的肯定和赞扬，显示了古人一统天下的美好愿景。《尚书·洪范》中有这样一句话：“天子作民父母，以为天下王。”② 天子是天下的王，而非一个地域的首领，同样显示出大一统的思想雏形。另一部古书《诗经》中“溥天之下，莫非王土；率土之滨，莫非王臣”③ 这句广为人知的话更是对一统天下理想的集中概括。春秋战国时期，周王室势力衰微，社会动荡、战争频仍，百姓对于安定的政治环境极为渴求。以儒家为代表的诸子百家对一统天下的思想也进行了阐发，《论语》一书对此论述道：“天下有道，则礼乐征伐自天子出。天下无道，则礼乐征伐自诸侯出。”④ 大一统思想不仅包括领土疆域的统一，还包括礼乐征伐的统一。为了维护政治上的统一，儒家还创立了一整套道德礼仪制度，用等级尊卑秩序加强中央政权的权威性。孔子之后的孟子和荀子对大一统思想有所发展，演化出领土和疆域、社会制度两个不同层面的大一统理念。⑤ 梁惠王会见孟子时问道：“天下恶乎定？”孟子回答：“定于一。”⑥ 只有实现统一，才能带来天下的安定，分裂割据无助于稳定局面的产生。那么，天下统一的重任该由什么样的人来担当呢？孟子给出的答案是那些不嗜杀人、坚持道义的君主，可见他把天下统一观和对道义的重视结合在了一起。面对社会的动荡，荀子给出的治世药方则是“一制度”。⑦ 制度的统一是国土疆域统一的进一步深化，无规矩不成方圆，百姓只有共同尊奉统一的制度，社会的运转才能在同样的标尺和规则下实现良性循环。领土疆域的统一和社会制度的统一是大一统思想的两个方面，前者是统一的第一步和较浅的层面，后者则是对前者的深化和巩固。乱世之中，首先要

---

① 《尚书·尧典》，中华书局 2016 年版，第 1 页。

② 《尚书·洪范》，中华书局 2016 年版，第 174 页。

③ 《诗经·小雅·北山》，中华书局 2015 年版，第 315 页。

④ 《论语·季氏篇》，中华书局 2016 年版，第 275 页。

⑤ 高秉涵：《试论儒家“大一统”思想》，《济南大学学报》（社会科学版）2010 年第 1 期。

⑥ 《孟子·梁惠王上》，中华书局 2017 年版，第 32 页。

⑦ 《荀子·儒效》，中华书局 2001 年版，第 186 页。

在军事上实现领土的统一，实现了初步的安定后，社会制度的一统才能顺理成章地成为题中应有之义。

学界普遍认为，有关“大一统”的确切表述最早出现在《春秋公羊传》中：“元年者何？君之始年也。春者何？岁之始也。王者孰谓？谓文王也。曷为先言王而后言正月？王正月也。何言乎王正月？大一统也。”① 这句话讲的是国君掌权之后要实行的历法，继位的第一年称为元年，一年之中的第一个季节是春天。西汉的董仲舒对这句话进行了内容更加丰富的注解。他认为，国君继位的第一年之所以称为元年，是因为“元”代表着世界的本原，“元年”的说法寓意着君主统治的正统性。在此基础上，他又提出：“天之常道，相反之物也，不得两起，故谓之一。一而不二者，天之行也。”②“一”是万事万物运行的规律，人类社会也应该按照“一”的规律而运行，这实际上是在哲学层面为君主专制和中央集权进行辩护。在权力的行使上，要服从君主统治，反对大臣的过度干预；在地方和中央的关系上，最终决策权在中央，反对诸侯势力的扩张；在思想文化上，要尊奉儒家学说以统一人们的思想观念。此外，君主在思想道德上也具有权威性，董仲舒按照优劣程度把人性从高到低划分为“圣人之性”、“中民之性”和“斗筲之性”，君主因为具有圣人之性而在道德上占据优势，这为百姓接受君主的教化和训诫提供了理论基础。

在实践上，君主致力于实现统一的行动和在制度建构上的作为，也是“大一统”思想的集中体现。秦始皇统一六国之后，名号由原来的“王”改称为“皇帝”，“朕为始皇帝，后世以计数，二世三世以至万事，传之无穷”，③ 体现出皇权的至高无上性。实行郡县制以确立中央政权对于地方政权的控制，废除六国各异的历法制度之后施行统一的新历法，思想文化上信奉法家思想，实行文化专制主义，这些举措都促进了“大一统”观念影响范围的扩展。

---

① 黄铭、曾亦译注：《春秋公羊传·隐公元年》，中华书局2016年版，第4页。

② 董仲舒：《春秋繁露·天道无二》，中华书局2012年版，第456页。

③ 司马迁：《史记·秦始皇本纪》（一），中华书局2014年版，第269页。

中国古代社会，经历了三次大范围的由割据到统一的周期。第一个周期是从春秋战国的纷争到秦汉的统一，在此过程中，社会逐渐趋于稳定，政治制度初步定型，是大一统的起步时期。第二个周期是从三国魏晋南北朝的割据到隋唐的统一，经济政治秩序和思想文化的大一统局面通过此周期得到巩固。第三个周期是从五代十国的割据到宋朝的统一，再由宋朝的统一到辽、金的短暂割据局面，又发展到明、清的统一时期。① 纵观三个历史周期，分裂的时间逐渐减少，割据的程度也逐渐降低，大一统观念的影响逐渐加深。费正清在思考欧洲和中国的差异时分析道，10 亿多的中国人只在 1 个国家中生活，而人口数量相当的欧洲人分别在 50 个不同的国家生活。这个“1”和“50”的差别使他把视线转向对中国统一局面的研究。费正清认为，差别的形成不能仅仅归结为地理原因，因为大江大河的存在不仅不利于中国疆域和制度的统一，反而还是巨大的自然障碍。② 在这其中，“大一统”观念具有重要的支撑作用，这种思想随着和君主专制中央集权制度的互动而日益融入民众的生产生活之中，并逐渐内化为民众固定的思维模式和心理结构。当国家在内部出现分裂割据时，或者是对外面临他国入侵时，人们总是致力于统一局面的实现。

三　民本思想——民众评价君主统治效果的重要标准

民本思想历经长期演变和发展，成为中国古代政治文化的重要组成部分。③《尚书》论及政权兴亡时，提到“民为邦本，本固邦宁”，④ 这

---

① 陈喜波、韩光辉：《中国古代“大一统”思想的演变及其影响》，《中共中央党校学报》2005 年第 3 期。

② ［美］R. 麦克法夸尔、费正清编：《剑桥中华人民共和国史：革命的中国的兴起（1949—1965 年）》（上卷），谢亮生等译，中国社会科学出版社 1990 年版，第 125 页。

③ 学者张分田认为民本思想是中国古代占统治地位的政治学说，甚至整个中华帝制的政治原理都是在民本思想的基础上建构而成的，并引用了大量史料为自己的论断进行论证。具体参见张分田、张鸿《中国古代“民本思想”内涵与外延刍议》，《西北大学学报》（哲学社会科学版）2005 年第 1 期；张分田《儒家的民本思想与帝制的根本法则》，《文史哲》2008 年第 6 期；张分田《论中国古代政治调节理论——民本思想在中国古代政治学说中的核心地位》，《天津社会科学》2007 年第 2 期。

④ 《尚书·夏书·五子之歌》，中华书局 2012 年版，第 369 页。

是有关民本思想最早且较为确切的表述。西周政治家周公从商朝灭亡的教训中意识到民众对于政权维系的重要意义，劝导统治者要“敬德保民”。民本思想的产生和发展源于实践中的政治经验和智慧，经过理性思维加工，升华为较为完善的理论体系。

春秋战国时期的诸侯争霸、社会动荡，使得思想家、谋士认识到民心向背在战争中的重要性，并看到了人民的整体性力量及其对君主的制衡。人们预测战争胜负，常常以人数的多寡和团结程度为标准。另外，同理心或者说是人文关怀也促成了此时期民本思想的发展。身处时代的大洪流之中，各个阶层的人们都会不同程度地感受到战争和社会动荡带来的灾难，民不聊生、生灵涂炭，这些实际观察，有的甚至是切身感受，都诱发了民本思想的进一步完善。

以儒家为代表，政治思想家们提出了许多重视人民的观点。孔子提出“仁”的学说，重视“为政以德”。《论语》中提到，“为政以德，譬如北辰居其所而众星拱之”，[①] 强调用德行安抚百姓，爱惜民力。孟子以孔子的学说为范本，进一步完善了民本的理论体系。孟子在谈到君与民的关系时指出：“民为贵，社稷次之，君为轻。”[②] 由此，人们常用“民贵君轻”来指代孟子的民本思想。孟子之所以能够把人民提高到如此重要的地位，是因为在当时的时代条件下，人心团结成为战争胜利的重要条件。孟子总结道：“桀纣之失天下也，失其民也；失其民者，失其心也。得天下有道：得其民，斯得天下矣。”[③] 同时，他强调，杀无道昏君是为民除害，而非弑君，即“贼仁者谓之贼，贼义者谓之残，残贼之人谓之一夫。闻诛一夫纣矣，未闻弑君也”。[④] 战国时期的儒家代表人物荀子则进一步使民本理论升华，“传曰：‘君者，舟也；庶人者，水也。水则载舟，水则覆舟’”。[⑤] 这个生动形象的比喻流传千

---

① 《论语·为政篇》，中华书局 2016 年版，第 20 页。

② 朱熹：《四书章句集注·孟子集注》，中华书局 2012 年版，第 375 页。

③ 朱熹：《四书章句集注·孟子集注》，中华书局 2012 年版，第 285—286 页。

④ 朱熹：《四书章句集注·孟子集注》，中华书局 2012 年版，第 221—222 页。

⑤ 《法家著作选读》编辑组编：《〈荀子〉选注》，北京人民出版社 1976 年版，第 33—34 页。

年，成为历代统治阶级的警世恒言。尤其是唐朝大臣魏徵在《谏太宗十思疏》中引用了这个比喻后，荀子的舟水论更是传播广泛，成为妇孺皆知的治国经验。春秋战国时期的民本思想“反映的是在礼坏乐崩的情势下，对社稷存亡的忧患意识，是封建领主阶层的贤达明哲之士面对现实政治压力的思想选择”。①

以重民为基础，春秋战国的思想家还为统治者们提出了一系列使百姓富裕的具体措施。物质财富关乎每一个人的生存问题，国家只有满足了人民的基本生活需求，百姓实现了安居乐业，社会才能相对安定。民富则安，民贫则乱，富民政策直接关系政治稳定，孟子说：“若民，则无恒产，因无恒心。苟无恒心，放辟邪侈，无不为已。”② 百姓拥有一定的财产，才能实现安定，没有财产的话，百姓就会无所顾忌，为了自己的生产而抢夺别人的资源。另外，物质财富也是决定一个国家国力强盛与否的基础，百姓富裕，国家实力也会得到相应提高。因此，无论是从社会安定还是国家富强的角度，富民政策的实行都有其充足的必要性。总结中国古代在民本思想指导下的富民主张，大致可以分为制民之产和休养生息两大部分。

对于“制民之产”，孟子指出：“五亩之宅，树之以桑，五十者可以衣帛矣；鸡豚狗彘之畜，无失其时，七十者可以食肉矣；百亩之田，勿夺其时，数口之家可以无饥矣。”③ 孟子为魏国国君梁惠王提出的富民之策强调要给予百姓一定的土地，种植桑树和粮食、饲养家禽，满足百姓最基本的衣、食、住需求。

百姓的基本生活需求得到了满足，统治者还需要采取一些休养生息的措施来配合制民之产的富民举措，二者相得益彰，国富民强才可能实现。中国古代思想家很早就注意到顺应自然的重要性，倡导人与自然的和谐相处。这种思想在农业生产中得到了充分的体现：农作物的种植和

① 王泽民：《春秋民本思想述论》，《西北民族学院学报》（哲学社会科学版·汉文）1999 年第 2 期。

② 朱熹：《四书章句集注·孟子集注》，中华书局 2012 年版，第 211 页。

③ 朱熹：《四书章句集注·孟子集注》，中华书局 2012 年版，第 204 页。

森林树木的砍伐要遵循既定的时间，从事渔业要注意不可以竭泽而渔。正如孟子在回答梁惠王问政时提到的："不违农时，谷不可胜食也；数罟不入洿池，鱼鳖不可胜食也；斧斤以时入山林，材木不可胜用也。"[①]这些主张有利于农业的可持续发展。在孟子之前的儒家思想的创始者孔子也提出"节用而爱人，使民以时"，[②] 讲的是统治者要减轻徭役，以保证农民有充分的时间去按时完成农作物的种植和收割，实现精耕细作。

藏富于民还离不开税收政策的调节，减轻税负历来是民本思想家休养生息政策的重要内容之一。孔子主张敛从其薄，并分析了减轻税负对国家的影响，从短期看，国库收入减少，但是从长远来看，民众的收入增加，将更有利于国家的富强。孟子在回答梁惠王问政时也提到薄其税敛、减轻税负，从而使百姓投入全力进行精耕细作，过上富足的生活。除制民之产和休养生息的具体举措外，民本思想家还提出了对百姓进行道德教化和在用人方面的选贤举能主张，这些主张作为对富民举措的配套措施，有利于实现"保民"的目标。

民本思想发展到孟子那里，基本上具备了较为完备的体系。秦朝建立后，民本思想作为儒学的重要组成部分，发展基本上中断。秦二世而亡，汉初统治者为了尽快恢复衰微的国力，信奉道家"无为而治"的主张，施行休养生息的政策，减轻民众负担，尽快发展生产，这个治国路径取得了显著的成效。到了汉武帝继承王位时，国力已经逐渐恢复。年轻气盛的汉武帝想要施展自己的雄心抱负，使得汉王室在他的统治下变得更为强盛，于是和当时掌握实权的窦太后展开了一场政治权力的较量。政治权力较量的表现之一就是政治学说的对抗，窦太后信奉道家的"黄老之学"，汉武帝则认同儒家学说，双方各自起用一批亲信大臣，最终以窦太后的胜利而告终。等到窦太后去世后，汉武帝掌握实权，重新起用信奉儒家学说的一批大臣。在儒士董仲舒的建议下，汉武帝把儒家学说定为官方意识形态，并且施行配套的宣传灌输措施。由此，儒家

① 朱熹：《四书章句集注·孟子集注》，中华书局 2012 年版，第 203 页。

② 《论语·学而篇》，中华书局 2016 年版，第 12 页。

学说的正统地位确立起来，民本思想也伴随持续而广泛的宣传而不断深入人心，成为社会各阶层的共识。

民本思想作为儒家思想的重要组成部分，对于君主专制的存续具有积极影响。如果统治者奉行重民思想，并且施行一系列有利于实现民众利益的政策，民众就会对政治权力产生认同感和拥护意识，统治得以巩固。反之，如果统治者倒行逆施，违背民本思想的主张，对民众进行搜刮盘剥，那么其统治就岌岌可危。民本思想规定了政府的主要职责，为民众利益的实现划定底线，保障民众的生命财产安全和基本物质利益得到兑现。

从政治文化和政治制度的关系来看，民本思想在两个方面影响君主专制。一方面，民本思想没有提出过要废除君主专制，而是作为维护君主专制的工具，教育统治者如何更好地维持统治。百姓在缺乏粮食、无法生存时，首先想到的不是由于君主专制造成的这样的局面，而是由当权的君主造成的，所以他们总是选择去推翻某个君主的统治，而非变革根本的政治制度。另一方面，民本思想对君主权力形成一种规范。民本思想是历代统治者接受教育的必修内容，君主只有爱惜民力，保护百姓的生活，才能得民心者得天下。回顾中国两千多年的封建专制时期，旧王朝因为破坏百姓生存的基本条件，而被百姓推翻。新上台的王朝，第一件事就是整合国家资源，统计人口、耕地数量等。紧接着就会制定国策恢复生产，大力支持百姓开垦荒地，兴修水利、减轻税负和徭役，让占人口最大多数的被统治者富足起来，从而使民力得到恢复。历史在循环中不断向前推进，纵使一个王朝覆灭，又会有另一个王朝兴起，君主专制延续两千多年，实现自我完善，君主的地位也随之不断上升。当然，君主专制的根本原因还在于小农经济和宗法制的支持，但民本思想在维护君主专制上的作用不可忽略。

在民本思想的影响下，人们对统治阶层所应该担负的职责形成了较为稳定的观念。古代君主在自然灾害发生后，会向天下颁布“罪己诏”，以做自我检讨，不管君主是否真正从内心为天下苍生的生存境遇感到自责，但是这一政治程式反映出君主所应该担负的民生职责已经成为共识。古代历次农民起义的爆发，也大多发生于农民的基本生存条件受到威胁之时，百姓会认为官府没有很好地履行自己的职责，有违民意、背离天意，统治秩序理所应当被推翻。由此可以看出，民本思想是民众对君主统治效果的重要评价标准。

第二节　西方政治思想

一　国家起源的目的：社会契约论

经历了文艺复兴和宗教改革两场思想解放运动，西方的政治思想家摆脱了过去那种建立在神学基础上的人身依附观点，开始用人的眼光审视政治生活，提升了人的主体性地位。这一转变正好为 17、18 世纪出现的社会契约论奠定基础。社会契约论通过前提的预设解释了国家的起源，许多西方政治思想家围绕该理论进行过阐释。他们的论证理路大体相似，但是在具体的内容方面有着各自的理论特色。其中，霍布斯、洛克和卢梭的观点最具代表性。

（一）人性论基础上自然状态的预设

政治思想家们以人性论为基础，推衍出政治秩序产生之前人类的生活状态。霍布斯认为，人类最初处于没有国家和统治秩序、没有私有财产的自然状态中。在自然状态之下，趋利避害是支配人类行为的最重要准则，最终目的是自我保存。因此，是非善恶在人们心中没有固定的标准。每个人都想实现利益的最大化，欲望是无止境的，拥有了财富，还想赢得声望，人们总是对现有的生存状态不满足。另外，人与人之间又都是平等的，体力和智力水平并没有太大差距，因此不至于出现因为天资差异而导致利益获取能力的巨大悬殊。趋利性的存在，加上人们之间的平等地位，使得自然状态充满了纷争。利益的竞争、相互之间的猜忌、荣誉的争夺，是斗争发生的最主要原因。自然状态由此演变成一切人反对一切人的可怖世界。

洛克的社会契约论同样假设自然状态的存在，但是与霍布斯不同的是，他的自然状态是在人性本善的基础上进行推衍的。在洛克那里，人的本性是善良的，人们在交往中彼此关心、互助互爱。人类之间是平等的，每个人在爱己的同时也应该爱别人，只有这样，才能收获别人给予的爱。反之，如果有加害别人的想法，收到的将会是惩罚。自然状态之下，有一种人人都会遵守的自然法起作用。自然法以理性为基础，规定着自然状态运行的准则，并要求人们共同维护良好的秩序。自然法同时规定，人的生命、自由、财产是不可剥夺、与生俱来的权利。三项权利之中，财产权最为重要，生命权保障人的财产不受侵犯，自由权主要也是以人可以随意处置自己的财产为主要内容。洛克用个人劳动论证财产权的合理性，公共物品一开始是归全体人民共同享用，由于劳动的投入使得物品归个人所有和使用。在洛克那里，自然状态受到自然法的支配较为完备，而不是像霍布斯所假定的那样，充满猜忌和纷争。

卢梭对于自然状态的阐发充满了乌托邦色彩。在他那里，自然状态之下，人们的生存状态是美好而淳朴的。由于每个人都是自由而独立的，人们之间不存在奴役和服从、统治和被统治的关系，取而代之的是相互之间的关照和友好和平。人们甚至对邪恶没有意识，“因对邪恶无知而得到的好处比那些人因对美德的认识而得到的好处还要大些”。[①]除此之外，人们的身体素质也较为优良，药品和医生几乎不存在。文明社会中疾病的大量产生是社会不平等的显现，富人生病是因为过度放纵自己的欲望而导致的身体机能紊乱，穷人生病则是源于以生存为目的而从事的过度繁重的劳动。自然状态之下，无所谓私有、公有之分，但是人们在心理上和精神上是充盈和满足的，这得益于人的对幸福的关切和同情心的存在。一方面，每个人都热切地关注幸福；另一方面，当看到同类遭遇不幸时，会予以关怀和帮助。

（二）契约何以订立？

社会契约论者对自然状态的设想虽然各有不同，但是都在自然状态的基础上进行了订立契约的进一步推衍。

① ［法］让－雅克·卢梭：《论人类不平等的起源和基础》，高修娟译，译林出版社2015年版，第69页。

霍布斯预设的自然状态充满着斗争和纷乱，人们的目标是自我保存，结果却由于缺乏有效的约束而导致人人自危。人们必须有所行动去改变这种局面，自然法正好迎合了这种需要。作为理性的一般准则，自然法禁止人们做损毁自己生命的事情，同时也反对人们不去做自己认为最有利于生命保全的事情。自然法包含许多原则，以保证人类社会良序运转：人们应该努力寻求和平，和平成为不可能时，再采用战争等手段进行自我保全；面对别人的帮助和恩惠，要知恩图报，而不能以怨报德让施恩者感到后悔；不应该带着恶意蔑视他人，人生而平等。如果人们遵循自然法，和平的状态自然可以实现。然而，由于人的本性自私，感情的力量总是大于理性的力量，人们总是不顾自然法的约束，倾向于损害他人的利益而保全自己。和平状态难以实现，于是人们通过订立契约的形式对各自的行为进行强制性约束，从而实现个人安全和相对和平的状态。

不同于霍布斯的自然状态，洛克预设的自然状态相对完备，可是契约为何还会出现呢？洛克认为，自然状态虽然美好，但是极不稳定，存在三大缺陷。一是缺少明文规定的法律作为大家都予以认同的是非准则。虽然自然法的存在可以起到约束人们行为的作用，但是由于自然法的不确切性，人们可以依据自己的立场做出不同的解释。在纠纷发生时，自然法不足以作为裁判的共同尺度。二是缺少依照法律进行裁决的人。自然状态之下，每个人都是自己的裁判者，人们在涉及自身利益时倾向于偏袒自己、漠视他人，不利于社会公正的实现。三是即使前两个条件具备，即存在一种确切的法律和公正的裁决者，但是由于没有超越所有力量的权威存在，正确的裁决也得不到有效执行。由于自然状态的缺陷，人们订立契约，让渡自己的部分权利和自由，交给全体社会成员一致授权的中间人，以保全自己的生命和财产安全。

自然状态在卢梭那里最为美好，然而人的道德虽然淳朴，但是由于人具有学习和自我完善的能力，自然状态逐渐异化。人们先是学会使用工具和火，农业和畜牧业相继产生。社会物质文明的进步使得私有制产生，贫富差距、奴役和服从相继出现。道德沦丧、秩序混乱，人类社会进入了充满掠夺纷争的世界，过去田园牧歌式的自然状态一去不复返。富人还通过不道德的手段，诱骗穷人承认私有财产的合理性，不平等程度进一步加深。然而在动荡的社会秩序下，不仅穷人的生存状态很差，富人的合法权利也时常受到侵犯，财产安全没有保障。此种状态下，人们签订契约以维持社会的稳定。

（三）契约订立结果——国家的建立

人们为了寻求更好的生存状态而订立契约，同意一个超越所有人力量之上的权威存在。这个权威以所有人让与的权利为后盾，形成公共权力，并对所有社会成员的行为进行约束，从而使一切人的安全、财产和相对自由得到保障，至此，国家得以形成。

国家的本质是“一群人相互订立契约，每个人都对它的行为授权，以便使它能按照其认为有利于大家的和平与共同防卫的方式运用全体的力量和手段的一个人格”,① 霍布斯把这个以公共权力为支撑的国家称为“利维坦”,② 以此形容国家具有的巨大强制力。霍布斯认为，人们在订立契约时，交出了自己的全部权利和权力，从而使国家担当起他们的人格。但是国家因为没有参与契约的制定而不受契约的制约，国家负责处理和裁决一切公共事务，其权力是绝对的、不可分割的。国家的核心要素是主权，主要包括立法权、司法权、对外宣战权、人事权等。由于国家权力的至高无上性，人们对其下达的命令必须无条件服从，在政治上和思想上都应该如此。霍布斯用社会契约论描述国家本质，使国家观念具备了现代意义，他肯定了国家权力是由人民授予，认为国家建立的目的在于保护个人安全、维护和平秩序。但是在国家的具体形式方面，霍布斯对契约内容的论述实际上是为君主专制做辩护，显示出其思想的保守性。

在契约内容上，洛克认为，人们在订立契约时，并没有让渡出自己的所有权利，生命、自由和财产权不可让与。被授予权力的人也参与了契约的制定，因此和普通人一样，同样受到契约的约束。政府的首要职

① ［英］霍布斯：《利维坦》，黎思复、黎廷弼译，商务印书馆 1985 年版，第 132 页。

② “利维坦”是《圣经》中出现的一种巨大的海兽。

责是保护人们的财产权，“最高权力未经本人同意，不能拿走任何人的财产的任何部分”。[①] 公共权力也不是绝对的，人们订立契约的目的是保证自己的安全和幸福，如果现实与初衷相反，当公共权力侵犯到人们的合法权利时，人民有权推翻其统治，再建立新的政府。人们反抗暴政的权利并不会对正常的社会秩序造成破坏，因为只有当政府的非法行为遭到大多数人的反对时，推翻暴政的行为才成为可能。少数居心叵测的人妄图通过破坏正常的社会秩序来谋求利益只会带来自身的灭亡，即使是公民遭到了政府的不公正对待，当遭遇的人是少数时，也不会产生大规模的政治反抗。在政权形式上，卢梭反对君主专制，赞成君主立宪制或者是民主制。如此，统治者的权力受到约束，人民的权利得到更好的保障。洛克在霍布斯的基础上，对国家的起源和建立的目的进行清晰的阐述。在人民权利的保护上，洛克的反抗暴政权利以及对专制政体的反对比霍布斯的理论更具现代意义。

卢梭意识到，自然状态虽然美好，但是不可持续，人类社会也不可能回到原初状态。文明社会既然已经到来，就只能继续前进，“寻找出一种结合的形式，使它能以全部的力量来保护每个结合者的人身安全和财富。这种结合使每一个人都感觉是在服从自己，并且像以往一样自由”。[②] 社会契约不应该建立在强制的基础之上，只有经过全体人民一致同意，契约才具有合法性基础。强制性权力不具有合法性，人民也就没有服从的义务。卢梭认为，如果社会只是由一个主人和一群奴隶组成的话，就不会有公共幸福，也无所谓政治共同体的存在。契约订立之后，人民永远掌握着国家的主权，一旦暴政产生，人民就有权推翻统治者，这一点和洛克的观点相似。在政权的组织形式上，卢梭主张建立民主共和国，此种政体下，每个契约的订立者既是统治者，同时也是被统治者，自己管理自己，理智超越情感，人们的思想更加开阔，精神更加高尚，超越了原始淳朴的自然状态。

---

① ［英］洛克：《政府论》（下），瞿菊农、叶启芳译，商务印书馆 1981 年版，第 86 页。

② ［法］让 - 雅克 · 卢梭：《社会契约论》，何兆武译，商务印书馆 1982 年版，第 23 页。

人们为了摆脱不完备的自然状态、寻求更加和平安定的社会秩序、实现有限度的自由，通过订立契约的方式建立起公共权威，国家得以产生。社会契约论摆脱过去君权神授的观念，以自然状态为起点论证了国家是经由人民的一致同意而产生的，为现代意义上的公共权力进行了合法性论证。

二 以自由和平等为主要内容的革命宣言书：天赋人权

天赋人权强调建立在理性基础之上的自然法对人的各种权利的确认。这些权利是人与生俱来的，而非外界赋予的结果。在反对君主专制和封建特权的过程中，天赋人权论作为思想武器，集结着各方的革命力量，并像灯塔那样，为在黑暗中航行的革命之帆指引前路。天赋人权论的完善经历了长期过程。早在文艺复兴时期，思想家们主张以人的眼光看待事物，提倡摆脱神权束缚，实现人性解放，这为权利观念的产生提供基础。后来在英国资产阶级革命和思想界发生的启蒙运动中，政治思想家们以自然法为起点，明确提出天赋人权的观念，权利的内容涉及自由、平等、财产、安全和反抗暴政等。其中，自由和平等的观念最具奠基性，也最具影响力，其他权利可以说是在这两项权利基础之上的衍生。

“自由比任何事情都更加珍贵”，① 在斯宾诺莎那里，尤其重视意志的自由，意志自由就是幸福，而幸福就是道德。因此，国家应该允许思想和言论自由，对人们的“心灵”和“舌头”控制是不道德的行为。事实上，即使政府当局控制了人们的“舌头”，人们的心灵却始终有一定的自由度。人民推翻暴政的行为就是思想自由的证明，如果人们对政治没有自己的立场和观点，每个人都是顺民，统治者的统治就会一直延续下去。而事实恰好相反，每个人都是自己思想的主人，思想和言论自由是自然法赋予人的不可转让的权利，即使是人们在订立契约之时也没有让与。这虽然可能导致个人和政府的分歧，但只要人们的

① ［荷兰］斯宾诺莎：《神学政治论》，温锡增译，商务印书馆 1982 年版，第 272 页。

观点是建立在理性基础之上的，就不会对政府或者国家造成威胁。个人对公共权力的真正服从是出于对内心自由意志的服从，而非表面的服从，“最坚强的统治是属于能左右国民之心的统治者”。① 相反，如果统治者禁止思想和言论自由，那么只会激怒人民，最终适得其反。斯宾诺莎将自由和政治结合起来，并将自由视为政治的目的，强调思想、言论自由是人的天赋权利，对当时人们挣脱教会和封建制度的束缚起到了鼓舞作用。

霍布斯对自由边界进行限定，他认为，政治共同体中的自由不是免除法律的自由，而是在法律没有限定的范围内去依照理性做自己想做的事情的自由。“法无禁止即自由”暗含了一个前提，人们在行动之前必须首先考虑到法律是否对此做出规定，遵守法律与自由并不冲突，反而是相容的。人们为了摆脱可怕的自然状态，订立契约，制定出一系列法律条文来约束人的行为，有限度的自由才可以避免相互斗争的混乱局面。但是法律没有对如下行为进行限定：“买卖或其他契约行为的自由，选择自己住所、饮食、生业，以及按自己认为适宜的方式教育自己孩子的自由等。”② 国家不应该对经济领域内人们的行为进行限定，经济生活的自由不会折损公共权力的权威性，贸易自由有利于增进人们的福祉。在此基础之上，霍布斯还对国家的义务做出规定，认为国家应该确保人们的财产权不受侵犯，并鼓励资本主义经济的发展。

稍晚一些的洛克、孟德斯鸠、卢梭等人对自由也进行了深入的思考，他们都主张自由应该以守法为前提，绝对的、没有任何限制的自由是不存在的，没有边界的自由只会导致自身的毁灭。洛克认为，自由并不是人想怎么做就怎么做，放任的自由只会引起社会的混乱，真正的自由是“在法律许可的范围内，随其所欲地处置自己的人身、行为和他的全部财产的自由”。③ 孟德斯鸠明确地指出：“自由是做法律所许可的

① ［荷兰］斯宾诺莎：《神学政治论》，温锡增译，商务印书馆 1982 年版，第 227 页。
② ［英］霍布斯：《利维坦》，黎思复、黎廷弼译，商务印书馆 1985 年版，第 165 页。
③ ［英］洛克：《政府论》（下），瞿菊农、叶启芳译，商务印书馆 1981 年版，第 16 页。

一切事情的权利。”① “人是生而自由的，却无往而不在枷锁之中”，②卢梭对自由的描述道出了自由的相对性，人不可能完全凭自己的意志做事情，在现实中总要受到各种各样的羁绊。政治思想家之所以重视法律在自由中的重要性，是因为法律本身的存在正是为了保障最大多数人的自由，人们对法律的遵守就是对自己理性的服从。

自由思想在西方政治思想史中一直占有重要位置，资产阶级革命完成之后，自由思想在密尔那里得到了进一步发展。密尔通过对群己权界的划分，大力倡导个人自由，认为个人的行为只要不涉及他人的利害，就不必对社会负责。他尤其强调思想言论自由、个性自由和贸易自由的重要性，从功利视角出发，使得自由的理想更具现实基础，并且把自由从政治领域扩展至社会领域，开阔了理论视野。

平等是天赋人权谱系中的另一个重要范畴。以平等思想著称的卢梭，体验过下层生活的困顿，从而对贫苦大众的境遇有深入了解。他对人类社会不平等的产生过程进行了分析，认为不平等分为生理上的不平等和政治上的不平等，前者是由于年龄、体质和智力上的差异造成的，后者是由于一些人损害别人的利益而获得的特权，具体表现为拥有更多的财富、声誉和地位。生理上的不平等是与生俱来的、不可改变的，并且不平等程度不会太深，而政治上的不平等则是应该着重研究的。由于人类具有自我完善的能力，同时又具有自我保存的天性，为了寻求一种更好的生存状态，人们掌握了各种技能，使用工具、获取食物、驯服动物、蔽体御寒，人类文明不断进步。处于自然状态之下的人们一开始是平等的，物质财富的逐渐增多使得私有制产生，人们的私有观念是不平等产生的根源。一些人比另外一些人拥有更多的财富、荣誉和尊重，人与人之间充满敌意和猜忌。人类社会的不平等经历了三个阶段，分别是财富上的不平等、政治上的不平等和专制权力统治下的不平等。最后一个不平等阶段导致暴力革命的发生，即人民起义推翻暴政。为了克服不

---

① ［法］孟德斯鸠：《论法的精神》（上），张雁深译，商务印书馆 1982 年版，第 154 页。

② ［法］让－雅克·卢梭：《社会契约论》，何兆武译，商务印书馆 1982 年版，第 3 页。

平等导致的灾难的发生，契约得以订立，在此过程中，人们把全部权利都让渡出来，全体人民成为国家的主权者。人民整体拥有最大的权威和力量，全体成员的经常意志形成公意，个人必须予以服从。个人对公意的服从相当于对自己意志的服从，自由得以实现。公意不是社会成员意志的简单加总，而是全体人民的共同意愿，并经过法律程序确定下来。国家或者主权遵循公意对社会进行治理，由于公意具有最高权威，因而主权也是绝对的、不可转移和不可分割的。主权的拥有者必须是人民，在政体的具体形式上，卢梭主张实行直接民主制，他认为，只有这样，才能保证主权的完整性。

在现实的政治实践中，英国的自由观念由来已久。早在13世纪初，国王就在诸侯的强迫下签订了《大宪章》，该文件不仅确认了教会和贵族的权利，更是确认了包括市民和自由农民在内的平民所享有的权利（包括私有财产权、遗产继承权、自由贸易权等）。以自由和平等为主要内容的天赋人权观更是对美国和法国的资产阶级革命产生了重要影响。美国是一个移民国家，英国和欧洲其他国家的殖民者、黑人奴隶、破产的农民和市民、逃避迫害的清教徒，以及北美大陆上少量的印第安土著居民构成了人口的主要部分。在广大基层，形成了乡镇自治的传统，这种治理方式使人们在实践中产生了对自由的尊崇。此外，移民社会还使北美大陆很少有封建枷锁的束缚，人们之间很少有等级贵贱差别，多元化和包容性构成了文化的主要特点。在这样的社会环境之下，人们对独立、自由、平等保持高度认同，这种精神深刻地影响着美国政治。美国的政治思想高度观照现实，英国革命的经验和启蒙思想的成果可以直接为美国脱离英国统治的斗争服务。政治家同时又是政治思想家，他们把天赋人权思想和美国实际相结合，形成了许多脍炙人口的政论作品，直接服务于独立战争。潘恩认为，自由和平等是人与生俱来的权利，“每一代人同前一代人在权利上都是平等的”。[①] 潘恩有关天赋人权的论述为美国脱离英国的独立进行论证，他指出，英国的政治制度不

① ［美］托马斯·潘恩：《潘恩选集》，马清槐等译，商务印书馆1981年版，第140页。

具有自由性，君主和上院贵族制的存在都是暴政政体的残余，为了实现自由和平等，必须脱离英国的统治。杰斐逊认为，自由和平等是天赋权利，除此之外，人们还享有安全、自治和追求幸福的权利。人们在订立契约之时，并没有让与上述权利，政府成立的目的正是保障这些权利。当政府行为违背这一契约目的时，人民有权推翻它。起义的发生正好使政府保持警觉的状态去保护好人民的利益，杰斐逊因此不主张血腥镇压起义。杰斐逊将天赋人权的思想写入《独立宣言》，使天赋人权政治思想由实践变为现实。天赋人权同样被写入法国大革命时期颁布的《人权宣言》，并具体化为财产权、平等权、自由权和反抗压迫的权利。在确认各项权利的过程中，卢梭平等思想的影响尤为深远。雅各宾派专政时期，领导人罗伯斯庇尔对卢梭的政治学说极为推崇。后来的政治实践证明，对公意的绝对信仰以及直接民主制的主张有其固有的缺陷。天赋人权思想肯定人的尊严和价值，激励和鼓舞人们为争取自身权利而做出努力，具有历史进步意义。

三　政府建构的原则：分权制衡思想

分权制衡思想关系到政治权力的归属和实际运行状态，具体是指把政治权力的不同部分交给不同政治组织掌握，各个政治权力的所属组织之间相互制约，不存在一项权力超过任何其他权力。这种权力的分化和制衡能有效防止政府对个人权利的侵害，因而被许多国家应用到政府建构的过程中。英国的洛克和法国的孟德斯鸠对此理论的贡献最具代表性。

洛克在长期观察英国的政治实践后认识到，政府对人民权利构成最大威胁。他对君主专制进行了批判，认为此种政体下，君主权力不受约束，全凭自己的意志施行统治。这种情况比自然状态下缺乏公共的裁决者还要可怕，因为在自然状态下，人们还拥有权力，可以对自身的财产、安全和生命进行保护。然而，在君主政体下，权力只掌握在君主一人手中，人民的权利随时可能被侵害。即使是开明的君主专制，由于君位是世袭而来，贤君的继承者不一定仍是贤君，暴政仍有可能产生。为了保护人民的天赋权利，洛克将政府权力分化为：立法权、执行权和对外权。立法权是指“指导如何运用国家的力量以保障这个社会及成员的权力”，[①] 在三种权力中处于最高的地位，其目的是保障人民的财产权、自由权、平等权和安全权等自然权利。其中，财产权是立法者最应该关注的。立法者是为人民的福祉而努力的，必须按照公共意志行动，如果仅凭个人意志行动，那将是对其职位的亵渎。执行权从属于立法权，但相对于立法权来说，是一种经常性的权力。立法机关可以不一直存在，然而执行机关是一直被需要的。立法权和执行权不能为同一个机构所拥有，如果制定法律的人同时又是执行法律的人，那么立法者如果为所欲为，对法律不予遵守的话，由于同时又拥有执行权，将会免于法律的惩罚，如此，违反了社会的平等原则。对外权主要是指同外国进行交往的权力，比如战争和结盟等。洛克认为，对外权和执行权因为都需要军事力量的支撑，而军事力量不宜交给不同的人来掌握。因此他主张，执行权和对外权都由君主掌握，而立法权则由民选的国会掌握。立法权居于执行权和对外权之上，君主也应该从属于国会。国会掌握的立法权也不是绝对的权力，其权力来自人民，如果国会无法有效保障人民的权利，立法权就失去其合法性。

孟德斯鸠依据古罗马共和国和英国君主立宪制的经验，认为分权是促进国家实力和保证政治自由的主要原因。权力不加分别地由一个人、几个人或者是多数人掌握，都不能保证政治自由。“一切有权力的人都容易滥用权力，这是一条万古不变的经验”，[②] 孟德斯鸠不相信人的道德可以防止权力的滥用，他为保证自由提出的政治制度方案是“以权力约束权力”，权力分开并由不同的人行使，既彼此配合又相互制约。与洛克不同，孟德斯鸠把国家权力划分为立法权、行政权和司法权三种类型。立法权是指对法律的制定、修正或者废止的权力，代表国家的整体意志，应该由全体人民共同掌握。立法机关应该在规定的时间

---

① ［英］洛克：《政府论》（下），瞿菊农、叶启芳译，商务印书馆1981年版，第89页。

② ［法］孟德斯鸠：《论法的精神》（上），张雁深译，商务印书馆1982年版，第154页。

内定期举行会议，制定法律、监督法律的执行情况以及决定国家税收等事宜。由于人民的能力有限，缺乏对政治事务的充分认知，并且由人民直接讨论公共事务会有很多不便，因此立法权应该由人民选择的代表去执行。公民有选举权和投票权，他们按照划分出的不同地域选举代表。立法事宜需要经过充分讨论，所以立法权应该由许多人共同掌握。而行政权涉及对军队的领导、决定战争媾和还是继续、维护公共秩序的稳定，需要对公共事务当机立断地做出决定并迅速予以执行，因此适合由一个人来掌握，孟德斯鸠主张行政权应该由君主掌握。行政机关可以根据实际情况的变化确定立法机关会议的召开时间，并负责制止立法机关的越权行为。它不参与具体的立法讨论，但是可以对制定的法律表示同意或者反对。司法权负责裁决诉讼、惩罚罪犯等，由法院行使。法院的成员从人民中选举，罪犯可以依法选择负责自己案件的法官。法官依据固定的判例进行裁决，和被告人处于平等的地位。为了同时保护贵族和平民，贵族院和众议院可以代行法院职责，防止司法权过于严峻对人造成危害。无分权就无自由，权力的分化和配合有利于自由的保存。三种权力中，一旦任何两种权力结合在一起，就会对人民的权利造成侵害。例如，立法权和行政权结合在一起，“人们将要害怕这个国王或议会制定暴虐的法律，并暴虐地执行这些法律”。① 三种权力如果集中在某一个人或者某一个机构那里，那么这个权力拥有者无论是依照法律，还是凭借个人意志行事，人民的权利都会处于一种毫无保障的状态之下。孟德斯鸠还提出，在三权分立的原则上，立法者可以根据该国或该民族的风俗习惯对具体的政治体制做出规定。

前文提及，美国是一个移民国家，不存在封建制度的历史包袱，美国人在深刻体会到之前所生活国家的政治制度弊端后，充分意识到分权制衡原则在国家建构过程中的必要性。独立战争之后的制宪会议期间，大部分政治家赞同把分权制衡思想贯彻到美国政治制度的建构之中。其

① ［法］孟德斯鸠：《论法的精神》（上），张雁深译，商务印书馆 1982 年版，第 156 页。

中，汉密尔顿对分权制衡原则阐述得最为完整，他和麦迪逊、杰伊联合用笔名“普布利乌斯”于1787—1788年发表了数十篇论文，后来经过整理形成书籍《联邦党人文集》。在该书中，汉密尔顿对分权制衡思想进行详细阐明，该书也因此成为理解美国三权分立制度的权威读本。“把权力平衡地分配到不同部门；采用立法上的约束；设立由法官组成的法院，法官在履行职责的条件下才能任职；人民自己选举代表参加议会——凡此种种，完全是崭新的发现。这些都是手段，通过这些手段，共和政体的优点得以保留，缺点得以减少或者避免。”① 汉密尔顿认为，共和政体的缺陷在于由人民代表所控制的议会权力过于强大，他主张在议会中提高富人和贵族的比例。在讨论如何建构美国政府的制宪会议上，与会者围绕议会中要不要设立两院的问题展开讨论。汉密尔顿坚持反对立法机关完全由民选代表组成的观点，认为这样会对少数人的正当权利构成侵犯。他坚持主张议会应该由两院构成，参议院代表来自各州，每州选举两名代表，代表资格要有严格的财产限制。众议院则按照各州人口的比例由人民直接选举产生。参议员的职权要比众议员的大，以此避免民主制中“多数人的暴政”这一弊端。行政权应该集中于一人，这样才能发挥其有效功能以及灵活、保密的优势，保障国家统一和政府取信于民。汉密尔顿主张行政权应该由总统掌握，内阁应该对总统负责而不是对议会负责。内阁设立各个部门，部长由总统任命。总统兼任海陆军总司令，为防止立法权对行政权的侵害，总统对议会制定的法律拥有否决权。另外，议会对内阁成员拥有弹劾权，总统也不例外。司法权由法院行使，法院应该独立行使司法权，不受立法权和行政权的影响。最高法院的大法官由总统任命，一旦被任命，终身任职。最高法院拥有判决议会违宪的权力。野心必须用野心进行对抗，汉密尔顿基于人性本恶的角度，坚持主张把权力分配给不同部门，“用这种方法来控制政府的弊病，可能是对人性的一种耻辱，但是政府本身若不是对人性最

---

① ［美］汉密尔顿、杰伊、麦迪逊：《联邦党人文集》，程逢如等译，商务印书馆1980年版，第126页。

大的耻辱，又是什么呢？”[①] 在汉密尔顿等人的努力下，宪法在1787年得以通过，建立在分权制衡原则之上的政治制度得以确立，美国成为世界上践行分权原则最典型的国家。

四 作为一种政制形式：民主

民主理论家萨托利说过：“我们虽然都声称喜欢民主，但是却不再一致同意什么是民主了。于是我们生活在一个以民主观混乱为特色的时代里。”[②] 民主含义如此多样，以至于其无所不包，失去了本身的确切内涵，这从反面显示出民主的重要性以及人们对民主的关注。我们不妨回到古典民主理论家那里，追本溯源，去探寻民主的原初意义。在古典民主理论家那里，民主是指按照多数人的意志进行统治的政治形式。作为一种政治制度，民主发源于古希腊。

古希腊位于爱琴海和地中海的交界处，这里交通发达、物流通畅，人们的思想也比较活跃。古希腊世界存在许多城邦，这些城邦以城市为中心，涵盖周围的若干村落。城邦的规模大小不一，人口从几百人到数万人不等。在人口结构上，城邦由奴隶、自由人和公民组成。奴隶从属于自己的主人，没有人身自由和独立人格，也不能参与公共政治生活；自由人包括妇女和外邦人，人身是自由的，但是同样没有参与政治生活的资格；公民有权参与议事，具有审判职能，有机会被选为治理城邦的官员，也可以作为陪审员参与对他人的审判。雅典公民资格的获取在雅典不同的发展阶段有所不同。在伯罗奔尼撒战争前，雅典城邦繁荣发展，为保护本土雅典人的利益，也为保障城邦公民的政治特权，城邦逐渐强化血缘关系对公民资格的授予，公元前451年，公民大会通过由伯里克利提交的公民权法案规定，“凡父母双方皆为雅典人者方为雅典公民，父母双方中有一方为外邦人的公民资格皆被取消”。在伯罗奔尼撒战争期间，为了战争需要，成为雅典公民的条件有所放宽。

---

① ［美］汉密尔顿、杰伊、麦迪逊：《联邦党人文集》，程逢如等译，商务印书馆1980年版，第247页。

② ［美］乔·萨托利：《民主新论》，冯克利、阎克文译，东方出版社1993年版，第7页。

雅典的民主制度是一系列政治改革的结果。古希腊“七贤”之一的立法家梭伦，在公元前594年对雅典的政治制度进行改革。他本着中庸的原则，对因土地问题而产生的社会矛盾进行调节。梭伦首先拒绝了平民重新分配土地的要求，以维护城邦的私有制基础。在政治领域，每个公民都享有一定的权利，富人享有更多的政治权利，原因是他们为城邦尽了更大的力。如此一来，平民拥有了作为公民的尊严，在政治上也具有人数的优势，贵族也因财富而没有失去过多的政治权利，梭伦的有限民主制为雅典的政治制度奠定了基础。公元前509年的克里斯提尼改革，建立了五百人会议，还成立了十将军委员会作为最高军事机构，进一步完善了雅典的政治制度。雅典的民主政治到了伯里克利时期实现了快速发展。作为执政官的伯里克利，虽然出身贵族，但是在政治上倾向于民主。他赋予公民大会以最高权力，会议每年都要召开，讨论城邦的内政外交，并做出相关决定。公职人员被发给薪水，以保证贫民可以参与政权。伯里克利时期，还成立了民众法庭，由一定数量的陪审团组成，陪审员由抽签产生，所有公民都可以担任。伯里克利自豪地认为，雅典是全希腊的学校。他的《在阵亡将士葬礼上的演说》对雅典的民主政治制度进行了精彩的描述。雅典政制之所以是民主的，是因为政权为全体公民所有，而不是掌握在个别人手中。城邦的大小事务都由公民决定，只要对国家做出过贡献的公民，无论其财富状况如何，都会被赋予参与政治的权利。雅典政制使人们把对公共生活的参与内化为一种生活方式，“在我们这里，每一个人所关心的，不仅是他自己的事务，而且也关心国家事务……一个不关心政治的人，我们不说他是一个注意自己事务的人，而说他根本没有事务”。[①] 公民大会、五百人议事会和民众法庭是支撑雅典民主的三个最重要的机构。公民大会由全体公民组成，对涉及城邦生活的方方面面事务进行讨论和决策，公民大会每年要召开40次，每次会议时间长达几个小时。与会者在大会上发言，阐明自己的观点。五百人议事会是公民大会的常设机构，公民通过议事会向

① ［古希腊］修昔底德：《伯罗奔尼撒战争史》，谢德风译，商务印书馆1960年版，第132页。

公民大会提出议案，议事会负责安排公民大会的所有议程。议事会成员来自雅典的十个部落，每个部落产生 50 名议员，五百人议事会由此而来。民众法庭作为司法机构，同样采取少数服从多数的原则，工作内容为对被指控的人员进行审判。参与民众法庭审判的人既是审判员，也是陪审员。雅典政制按照今天的视角来审视，其民主程度极为有限，因为公民的身份有着很高的条件限制，参与公共政权的人并非所有城邦成员，奴隶、妇女和外邦人被排除在政治生活之外。然而，放在其所处的时代背景之下，雅典的政治实践确实具有高度先进性，为后来历代的政治思想家思考政治制度提供了现实基础。学者顾准在分析民主制度的起源时认为，古希腊文明可以称为“海上文明”，“海上文明者，从土生土长的地方漂洋过海移民到新地方去之谓也”。[①] 移民在跨海迁移的过程中，经历与大自然的斗争，在此过程中意识到合作的必要性，于是倾向于以契约而非血缘为基础结成联盟，民主制度得以形成。

历史的车轮辗转到了近代，美国成为民主制较为典型的国家之一，尤其是法国政治思想家托克维尔对其的考察和分析，更是使人们对作为一种政制形式的民主加深了认识和了解。托克维尔认为，平等和民主是大势所趋，是不可阻挡的历史潮流，“它是普遍的和持久的，它每时每刻都能摆脱人力的阻挠，所有的事情和所有的人都在帮助它前进”。[②] 人类社会过去几百年间发生的重大历史事件表明，民主在不断发展，人们的身份也趋向平等。人们的行为不管是出于主观意愿，还是被迫为之，都在促进民主大势的形成。美国的民主为其他国家树立了典范，从欧洲的小学生一跃而成为欧洲的老师，美国的民主制度显示出旺盛的生命力。民主制度在扩大社会福利、促进公民活力、推动社会繁荣、减少犯罪无知、增加快乐幸福等方面具有重要意义。身份的平等是民主制度最主要的原则，这包括社会成员在政治上的平等，人人都享有相同的政治权利；知识上的接近，人人都享有受教育权，这赋予了人们同等的发展机会；社会地位上的平等，人们在人格上是平等的，不同的人们之间

① 《顾准文集》，贵州人民出版社 1995 年版，第 283 页。

② ［法］托克维尔：《论美国的民主》（上），董果良译，商务印书馆 1989 年版，第 7 页。

相处时秉持着相互尊重的态度。托克维尔认为有三个原因推动美国民主制度的发展：地理环境、法制和民情。他对三个因素按照重要性进行排序，地理环境的作用不如法制，法制的贡献又不如民情。民情的养成得益于美国的乡镇自治传统，这使大多数人参与到公共事务中来，人们生活在乡镇中，会时时感受到自己与集体休戚与共。政府权力很少对乡镇事务进行干涉，美国的乡镇生活为民主政治的实现提供了广阔的实践空间，人们在此过程中培养起治理公共事务的技能和经验，也意识到社会繁荣对个人幸福的影响。除乡镇自治的传统之外，美国人又有着高度自觉的权利观念和尊重法律的意识。为了保全自己的权利，美国人不会攻击别人的对等权利。法律因为是公民自己制定的，因此很容易被人们遵守，从而更好地维护个人利益。虽然美国的民主制有旺盛的生命力，但是托克维尔也审慎地看到了其中隐含的弊端，“在美国，多数既拥有强大的管理国家的实权，又拥有几乎如此强大的影响舆论的实力。多数一旦提出一项动议，可以说不会遇到任何困难”。[①] 多数的统治因为拥有的无限权威而导致“民主的暴政”，少数人的正当利益难以得到有效保全，最终使他们走上暴力反抗的道路，政治变得动荡，混乱状态以专制政府的出现而告终。托克维尔对美国民主制度的考察较为全面客观，他预测了未来社会的民主趋向，并揭示了民主制度的弊端，其作品在政治思想史中占有极为重要的地位，即使今天读来，仍有许多思想的闪光点。

第三节　维新派知识分子整合中西政治文化之过程和结果

一　西方文化对中国产生影响的途径和流变

19 世纪中期开始，中国紧闭的大门由于外力的因素而被迫开启，中西方文化的交流和碰撞逐渐展开。这种交流由于中国综合实力的落后

① ［法］托克维尔：《论美国的民主》（上），董果良译，商务印书馆 1989 年版，第 284 页。

而呈现出以西方文化输入为主的特点。一方面，西方国家想要通过文化输入实现对中国更深层次的同化和控制；另一方面，中国在与西方列强的交锋中频频失败，这样残酷的现实促使一些有强烈危机意识的人们想要尽快找到实现民族独立富强的道路，于是他们把视角转向西方，去探究差距产生的原因。如果说近代中西方的文化交流一开始是被动的，那么随着危机加深，学习西方文化就成为一种主动自觉的行为。

（一）西方文化向中国输入的主要途径

西方文化发挥影响的途径随着其侵略程度的加深而呈现出多样化的特点。随着一系列不平等条约的签订，中国由沿海到内地逐步开放。外国人拥有在华设立工厂、经商、传教等特权，清政府成立总理衙门专门负责对外事宜，中国和西方互派使节，外国人在中国办报纸、设书馆，这些变化都在增进中国对西方的认知和了解。文化的交流是无形的，时常给人一种不可捉摸、难以把握的印象。然而在实际的生活中，它是具体可感的，语言的交流、生活方式的差异、对待事物不同的观点，都可以对人的固有观念产生冲击，从而促使人们改变原来的思维模式，面对同一件事情采取不同的行动。由清政府内部士大夫官僚发起的洋务运动，以“师夷长技以制夷”为指导思想，旨在通过学习西方先进的科学技术实现国力的提升。在此过程中，一些新式学堂、译书馆得以建立，中国政府还向国外输送留学生以更好地学习西方科学技术知识。洋务运动的这些举措标志着近代以来中西文化交流由一开始的被动接受向主动吸收转变。

在西方文化向中国的输入过程中，传教活动是一个较为典型的方式。通商口岸的经贸往来以经济利益的获取为主要目的，外交接触是为了得到更多的在华特权，而传教活动则主要表现为精神层面的灌输。鸦片战争后，不平等条约的签订使外国传教士从中获益，通商口岸的开放、建立教堂的许可以及治外法权的获取，这些都有利于传教活动的开展。传教活动按照教派的不同主要分为天主教和新教两派。天主教传教士通过建立一些具有公益性质的机构来推动工作，包括救济灾民，建立学校、孤儿院以及戒烟所等，旨在通过这些机构的工作笼络中国民众，从而吸收教徒。同时，天主教派还想通过对所在地司法和政治进行干涉的方式进行传教，然而这个方法产生了事与愿违的后果，激起了民众的不满和反抗。新教教派则更多地采用直接宣讲的方式进行传教，他们经常在城市设立布道站（包括教堂、学校、住宅和医院等），形成一个小型的城市区域。随着形势的发展，新教传教士也开始通过慈善的方式进行布道。

随着范围的扩展和形式的多样化，传教活动趋向专业化。尤其是医院的设立和教育的开展，促进了医疗事业的进步和西学的普及。传教士设立的医院，一般规模都不是太大，使用的医疗器械和配备的护理人员与西方平均水平相比也具有一定的差距，但是相对于中国传统的医学，这是一种完全不同的治疗体系。中国人在教堂医院就医的经历使他们意识到西方医学的先进性，切身的感悟使他们对西方科学技术的态度由怀疑转向肯定。传教士还致力于培养现代医生的工作，一些教会医院设有附属医科学校，培养了许多医学人才。孙中山早年就毕业于香港西医书院，后来是一面在广州行医，一面从事革命团体的组织工作。与此同时，教会医院还招聘了许多非专业出身的医护人员，这些人与医学生相比，具有更多的实践经验。随着医院接收病人的增多，传教士把更多的精力投入医治病人方面，布道活动反而减少。政府官员也经常向传教士咨询医疗卫生等方面的知识，这促进了中国人对西方知识文化的了解。

在教育方面，传教士在中国开办的学校中，一开始以传授宗教教义为主，这种策略后来得到改变，许多教学内容具有非宗教性质。在日常的教学中，许多教会学校使用英文授课，这促进了中西文化的更好交流。与医学领域内的情况类似，许多传教士的主要活动由布道向教育转变。一些学校鼓励女性入学接受教育，促进了男女平等。除设立学校外，教会还成立了许多出版机构，出版中文书籍和杂志，这其中有许多是关于科学技术、世界地理和欧美政治制度的介绍。为了方便中国读者进行阅读，一些传教士就必须在翻译工作上下足功夫，他们中的许多人都只是擅长口头表达，而不知道如何进行书面表述，于是就聘请中国人当助理，把英文原著口译成中文后，再由助理翻译成文言文。传教士裨治文在较早时候出版的《美理哥合省国志略》成为魏源《海国图志》和徐继畬《瀛寰志略》中有关美国内容的材料来源。[①] 传教士丁韪良翻译的《万国公法》促进了政府官员和知识分子对国际法的了解。在报刊的出版中，林乐知等传教士创办的《万国公报》传播西方政治思想，主张中国要进行政治制度的变革，对后来的维新派知识分子影响很大。强学会出版的刊物一开始也取名《万国公报》（后来改名《中外纪闻》），就是一个明证。

19 世纪 60 年代开启的洋务运动中，同文馆的创办、兵工厂和造船厂附属学校的成立以及留学生的派遣等举措，促进了西方文化的输入。同文馆是培养翻译人才的外国语言学校，1962 年京师同文馆首先成立，随后上海、广州等地也开办了类似的语言学校，进行英文、俄文、法文等主要外文语种的学习。同文馆有两种教学计划，第一种是八年学制，先学习外文，再学习数学、物理、化学、天文等学科在内的自然科学知识，以及历史、地理等在内的人文科学知识。第二种是五年学制，不用学习外文，直接依靠译文来学习自然和人文科学知识。技术类学校以福州船政学堂为代表，这是一所培养轮船制造和轮船驾驶人才的现代学堂，于 1867 年建立，以学习几何、代数、微积分和机械学等学科为主。近代著名的思想家严复，就在这里学习过。以北洋水师为代表的军事学堂主要进行军事理论、战略战术以及军舰驾驶技术的学习。学制为四年，期满后参加考核，通过的学生被派到军舰上实习一年，进行实操训练。从 1962 年京师同文馆的成立，到 1894 年在烟台创办的烟台海军学堂，30 多年间，洋务派共创办了 24 所新式学堂。其中，培养外语人才的有 7 所，培养军事人才的有 11 所，培养技术人才的有 4 所。[②] 在创办新式学堂的同时，洋务派还积极推动派遣留学生的工作。19 世纪 70 年代初，经奏请朝廷批准后，第一批幼童从上海出发赴美留学，此后，又陆续派了三批留学生。这其中就包括后来成为著名铁路工程师的詹天

---

① ［美］费正清、刘广京编：《剑桥中国晚清史：1800—1911 年》（上卷），中国社会科学院历史研究所编译室译，中国社会科学出版社 1985 年版，第 564 页。

② 杨益茂：《洋务运动时期的新式教育》，《北京社会科学》1996 年第 1 期。

佑。后来，福州船政学堂、天津水师学堂等也派遣优秀学生赴英国、法国和德国学习。学成回国的留学生带来西方科学、政治和文化的第一手资料，促进了中西文化的融合。洋务运动期间，由于科举制作为人才选拔制度没有根本上的改变，旧式教育仍然占据统治地位，但是近代教育的创办毕竟是一个主动学习西方先进知识的良好开端，培养了一批新式知识分子和军事技术人才。

（二）知识分子对西方文化的吸收和成果

国内危机的加深，加上中西方文化的激荡，使一些得风气之先的人开始主动了解西方，并形成了一些富有代表性的成果。

1. 鸦片战争前后新思想的萌发

鸦片战争前夕，林则徐在广州禁烟期间，设立了译馆。当时广州是唯一开放的贸易口岸，是最早与西方接触的窗口，因此能获得一些外文书籍。在与西方的接触中，林则徐感到了向西方学习的必要性，于是利用广州的便利条件，"日日使人刺探西事，翻译西事，又购其新闻纸"，[①] 把获得的外文书籍或者报刊就地翻译，这些成果成为中国人了解世界的最初资料。译馆翻译的《澳门月报》，来自在澳门发行的英文报纸《广州日报》，内容涉及对中国情况的介绍、中国的禁烟政策以及英国对华军力的部署。译馆一开始只是对报纸内容进行零星分散的翻译，林则徐读过之后感到不利于资料的查阅和保存，于是下令按照时间顺序重新翻译，对《广州日报》中有关中国内容的翻译工作一直持续到林则徐被革职，积累了大量英国对华政策资料。《各国律例》的原作者为瑞典法学家华达尔，该书较为全面地介绍了西方国家的法律原则。1839 年，英国水手酗酒后打死了中国村民，林则徐得知后，命令英国官员义律交出凶手，义律拒绝，理由是已经按照本国法律原则进行了处理。林则徐援引《各国律例》，揭穿了义律的包庇行为，从而维护了中国的主权和尊严。《四洲志》译自英国人慕瑞的《世界地理大全》，该书是一部全面介绍世界地理知识的著作，内容涵盖亚洲、欧洲、南北美

① 《魏源集》，中华书局 1976 年版，第 174 页。

洲和非洲的历史风俗、地理环境等。翻译的出发点是为了制定出更好的御敌之方，尤其是其中对俄国的介绍，记叙了俄国建国的历史、风土民情，彼得大帝改革后的扩张路线图等。《四洲志》成为魏源著作《海国图志》的重要资料来源。

除了翻译外文书籍，林则徐还非常重视对西方先进军事装备的研究和引进。他仔细研读介绍西方军事技术和兵法的书籍，了解炮台的修筑、大炮的铸法和火药的配备等知识。他派人绘制出外国战船的样式模型图，对战船的结构进行分析。除理论上的研究外，林则徐还积极奔走，设法进口了200多门新式大炮，并从外国商人那里购买了一艘英国船只，把它改装成战船，配备了英制大炮。他还向皇帝建议，将广州海关税收中的一部分用于制造船炮，用和西方人做生意的钱来防备西方人的侵略。即使是1842年被革职发配到新疆的途中，林则徐还不忘思考新式海军的建设问题。林则徐虽然没有专门著书立说阐述向西方学习的主张，但是他的一系列行动无疑证明了其是中国近代历史上“开眼看世界”的第一人。当时外国的报纸上对林则徐这样评价：“中国官府全不知外国之政事，又不询问考求，故至今中国仍不知西洋……惟林总督行事，全与相反，署中养有善译之人，又指点洋商、通事、引水二三十位，官府四处探听，按日呈递，亦有他国夷人，甘心讨好，将英吉利书籍卖于中国。”①

作为林则徐的好友，魏源同样也是新思想的倡导者。他受林则徐的委托，在《四洲志》的基础之上，编写了《海国图志》一书，该书明确提出了“师夷长技以制夷”的思想，主张学习外国先进科学技术，从而抵御西方侵略。在《海国图志》中，魏源还对西方民主政治制度进行了介绍和评论。魏源早年师从刘逢禄，学习春秋公羊学，在此基础之上，他将理论和实践结合起来，形成了丰富的经世致用主张，具体体现为主张变革的思想。魏源在亲身经历了清王朝内部的腐败黑暗后，意识到如果不改革，一场严重的社会危机就会到来。世界上的事物都处于

① 中国史学会编：《鸦片战争》（二），神州国光社1954年版，第526页。

不断变化的状态之中，自然界和人类社会都是如此。历史上每一次大的社会进步都是以变革为先导的，国家的发展道路要随着形势的变化而变化。只有变革，社会才能实现进步，否则将一直停滞不前，最终被历史所淘汰。魏源的经世致用主张挣脱了保守思想的牢笼，成为中国近代化的前奏曲。在清朝乾嘉时期，统治者施行文化专制主义，大兴文字狱，思想文化界万马齐喑，仿佛一潭死水，知识分子为了保全自身，不敢再议论政治，奉行犬儒主义，对现实刻意回避。魏源的经世致用思想倡导对现实的关注，仿佛黑夜中的一道闪电，给黑暗的思想界带来一道亮光。他提倡以问题意识为导向，呼吁知识分子要树立起救亡图存的历史责任感。

经世致用的思想基础促使魏源对现实问题产生关注。在国计民生上，他协助两江总督陶澍等官员筹划漕运、盐务和水利等事务，提出增加漕运中海运的比例，采取以“票法”取代“纲法”的票盐制度，改黄河由渤海入海以缓解江淮地区的水患。[①] 在富强之道上，魏源认为，西方国家之所以富强，是因为除拥有装备精良的军队外，更重要的是，还建立了一套近代化的工业。中国要想弥补差距，不仅要学习西方先进的军事技术和练兵之法，还要建立一套完备的工业体系，为国家的发展提供经济支撑。他提出允许民间设厂的建议，以促进近代工业的发展。

魏源的作品中，与《海国图志》齐名的还有《皇朝经世文编》一书。这本书总共有八个部分，前两部分是基本理论介绍，阐发了经世致用的学术思想和中国的政体性质。后六部分是按照政府的六个职能部门划分对政务展开论述。在《皇朝经世文编》一书中，财政、公共设施的修建以及军事行政是重点叙述内容，基本理论的阐发还解释了经世致用思想如何与传统的学术主张实现对接和协调。1842 年，魏源的另一部著作《圣武记》完成。该书采用编年体顺序，叙述了从清朝开国至道光年间的主要军事战役。作者旨在通过对战争的描述来分析清王朝的政治体制问题，特别是军事制度中存在的问题，这些漏洞成为鸦片战争

---

① 陆炎：《论林则徐与魏源的经世思想》，《山东师范大学学报》（人文社会科学版）2002 年第 2 期。

失败的主要原因。魏源因此力推军事制度改革，他特别关心军事人才的扩充问题。长久以来，汉族偏重文职，而满汉之分又使军事力量被分化。针对提高军人素质，魏源提出了许多举措，包括对军事人员加强训练、给予他们丰厚的待遇和社会福利、征兵方法上的创新以及严格军队纪律等。虚报军事人员的问题导致财政大量流失和贪污腐败现象严重，魏源要求政府对军队花名册进行严格审查，以防止虚报军事人员的情况发生。他还犀利地指出，当时指挥作战的官员的地理和战略知识的匮乏，以及政府没有从战败中深刻反思教训，而只是采取“鸵鸟政策”对其避而不谈。

作为一名经世致用论者，魏源的思想主张就像一面镜子，折射出当时中国社会的许多问题。魏源指出，当时清政府遇到的挑战是前所未有的，必须要对新问题做出迅速回应，用经世致用思想进行改革。魏源的思想在当时的时代背景下具有很强的先进性，其编写的《海国图志》一书，后来还传入日本，在日本的学术和政治领域产生了不小的影响。鸦片战争前后，除林则徐和魏源之外，还有一些思想较为活跃的知识分子，包括姚莹、徐继畬、梁廷楠等人，都是本着经世致用的思想倡导向西方学习，以改变中国落后的现状。这些知识分子面对鸦片战争的失败，首先从天朝上国的睡梦中惊醒，开始抛弃盲目自大的陈腐观念，关注现实问题和世界发展大势，寻求御敌强国之道，为后来维新派的改革思想奠定基础。

2. 早期维新派知识分子变革政治制度之主张

19 世纪 60 年代以后，随着洋务运动的开展，一些知识分子对西方的认识进一步加深，除了在经济上主张发展民族工商业，还提出在文化上兴办新式学校，系统学习西方的自然科学知识，政治上进行革新，建立君主立宪制度。这些知识分子许多都直接参与过洋务运动，其思想在向西方学习的实践中不断成熟。与鸦片战争后第一批睁眼看世界的知识分子相比，活跃于 19 世纪 60 年代之后的知识分子对西方的认识更加深入和全面，因而提出的主张也更具系统性，直接为后来的维新派知识分子提供了变革思想来源。

曾在林则徐的门下学习，并担任过翰林院编修的冯桂芬，是洋务运动中盛行的“中体西用”思想的阐发者。太平天国运动兴起时，冯桂芬受朝廷指派去苏州办团练，1860 年与太平军交锋失败后辗转到了上海。开放较早的上海当时已经成为中西文化的交汇地，这里的一切使冯桂芬大开眼界，他在一年后写成了著名的《校邠庐抗议》。在这本书中，冯桂芬对中西文化分别进行了定位，指出中国被西方列强侵略，不仅仅是因为军事技术上的落后，更重要的在于“人无弃材不如夷，地无遗利不如夷，君民不隔不如夷，明实必符不如夷”。[①] 冯桂芬敏锐地指出中国在诸多方面与西方的差距，提出必须大胆向西方学习，采西学、制洋器，并建议进行行政改革，以提高行政效率，促进上传下达，做到君民不隔。为了解决师法西方与中国君主专制的冲突，冯桂芬创造性地提出了化解冲突的准则：“以中国之伦常名教为原本，辅之以诸国富强之术。”[②] “中体西用”的思想一方面承认了中国集权的政治文化传统；另一方面也开启了学习西方的大门，该思想在当时产生了很大的影响，后续的知识分子多是在此基础之上提出向西方学习的主张。只是到了 19 世纪末，维新派知识分子出现在历史舞台上时，向西方学习的层次才出现了进一步的深化。但由于“中体西用”思想的影响，维新派提出的变革传统文化的主张受到了以张之洞为首的封建官僚的强烈反对，并引发了激烈的论战。

《校邠庐抗议》还涉及四篇关于洋务运动的见解主张。在这四篇文章中，冯桂芬对鸦片战争以来中国受制于西方的现状感到愤慨，认为这是“有天地开辟以来未有之奇愤”。[③] 中国在气候条件、地理位置以及物产资源等方面相对于其他国家都占有优势，却遭到英、法、俄、美的侵犯，这说明落后不是由于自然资源等原因产生的，而主要在于人力的差距。人力的差距并非先天的，而是后天因素造成的，统治者应该重整政纲，从而发挥出人力资源的优势。在军事方面，不仅仅是坚船利炮不

① 冯桂芬：《校邠庐抗议·制洋器议》，上海人民出版社 2002 年版，第 198 页。
② 冯桂芬：《校邠庐抗议·采西学议》，上海人民出版社 2002 年版，第 211 页。
③ 冯桂芬：《校邠庐抗议·制洋器议》，上海人民出版社 2002 年版，第 197 页。

如西方，在作战方针上也应该向西方学习。人力资源的差距还在于教育制度，冯桂芬提出应该从改革科举制度入手，在考试内容中增加特科，以增强人们对实际专业技术的重视，“夫九州之大，亿万众之心思材力，殚精竭虑于一器，而谓竟无能之者，吾谁欺？……即如另议，改定科举，而是科举可并行不悖。中华之聪明智巧，必在诸夷之上”。① 在外交方针上，中国也应该摒弃过去那种战和不定的摇摆态度，“驭夷之道不讲，宜战反和，宜和反战，而夷务坏；忽和忽战，而夷务坏；战不一于战，和不一于和，而夷务更坏”，② 因此，在与外国交往中，要采用一贯的外交原则。国家要将夷务摆在重要位置，要学会使用外交技巧，利用西方各个国家之间的矛盾，平衡它们的势力，以求得自身利益的保全。还要培养专门的外交人才，选拔口才好、有胆量，并且反应机敏的人员应对各种外交事宜。

冯桂芬写成《校邠庐抗议》后，将书稿抄录后送给曾国藩，自此之后，与曾国藩关系密切的人基本上阅读到了该书。后来，翁同龢还将此书推荐给光绪皇帝阅读，其中的裁汰冗官、改革科举、借鉴西学、驭夷方针等内容尤其吸引光绪皇帝的注意。百日维新期间，光绪皇帝还命令大臣将该书分发给中央和地方各官员，让他们仔细阅读并逐条写下意见，可见该书在当时产生的影响力。

王韬作为中国近代较早传播民主观念的代表性人物，丰富的人生经历造就了他先进的政治观念。王韬早年为了生计来到上海，在英国传教士开设的墨海书馆中任中文编辑，并从传教士那里学习了现代自然科学知识。后来因为被朝廷发现给太平天国上书献策而受到通缉，流亡至香港。在港期间，他创办了《循环日报》，这份报纸是香港近代第一份由华人独立经营的报刊。王韬几乎每天都要在上面发表政论，宣传变法主张，该报纸也因此有很强的政治色彩。王韬在报纸上发表的文章后来整理成《弢园文录外编》一书。

在早期维新派思想家中，王韬的思想较为大胆，因其不在官场之

---

① 冯桂芬：《校邠庐抗议·制洋器议》，上海人民出版社2002年版，第199页。

② 冯桂芬：《校邠庐抗议·善驭夷议》，上海人民出版社2002年版，第205页。

内，受主流政治观念的羁绊较少，且曾经游历英国、日本，又长期在香港居住，对西方社会的了解较为具体深入，与传教士长时间的交往也使他对中西方文化的差异有深入的思考，能以更广阔的视野探寻中国落后的根源。王韬认为，当时的中国面临着前所未有的大变局，必须通过变革摆脱危机。他引用《易经》中“穷则变，变则通”的道理来论证变法的必要性。变化是事物发展的一般规律，中国三千年来一直固守同样的典章法度，到了近代已经失去了生命力。西方列强的入侵不会毁灭中国，只会使中国在逆境中变得强大，只要我们善于把握时机，祸可以转变为福，弱势也可以转变为强势。而形势转变的根本就在于变通，王韬的主张含有朴素的辩证法思想。在《论变法》一文中，王韬对变革的具体内容和途径进行了阐述，提出从科举制度、练兵之法、教育制度、法律制度四个方面进行变革。

在中英两国的对比分析中，当时的主流观点认为英国的强大在于物质的丰富和科学技术的领先。英国的军队之训练有素、武器装备之精良、船舰之纵横无敌，这些都是其强大的证明。煤、铁等自然资源的充足、商业贸易的繁荣，这些是其富足的证明。王韬对此不予认同，他认为，以上列举的种种现象都不是英国的立国之基，只是富强之末，而非富强之本。英国富强的根本原因在于其具有的特色制度安排。王韬对英国的政治制度进行了具体描述，“英国之所恃者，在上下之情同，居民之分亲，本固邦宁，虽久不变”。[①] 官吏的选拔依靠民众的选举，其标准是声望和品行。官吏的行为有着严格的约束，如果其作威作福、滥杀无辜，必将会遭到民众的反对，导致其官位不保。国家有大事时要在议院进行集中讨论，商讨的措施得到大多数人的同意后才准许施行。总的来说，英国政治制度的核心为主权在民，而中国的政治制度则是主权在君，这是导致国力衰微的重要原因。王韬还把西方国家的政治制度分为“君主”“民主”“君民共主”三个部分，他在三者中尤为推崇“君民共主”，即英国的君主立宪制。王韬把中西比较的视角放在了政治制度

① 王韬：《弢园文录外编》（近代文献丛刊），上海书店出版社2002年版，第89页。

层面，深化了中国人对西方的认知以及对中西差距形成原因的思考。

比王韬稍晚一些的郑观应，于1892年写成《盛世危言》一书。他主张引进西方国家的先进机器，以提高商品的质量和生产速度。他注意到西方列强尤其重视发展商业贸易，其国家富强在于商业的发展，因此不惜用大量兵力对商业进行保护。西方各国的经济侵略使中国民众备受欺凌，中国如果要摆脱侵略，必须要重视资本主义工商业的发展。郑观应还主张通过抵制外国商品的倾销来保护中国民族工商业的发展。在此方面，税收是一个有力的调节杠杆，一方面要对外国进口商品加征重税，另一方面对本国出口的商品降低关税。此外，民族工商业还可以成立商会，以保护自身利益。资本主义的发展还要依靠政治制度的变革，郑观应同王韬一样，同样对君主立宪制度大加推崇，提出设立议院的主张，认为君民共治有利于实现下情的通达和民心的团结。

早期维新派思想家除冯桂芬、王韬、郑观应之外，代表性人物还有陈炽、薛福成、马建忠等。这些思想家有的是受到西方文化的感染较多，有的则是中学基础较为扎实，对传统文化的理解较为深入。但总体而言，他们都是在亲身体会到中国落后的现实之后，意识到不仅要在科学技术上学习西方，还要在经济、政治上进行革新，才能实现富强。反对外国侵略、摆脱民族危机是这些人思想的出发点。他们反对清政府与列强签订不平等条约的行为，认为这严重损害了中国主权，使民众的利益受损。主权的侵犯不仅在于军事方面，还在于经济上的掠夺，因此早期维新派思想家主张发展民族工商业，和外国进行商战。在中西差距的产生原因上，他们认识到政治制度是西方国力雄厚的根源。民主政治制度有利于政府和民众的沟通，从而更好地凝聚各方力量谋求发展。前文提及，早期维新思想家有许多都直接参与过洋务运动，在参与的过程中，由于具备了敏锐的洞察力和开放的心态，他们的思想产生变化，逐渐与洋务派官僚发生分化，对洋务运动的诸多问题也进行了批判，包括官督商办的企业运行方式和尚未统一的军制等。然而在文化上，他们还是一致主张中学为主，西学为辅，其反思触角并没有涉及文化层面。

二　维新派整合中西政治文化之成果——以《大同书》为例

从维新派知识分子的思想来源看，康有为是对中西政治文化均有涉猎的代表人物，其主要思想和代表作品能较好地体现出不同政治文化的融合迹象。

（一）康有为早年的为学经历和政治思想的主要来源

康有为出生于一个官僚家庭，其叔祖父康国器曾因镇压太平天国运动有功而官至护理广西巡抚，其父康达初曾在江西担任知县。康有为的幼年生活较为优渥，家族也有较为严格的儒学教育传统，这为他儒学修养的塑造提供了一个良好的环境。康有为幼年时就能背诵唐诗数百首，熟读《大学》《中庸》《论语》《孝经》等儒学经典，少年时期在祖父康赞修的带领下，攻读经学史书。通过早年的传统教育，康有为初步具备了国学基础，受到儒家思想的影响，他从小就在心底生成了一种强烈的家国情怀和道德使命感。

康有为 19 岁那年，首次参加科举考试的乡试未果，他的祖父求助于当时广州著名的儒学家朱次琦。[①] 朱次琦将康有为收入门下，这段学习经历对康有为政治思想的形成产生了很大影响。朱次琦强调修身和读书合二为一，具体而言是“四行五学”。“四行”指修身，包括敦行孝悌、崇尚名节、变化气质和检摄威仪；“五学”指读书，包括经学、文学、掌故之学、性理之学和辞章之学。[②] 朱次琦对于清代盛行的考据学不太认同，他认为治学和修身的主要目的在于致用，而不是埋首于书海之中不能自拔，对现实问题少有关注。康有为对于这一点深表认同，其后来历次上书就是关切现实问题的最好明证。与此同时，康有为还通过广泛阅读，接触到了宗教著作，大乘佛教普度众生的宗教教义加深了他的社会责任感和同理心。康有为在 22 岁那年离开朱次琦，只身前往西樵山白云洞读书。他如是记录自己的这段生活：“读书西樵山，寺观多

① 朱次琦为广东南海九江人，因此常被称为“九江先生”。

② 汤志钧：《戊戌变法史》（修订本），上海社会科学院出版社 2003 年版，第 58 页。

佛道书，昼夜读之，长斋静坐。”① 康有为原本想从道家学说和佛教教义中获取力量，然而道家讲究无为而治，佛教讲求出世，这与他的初衷不相符。正当他苦于思想上找不到出路时，一次偶然的机遇让他结识了在京为官的张鼎华。张鼎华像是一位故友和兄长，给予康有为精神上的鼓励，和他谈论京城内外的时事和政局，还介绍了在当时知识分子中最受欢迎的书籍。康有为大受启发，对现实政治的初步认知为他头脑中的经世致用思想注入了现实可感的具体内容。这一时期，康有为去了一次香港，现代化的建筑和轮船车辆给他留下了颇深的印象，整齐的楼房、干净的道路、有序的治安，使康有为意识到西方人治理社会的先进之处，不能再用过去的陈旧眼光来看待西方。直观而深切的感受促使康有为产生了解西方的强烈愿望，他重读了《海国图志》《瀛寰志略》等书籍，还购买了世界地图。3 年后，康有为赴京参加科举，返途中经过香港和上海，又购买了大量介绍西方社会历史和科学技术等方面的书籍。亲身感受加上西学书籍的阅读，使康有为了解了世界大势，并产生了对西学的兴趣，尤其是西方政治理论更是引导着他的思想实现重要转变。

至此，康有为政治思想的形成脉络已经大致清晰，儒学传统、佛教思想以及西方政治学说成为他思想的重要来源，其关注现实、经世致用的治学取向也已经确立。日后的学术重心主要是建构一套完整的政治思想体系，并努力获取改变现实的机会。在建构关于理想社会美好蓝图的同时，康有为也在爱国心和责任感的驱使下，产生对民族危机的强烈关注，最终促成了戊戌维新运动的产生。

（二）对儒家思想之承继——今文经学基础上的社会进化论思想

儒家学说在清代的研究和发展经历了一个嬗变过程。清初，经历了多年的农民起义和战乱纷争，社会秩序还没有恢复安全稳定。一些儒学家从现实政治中体会到朝代更迭和社会动荡给国家带来的灾难，这对他们的心灵产生很大的冲击，家国天下的责任感油然而生。士子为自己定

---

① 汤志钧编：《康有为政论集》（下），中华书局 1981 年版，第 1053 页。

下匡济天下的使命，他们的学术研究也随之呈现出经世致用的特点。以顾炎武、黄宗羲、王夫之等为代表的知识分子强调学术研究的目的在于正人心、拨乱世，以实现太平盛世，提倡把修身和治人结合起来、学问和现实结合起来。基于这样的背景，当时的学术研究以经世实学为研究重点。到了乾嘉时期，一方面，社会安定、国力强盛；另一方面，政府对思想领域的控制加强，文化专制主义越发严重。基于这两点原因，学术研究重点转向考据学派。学者们整日穿穴于故纸堆之中，把精力放在对经典书籍的辨伪考证上，对现实问题少有关注。他们的职责只不过是为太平盛世歌功颂德，做些锦上添花的点缀。当然，考据之学也积累了一定的成就，对古代典籍的整理和完善工作为后来的学术研究提供了可靠的资料来源，但是学术研究不再具有强烈的问题导向，与现实的脱节最终也致使考据之学失去生命力。然而，这个状况又随着社会背景的变化而发生转向。清朝国力在乾隆时期的发展达到顶峰之后，由于土地兼并、人口增加等原因的综合作用，开始走下坡路，社会问题凸显，农民起义频发。而这一时期，以英国为首的西方各国的资本主义发展步入正轨，各个领域均实现了突飞猛进的飞跃。技术的进步大大提高了工业生产率，再生产的扩大使西方国家开始把视线转移到土地广袤的中国，他们想要和中国发展贸易，以便获取更多的商业利润。而中国由于始终抱着自己是天下中心的保守观念，继续施行闭关锁国的政策。这种趋势延续到 19 世纪中叶，最终的结果是战争的爆发，接着是以英国为首的资本主义国家对中国主权的侵犯。种种残酷的现实首先敲醒了思维敏锐、富有洞察力的知识分子。这其中的代表人物魏源在其作品中对当时的社会危机进行过全面描述，白莲教起义遍及大江南北、天理教徒攻入京城、西北边疆战争不断，再加上西方殖民者的入侵，整个国家没有一个地方是安定的。于是，许多士子精英从考证研究的惯性中脱离出来，把注意力转向充满矛盾的现实社会和完全陌生的外部世界，学术探究的重点也因而回到了清初流行的经世致用之学。清朝末期经世实学以倡导变革为首要内容，知识分子以挽救民族危机为已任，针砭时弊，关注时政，提出一系列革新方案。龚自珍从《周易》中吸取“易”的观念，认为祖法经历时间的磨砺，不可能没有弊端，因此，统治阶级内部要进行自我改革以适应时事的发展变化。魏源也主张变法，认为小变产生小的效果，大变则会产生更大的改观。

这种经世致用的思想深深影响了康有为。他对经世之学的认识、理解和吸收首先得益于其师朱次琦的介绍和熏陶，其次是中国落后现实的刺激，这使他亲身体会到外国侵略给中国民众造成的恐惧、不安以及悲愤之情。康有为经世致用的思想主要体现在他对今文经学的提倡。“经”在中国传统的学术语境中指儒家圣贤的良言，含有永恒真理的意蕴。随着儒家学说的发展，逐渐形成了以专门研究圣人之经为己任的学派，即经学。经学以“经”为研究对象，旨在向世人宣传儒家经典。自汉武帝时期确立了儒家的独尊地位之后，经学自汉至清两千年间一直是思想领域的研究主流，学术风向即使有变化，但是始终没有脱离经学这条主线。经学的研究涉及一个根本性问题，即经学典籍的选取问题。这个问题产生自秦始皇焚书坑儒的文化专制主义政策，大量儒学书籍在当时被焚毁，巧妇难为无米之炊，儒学家进行经学研究，首先要寻找和确立研究资料。他们做了大量的工作后，从以下几种途径获取到了经学书籍：一是秦末汉初的儒生凭借记忆通过口耳相传的方式流传而来；二是秦朝儒生在焚书期间把儒家书籍埋藏，后在汉初时期自民间挖掘而来；三是由孔子旧居墙壁上记载的文字整理而来。第一种方式获取的经文以隶书的形式记载下来，称为“今文”，后两种方式的经文用篆书书写，称为“古文”。西汉时期，今文经学最主要的典籍为《春秋公羊传》，该书是汉景帝时期的公羊寿和胡毋生根据战国时期齐人公羊高的作品整理而来，成为西汉时期解释《春秋》的权威读本。围绕此书思想的研究还形成了一个专门的学派——公羊学，董仲舒就是公羊学派的代表人物。公羊学的核心要义是改制，经历了多年战乱，汉初百废待兴，各项制度亟待统一定制。董仲舒在改制的基础之上，提倡大一统思想和天人感应观念，极大地迎合了汉武帝想要一统天下、实现汉王室振兴的初衷，更重要的是，也适应了当时社会发展的形势。汉武帝采纳董仲舒建议的同时，在政治、经济、思想等各个方面进行了制度创新，同时击退了外族侵扰、开辟了疆土，汉王室的国力日渐强盛。因此，以公羊学为代表的今文经学在西汉时期较为盛行，其主要内容不仅包括论证专制集权合法性的大一统思想、论证君主统治合法性的天人感应说，还包括维护汉族主体地位的华夷之变说、叙述古今社会循环的三统三世说。今文经学和古文经学在两汉之交时经历了激烈论争，王莽上台后，建立东汉政权，为了巩固自己的统治，采用刘歆倡导的古文经学。自此之后，一直到清朝晚期，古文经学基本上占据了主流地位。古文经学把《周礼》作为主要典籍，提倡正统的重要性，孔子的伟大之处就在于复兴了周朝传统。然而历史在封建王朝的尾声又出现转折，晚清时期，由于社会矛盾的加剧，改革成为思想家的共识和当时的主流声音，因此，今文经学作为改制的儒学之基又一次进入人们的视线。

康有为在吸收今文经学传统的基础上，形成了富有特色的社会进化思想。他首先斥责古文经是刘歆为了帮助王莽篡权而伪造的，由于为东汉这一新的王朝所采用，所以称为“新学”，它不是真正的儒家经典，应该予以抛弃，今文经学才是真正的儒学。事实上，古文经并非都是伪造的，康有为之所以这样说实际上是为变法寻找文化传统上的合法性，也为反对人们恪守祖训奠定理论基础。孔子在今文经学中被称为“素王”，是一位倡导变革、托古改制的思想家。在此基础之上，社会遵循着“三统三世”的规律向前演进。每一个朝代都有着相对应的“统”，“统”是由天命决定的，如果一个王朝的统治违背了天命，那么新的王朝就会接受天命取而代之，相应的礼制也应该予以更改。朝代依照“黑统”“白统”“赤统”的统序循环。以夏、商、周三代为例，夏朝对应的是“黑统”，商朝对应的是“白统”，周朝对应的是“赤统”。因为具有不同的“统”，因此三个朝代的制度也各有不同。“三统说”说明了社会和政治制度要依据形势的变化而做出相应的更改，要因革损益、因时制宜。“三世说”源于董仲舒在其作品《春秋繁露·楚庄王》中的论述：“《春秋》分十二世以为三等：有见、有闻、有传闻。有见三世，有闻四世，有传五世。故哀、定、昭，君子之所见也；襄、成、宣、文，君子之所闻也；僖、闵、庄、桓、隐，君子之所传闻也。"[①] 董仲舒将春秋时期的历史分为"所见""所闻""所传闻"三种类型。东汉时期的何休在董仲舒的基础之上把"所见世"称为"太平","所闻世"称为"升平","所传闻世"称为"衰乱"。[②] 此外，在另一部儒学典籍《礼记》中，也有关于社会演进的描述，小康社会和大同社会分别作为理想社会的初级阶段和高级阶段被加以论述。康有为融合何休和《礼记》中关于社会演进的论述，形成了一套较为完整的关于社会进化的思想体系。他认为社会沿着据乱世—升平世—太平世的规律依次演进，对应的政治制度应该是：君主专制、君主立宪和民主共和。当时的社会处于升平世，应该实行君主立宪的政治制度。社会的进化不仅包括政治制度的进步，还包括文明程度的进步。[③] 至此，康有为关于社会演进的基本理论得以成型，这为他关于大同社会的具体构想奠定了基础。

（三）引西化儒——理想社会的具体构建

康有为关于社会演变的理论虽然借鉴了《礼记》中"大同"社会的有关表述，但是其《大同书》中关于理想社会的具体构想与儒家典籍中关于大同社会的具体描述在性质上是不同的。康有为关于大同社会的具体设想融入了许多西方政治思想的因素。前文论及，康有为在早年接触到许多西方书籍，内容涉及自然科学和社会科学。自然科学知识的涉猎，尤其是进化论对生物世界优胜劣汰的描述，使康有为认识世界的视野更加广阔。西方社会科学中人人平等、天赋人权的理念则为康有为变革政治制度的理论学说提供了思想来源。在吸收西方自然科学和社会科学的基础之上，康有为提出了人类社会由低级向高级进化的图景。他构想的大同社会，在经济充分发展的前提下实现了物质财富的高度积累。在这里，没有城乡的分别和发达落后的差异，交通四通八达、畅通无阻，各地都是一样的繁荣，"大地全通，需用物品益为浩繁"。[④] 个人

---

① 汤志钧：《戊戌变法史》（修订本），上海社会科学院出版社 2003 年版，第 93 页。

② 黄朴民：《何休评传》，南京大学出版社 1998 年版，第 65 页。

③ 康有为：《大同书》，古籍出版社 1956 年版，第 7 页。

④ 汤志钧：《戊戌变法史》（修订本），上海社会科学院出版社 2003 年版，第 239 页。

生活水平也得到了极大的提高，人们的衣着得体、款式多样，“裙屐编跹，五采杂沓”，[①] 饮食更加精良，住所冬暖夏凉，交通出行也由机械代替了人力，快速便捷。生产领域，机器化大生产实现普及，生产力得到发展，人们有了闲暇，一日劳动三四个小时甚至是一两个小时即可，其他的时间可以自行安排。社会的文明程度也得到了极大的提高，每个人不仅拥有知识，道德水平也有了飞跃式的发展，“当太平之世，人性既善，才明过人”。[②] 大同社会还是一个没有阶级之分的社会，私有财产不复存在。康有为认为，私有财产的消失是实现大同社会的第一步，为此，各领域生产的产品必须归公，私人资本不允许存在。生产事宜由社会统一管理，依照事先制订好的计划予以推进。国家之间的分立也不存在，取而代之的是大同公政府负责公共事务的管理。军队、法庭、监狱等暴力机关没有存在的必要，压迫、剥削、战争也随之消失。大同公政府由民选产生，每个人都享有选举权和被选举权。涉及公共事务的重大事情都需要经过全体人民讨论做出决策，不允许个别人乾纲独断的行为存在。男女之间也实现了平等，婚姻是双方自由的结合。康有为在西方天赋人权政治理念的基础上，把每个人都视为独立的个体，都具有尊严和人格，从这个角度来说，人与人之间应该是完全平等的关系。只要生而为人，不论性别、地位和财富，都拥有上天赋予的自主权利，“其惟天予人权、平等独立哉”。[③] 在天赋人权的基础之上，康有为对社会的压迫现象提出批判，指出这是不人道的行为，这实际上是对君主专制的批判。人的智力和情感都是一样的，君主不是圣人，在遇到危机时也不一定能解决得很好，否则人世间也不会有那么多的苦难存在了，“诸圣依依，入病室牢狱中，划烛以照之，煮糜而食之，裹药而医之，号为仁人，少救须臾，而何补于苦悲”。[④]

《礼记·礼运》中对大同社会的描述是中国古代先人对美好社会的

---

① 汤志钧：《戊戌变法史》（修订本），上海社会科学院出版社2003年版，第297页。

② 汤志钧：《戊戌变法史》（修订本），上海社会科学院出版社2003年版，第277页。

③ 康有为：《大同书》，古籍出版社1956年版，第234页。

④ 康有为：《大同书》，古籍出版社1956年版，第34页。

构想，“大道之行也，天下为公”，社会由人们选拔的贤能之人进行治理，人们之间讲求信用与和睦。所有社会成员都会有生活的保障，人们各司其职、各有所用。每个人不仅善待自己的孩子和老人，还对他人的孩子和老人予以关心。康有为对大同社会的构想在表面看来，虽然与《礼记》中的相关描述类似，但是透过现象分析本质，二者还是有很大不同。这首先表现为经济基础的不同。在康有为那里，社会的发展是资本主义生产方式之下生产力提高的产物，而《礼记》中的大同社会则是以田园牧歌式的自然经济状态为基础。其次，二者虽然表面上都是公有制，但是《大同书》中的公有制是社会物质财富得到极大积累的产物，《礼记》中的公有制则是基于良好道德约束之下社会正义实现的产物。前者是以经济为基础，后者是靠道德来维系。再次，二者在社会演进方向上的不同，《大同书》的社会演进方向是向前的，遵循的是过去、现在到未来的路径，而《礼记》中的社会演进方向则是向后，是一种复古的趋向，主张社会回归到原始自然状态之下的淳朴美好。①

康有为的中学和西学积淀在《大同书》中得到体现，他将《礼记》中“大同”社会的表述方式和西方天赋人权、平等独立的思想相结合，构建了大同理想社会的图景。这种对中西方政治思想的选择和融合，以现代化进程为背景，代表了当时较为先进的思想方向，反映了中西方交流和文化融合的趋势。康有为所做的这种文化融合的努力，某种程度上适应了现实社会发展的需要，激励着人们在美好社会图景的指引下摆脱民族危机。在康有为之前，中国人对民族危亡的反思大多停留在技术、器物层面，即使是早期的维新派思想家，也都本着“中体西用”的原则，要求进行经济、政治制度方面的变革。而以康有为为代表的维新派开始从文化层面上对传统社会进行反思，这种变化代表着中国人对中西方差异认识的进一步深入。然而从《大同书》中也可以看出，这种对中西方文化融合的努力也充满矛盾。康有为从小就受到儒家传统文化的熏陶，这种经历使他即使日后对西方的制度和政治文化深表认同，也始

① 张学斌：《论〈大同书〉的理论来源》，《商丘师范学院学报》2016 年第 7 期。

终摆脱不了传统文化的影响，在中西方文化的选择方面摇摆不定，《大同书》中的思想前后不一致就是这种矛盾性的体现。他一方面对西方资本主义的生产方式表示认同，认为这是增加物质财富的最有力手段；另一方面却主张废除私有制，实现共产社会，《大同书》在“学理上充满了资产阶级、小资产阶级的反动空想，而在实践上却具有启蒙因素和资产阶级民主主义的合理内核”。[①] 毛泽东也指出了《大同书》的缺陷：“康有为写了《大同书》，他没有也不可能找到一条到达大同的路。”《大同书》只是向我们展现了理想社会的构想，但是在如何实现的问题上，并没有给出具体的答案，这决定了其思想空想性的一面，大同社会也因而具有乌托邦色彩。由此可以看出，康有为对中西文化的融合与现实政治产生了脱节，这决定了戊戌维新运动无法引导中国摆脱危机的现实。

本章对中国传统和西方的政治文化整合情况进行分析。在中国传统的政治文化中，天命观念为政权的合法性进行论证。它强调统治者的最高地位是上天授予的，上天根据是否具备德行的标准选拔其在人世间的代表。大一统观念维系着专制主义中央集权，这不仅包括领土疆域的统一，还包括政治制度的统一，儒学思想家还创立了一整套道德礼仪制度，用等级尊卑观念加强中央政权的权威。民本思想，在长期的历史演变中逐渐成为民众评价君主统治效果的重要标准。统治者重视人民，并且施行一系列旨在增进民众福祉的政策，民众就拥护君主统治。反之，人民如果普遍面临生存困境，他们就倾向于采取起义的方式推翻君主统治。

西方政治思想则是完全不同的思想体系，它强调人在政治领域的主体地位。这首先反映在探讨国家和政府起源的社会契约论上，该理论假定一种自然原初状态的存在，认为此种状态下人们之间是平等的地位，只不过由于相互之间的猜忌、利益的争夺等产生了混乱的状态。人们通过出让自己的权力而成立政府，政府具有比任何单个个人都要大的权

---

① 邵德门：《中国近代政治思想史》，法律出版社 1983 年版，第 150 页。

威，因此能对许多事务进行公正的处置。其次是天赋人权的政治观念，它以自然法对人的各项权利的确认为基础，主张人的权利是与生俱来的，而非外界赋予的，具体包括自由、平等、安全等内容。再次是分权制衡的思想，是指把政治权力的不同部分交给不同部门掌握的政府建构原则，拥有不同政治权力的政治组织之间相互制约，没有任何一项权力超过其他权力。最后是民主原则，这是西方国家政府建构的基本理念，最早可以从古希腊的雅典城邦那里找寻依据。雅典的民主制经过发展在近代西方各国重放异彩，并在权利的范围和受众上不断扩展。

晚清时期，中国紧闭的大门被迫打开，中西方文化的交流和碰撞也随之展开。这种交流由于中国综合实力落后的现实而表现为以西方文化输入为主的特点。如果说近代中西方的文化交流一开始是被动的，那么随着危机的加深，学习西方文化就成为一种主动自觉的行为。甲午战争之后，知识分子意识到民族危机的严重性，他们把视角聚焦到中西差异的对比上，维新派知识分子得出的结论是中国积贫积弱的根源在于政治制度的落后，君主专制不利于现代化的开展。因而主张通过自上而下的改良方式建构起君主立宪的政治制度，从而使社会迸发活力，促进现代化进程。维新派清醒地认识到，儒家传统政治文化的影响根深蒂固，他们自己也受到儒家思想的浸染。因而完全抛弃传统政治文化转而建构起全新的政治制度实为不可能之事。他们努力在中西方政治文化之间探寻一条融合路径，从而形成对新型政治制度的支撑。本章以康有为的《大同书》为典型，分析其中映射出的中西政治文化整合成果。康有为利用儒家今文经学的基本理论，阐明社会发展的一般规律。他斥责古文经是刘歆为了帮助王莽篡权而伪造的，不是真正的儒家经典，应该予以抛弃，今文经学才是真正的儒学。今文经学倡导改制和变革，康有为吸收今文经学实际上是为变法寻找文化传统上的合法性，也为反对人们恪守祖训奠定理论基础。在此基础之上，他阐明社会进化的一般规律，认为社会沿着据乱世—升平世—太平世的规律依次演进，与之对应的政治制度应该是：君主专制、君主立宪和民主共和。当时的社会处于升平世，应该实行君主立宪的政治制度。社会的进化不仅包括政治制度的进步，还包括文明程度的进步。至此，康有为关于社会演进的基本理论得以成型，这为他关于大同社会的具体构想奠定了基础。在关于理想社会的构想上，康有为的中学和西学积淀得到体现，他将《礼记》中“大同”社会的表述方式和西方天赋人权、平等独立的思想相结合，构建了大同理想社会的图景。然而，康有为的整合努力并未得到大多数人的认同。保守势力认为其思想过于激进，激进势力又批判其思想有保守因素。康有为的整合结果映射出那个时代思想家在中西政治文化整合方面面临的困境，事实上，他们没有很好地完成这一任务。

第五章

表层和深层政治文化演变

第一节　政治文化在层次方面的演变机制

现代化是指由传统农业社会向现代工业社会转变的过程，涉及经济、政治、思想观念等各方面的变革。现代化是各个国家发展的必然趋势，然而实现现代化的方式和道路各有不同。按照现代化发展的动力划分，主要有内生型和外源型两种类型。内生型现代化是一种自发的、渐进的变革过程，各领域由传统向现代的转变次第进行，因此转变时间也较为长久。激烈的政治变革只是长久的变化所积蓄力量的总爆发。在内生型现代化中，政治文化对政治制度的影响依靠国内的力量实现转变，本民族的经济现代化引发政治现代化转型，已有的政治文化资源与政治现代化的需求相适应，政治文化对政治制度的建构和稳定起着举足轻重的积极作用。外源型现代化是指内部的经济、社会发展还处于传统模式之下，早发现代化国家开始对其造成压力和冲击，引发国内矛盾的大爆发。如果统治者能够审时度势，通过向已经实现现代化的国家学习，就可以在较短时间内完成现代化的转变。但是由于政治文化与政治制度发展存在不同步性，而外源型现代化国家的政治文化资源与现代政治制度存在冲突，因此，政治文化对政治制度的影响大多是负面性质。在此过程中，为了维持已经建构起来的现代政治制度，国家需要采取一系列政治社会化手段对国民进行教育，以期实现政治文化和政治制度的契合。

在内生型现代化国家之中，笔者选取法国为典型代表，分析启蒙运动所培育的政治文化对法国政治制度变革的影响。外源型现代化类型中，选取日本为典型代表，分析日本在明治维新的推动下所移植的西方政治制度的实际运行状况，以及为了实现政治制度的稳固，日本政府在政治文化建构方面采取的措施和产生的影响。历史证明，从政治文化对政治制度影响的角度，无论是内生型现代化的法国，还是外源型现代化的日本，其政治文化都对各自国家新建构的政治制度产生了积极影响。反观中国的戊戌维新运动，作为外源型现代化国家，传统的力量发挥强大的作用，中国社会即使是面对西方列强的冲击，也没有发生大范围的根本性变化，旧有政治文化稳固地存在，这导致戊戌维新运动主张的君主立宪制度缺乏与之相适应的政治文化支撑，因此制度的建构归于失败。本节旨在通过对成功案例的分析来反思戊戌维新运动建构新型政治文化的缺失。

一　内生：以启蒙运动对法国政治制度变革的影响为例

在分析内生型现代化进程时，启蒙运动是不可绕过的一环，其影响主要表现为对人的思想的解放，以及近代政治文化的形成，启蒙运动对西方近代政治制度的建构起着不可忽视的作用。法国是典型的内生型现代化国家之一，启蒙运动以法国为主要阵地，对法国的资产阶级革命影响巨大，其宪法和政治制度建构原则直接体现启蒙运动思想。有鉴于此，本部分内容以法国为对象，梳理启蒙运动对其政治制度变革的影响过程，从中分析政治文化对政治制度影响的深度，继而对照戊戌维新运动中政治文化的演变层次，以期对戊戌维新运动中政治文化的整合成效进行反思。

（一）启蒙运动发生的社会背景

法国的资本主义工商业在启蒙运动兴起前期就已经取得了长足的发展。路易十四推行的重商主义政策使得法国经济总量迅速增长，法国成为除英国之外欧洲最发达的国家。法国的工场手工业和对外贸易较为发达，巴黎、里昂、布列塔尼和诺曼底等地是丝织、麻织等工场手工业的中心，阿尔萨斯和洛林成为驰名的炼铁业中心。在对外贸易方面，大商港先后出现，法国与欧洲、西亚、北非等地均有贸易往来，并与英国进行着长期的海上霸权争夺。另外，法国仍然是一个典型的封建君主专制国家。路易十四和路易十五在发动的对外战争中屡屡失败，导致严重的财政危机，然而君主的宫廷生活仍然极度奢华。政府机构设置极为混乱，旧有的封建省区和国王直属的行政区重叠交叉，关卡林立。法国社会等级森严，第一等级的贵族和第二等级的僧侣属于特权阶级，他们占据人口总数的1/30，但是和国王一起享有全国一半以上的土地。政府为高级贵族设置许多虚职，配置以丰厚的俸禄，却不用缴纳赋税。贵族和僧侣占据了政府部门的大部分重要位置。

新兴的资产阶级、城市贫民和农民属于第三等级，大部分工商业者虽然拥有经济实力，但是在政治上处于无权地位，其内部也有阶层的分化。大工商业者包括大工业家、大商人和工场主，小工商业者包括行会师傅、小作坊主等，他们不仅不享有任何政治权利，还要受到大工商业者的压迫，因此最富有革命精神，在城市经常发起抗议活动。第三等级中占据最大比例的是农民。无地或者少地的农民在向地主缴纳地租的同时，还要向国王和教会缴纳名目繁多的课税。拥有土地和减轻赋税是农民最迫切的愿望。然而在18世纪时，法国农民承受的封建压迫比同时期欧洲其他国家的要小很多，许多农民拥有了小块的土地，广大农村地区的行政事务也不再由领主主持，而是由农民自己选举或者由总督任命的官员进行管理，农民为封建领主服徭役的现象也基本消失。18世纪的法国农民已经变为土地所有者，并且摆脱了领主的统治。但是恰恰是因为如此，法国农民对封建统治变得更为痛恨，正如法国政治思想家托克维尔分析的那样，农民在完全没有权利的情况下，把贵族的利益和统治视为理所当然，一旦封建的枷锁开始松动，贵族的特权便显得沉重，甚至他们本身的存在都成为被怀疑的对象。相对剥夺感的产生增加了农民对特权阶级的仇恨和妒忌，“摧毁一部分中世纪制度，就使剩下的那些令人厌恶百倍”。①

同时，法国的天主教会维护着君主专制制度。文艺复兴、宗教改革运动打击了欧洲许多国家的天主教神学权威，然而法国是个例外，它的教权从属于王权。天主教会从王权那里获得大量土地和对农民的征税权，过着奢华的生活。为了维护自身利益，其宗教活动不可避免地要为封建统治进行辩护，正如恩格斯所说：“教会教条同时就是政治信条。”② 神甫们宣扬君权神授的观点，总是向群众灌输“反对国王的起义是违背神的旨意，谁要是如此，就会永久地受到惩罚”。许多农民在教会的经济剥削下沦为乞丐，广大民众对天主教会的腐朽早已深恶痛绝。

另外，以笛卡尔几何学和牛顿力学为代表的自然科学的发展促进了唯物主义思想的传播，人们注重用实验的方法得出客观规律，并以此来解释世界。自然科学的方法和成果成为反对神学的强大思想武器。需要指出的是，人们反对教会不是质疑宗教教义本身，而是反对教会维护的封建专制制度。“天主教之所以激起这样强烈的仇恨，并非因为它是一种宗教教义，而是因为它是一种政治制度；并非因为教士们自命要治理来世的事务，而是因为他们是尘世的地主、领主、什一税征收者、行政官吏；并非因为教会不能在行将建立的新社会占有位置，而是因为在正被粉碎的旧社会中，它占据了最享有特权、最有势力的地位。”③

17、18 世纪的法国社会，社会的阶级结构、人们的习俗和风尚已经发生改变，为启蒙思想的深入人心做好了准备。

（二）启蒙运动的思想内容

随着资产阶级力量的不断壮大，启蒙运动在法国全面展开。启蒙思想家为即将到来的革命启发着人们的头脑，他们继承了文艺复兴时期人文主义的批判精神，以人的眼光看待政治问题，把天赋人权作为理论旗帜，向封建专制制度和教会特权进攻。其中，平等观念在启蒙思想中占

① ［法］托克维尔：《旧制度与大革命》，冯棠译，商务印书馆 1992 年版，第 74 页。
② 《马克思恩格斯全集》（第七卷），人民出版社 1959 年版，第 400 页。
③ ［法］托克维尔：《旧制度与大革命》，冯棠译，商务印书馆 1992 年版，第 47 页。

据重要位置，尽管启蒙思想家对平等的理解各有不同，但是他们都认为人天生是平等的，由此主张人们在政治生活中应享有平等的权利。尤其是卢梭，在分析了造成人类不平等的原因后，提出了人们应该在财产和立法权上的平等地位。其次，理性是贯穿启蒙运动的核心精神，它强调人们用自己的智力而不是神的旨意去思考和判断。启蒙思想家鼓励人们挣脱神学的枷锁，用理性去思考什么是公正的政治制度。因此，相对于英国的反封建斗争，法国的启蒙运动褪去了宗教外衣，直接从世俗的角度向专制制度宣战。

伏尔泰作为启蒙运动的先驱，他的名字甚至代表了法国大革命爆发前的一个时代。平等、自由构成伏尔泰政治思想的基础，他发问道："难道农民的儿子生来带着镣铐，而贵族的儿子的腿上生来就带着踢马刺吗？"[①] 生而为人，平等是再自然不过的事情。伏尔泰的自由思想与商业发展紧密相连。在英国，商业首先使公民富裕起来，经济地位的提升带来自由的收获。而公民的自由又进一步促进了商业的发展，二者形成良性循环。伏尔泰从自由的实际价值出发，极力倡导言论和出版自由。在对社会进步的理解上，伏尔泰相信艺术和科学的重要作用，而革命是文化进步的必然结果。他预言启蒙运动产生的思想之光将催生政治变革。

伏尔泰之后，百科全书派成为启蒙运动的主力军。以狄德罗、达朗贝尔、霍尔巴赫等为代表，继承了唯理论的哲学学说，彻底抛弃了宗教束缚。他们对君主制度和教会神学的批判由于唯物主义的支撑而具有了更加深刻的理论基础。霍尔巴赫无情地揭露了神学对理性的损毁，他曾不无讽刺地挖苦道，要成为一个好的教徒，最重要的是完全没有大脑，恐惧是超智慧的必要条件。狄德罗主张用唯物主义的观点解释世界，认为宇宙的运行只受自然规律的支配，宗教可能因为科学的进步而消除。百科全书派还从功利主义的角度阐释国家的起源。他们认为，利益支配着人们的行为和判断，快乐和痛苦是决定人行为的原则。趋利避害是源

---

① 北京大学哲学系外国哲学史教研室编译：《十八世纪法国哲学》，商务印书馆 1979 年版，第 88 页。

于人自爱的本性。国家建立的初衷应该是实现最大多数人的幸福。在国家的形式上，他们赞成君主立宪制或者是共和政体，主张君主的权力应该受到限制，法治使人民获得自由，人治把人民变成了奴隶。百科全书派对理性尤其推崇，认为人是自然的产物。存在于自然之中，人应该服从理性的自然法则。

孟德斯鸠的代表作《论法的精神》，使用历史方法探寻社会和法律制度的规律。一个国家的法律与该国的地理环境、风俗习惯有密切关系，不同类型的法律之间也有关系，这些与法律有关的各种关系构成了法的精神。孟德斯鸠指出，不同的气候产生了不同的生活方式，不同的生活方式又进一步产生了不同的法律类型。他详细分析了不同国家和不同时代的法律条文，总结其中的利弊得失，认为健全的法律制度有利于保证公民的各项自由。孟德斯鸠还对政体类型进行了划分，分别是共和政体、君主政体和专制政体。共和政体的原则是良好的品德，具体包括对国家、平等和法律的热爱。其中，平等是共和政体的灵魂，促使人们重视公共利益。分权学说是孟德斯鸠的又一个重要理论，他把国家权力分为立法权、行政权和司法权。立法权代表国家的整体意志，应该由人民集体所有；行政权归国王所有，以保证对突发情况的及时处理；司法权交由法院行使。三种权力彼此分立又相互合作，保证人民自由的实现。

卢梭作为启蒙运动中小资产阶级的代表，是一位激进的民主主义者。平等理论是他的思想核心，人类生而平等，只是社会打破了这种自然法则。卢梭由此出发，对封建专制进行了猛烈的批判。他否认国王和贵族的特权，认为他们都是残酷和虚伪的。他同时对封建教育制度予以否定，认为这使民众变得愚昧，从而更容易被奴役和统治。财产权的平等主张使卢梭区别于与他同时代的其他启蒙思想家。他针对当时严重不平等的社会现实，提出政府最重要的任务就是缩小财富分配的极端差异。在政治权力上，卢梭认为国家主权应该由全体人民共同掌握，并由人民直接行使。主权由公意构成，是绝对的、不可分割的、不可转移的。可见在权力的归属和行使上，卢梭都是彻底的人民立场。卢梭的政治思想在法国大革命中产生了极大的影响，他的思想就像一面旗帜，引领着法国民众充满激情地为自己的权利而斗争。集中反映其政治思想的代表作《社会契约论》在法国一版再版，人们形成了对他的空前崇拜。但是，对卢梭政治思想的信奉后来也产生了诸多弊端，值得后人长久反思。

（三）启蒙运动的传播方式和影响深度

以理性为主导的启蒙精神蔚然成风。思想家出国游历开阔视野和增长见识，著作一经出版马上被翻译成外文流传，各种形式的读书会、聚会等吸引着各领域的人员加入，新的思想一经讨论马上传播至外省或他国。启蒙思想通过丰富多样的政治社会化方式流传开来，逐渐深入人心。由上层精英的政治思想演变为普通大众的政治心理，启蒙思想经历了由浅入深的演变过程。

启蒙运动中最流行的社交方式莫过于沙龙。17、18 世纪，法国的城市快速发展，这使凡尔赛宫不再是唯一的文化艺术圣地。上层的精英人士附庸风雅，时常聚在一起讨论政治、伦理，或是艺术、宗教，沙龙俨然成为那个时代上层社会流行的生活方式。人们在轻松的氛围中交流信息、丰富见闻，把沙龙变成了公共舆论风暴的中心。各种学术团体的数量在这一时期如雨后春笋般迅速增长，各类的艺术学院、科学院是学术研究的主要阵地。在这其中，法兰西学院最为著名，启蒙思想家以成为学院的一员而自豪。皇家科学院是另外一个具有代表性的学术研究重镇，该机构致力于自然科学的研究。各个地方也成立了相应的学术研究团体，并形成了自己的研究特色，有的偏重科学技术，有的偏重建筑美术，有的则偏重道德伦理，研究重点各有侧重。图书馆和阅览室的大量修建对于启蒙思想的传播也起到了重要作用。各类工具书、最新出版的书籍，以及报章杂志等在图书馆汇集，满足各类人群的阅读需求。值得一提的是，许多图书馆还设有谈话间。人们在阅读过后，可以直接在这里交流读书的体会和对时政的看法观点。更为大众化的传播思想的地方是咖啡馆，人们在这里点上一杯咖啡，进行休闲娱乐的同时相互交流社会问题或者是趣闻。启蒙运动时期交流场所的多样化大大促进了思想的传播，政治思想由精英人士向大众扩展，并进一步内化为民众深层次的政治心理。“启蒙运动正是在这样一种充满自信的状态下展开，思想家们纷纷印发小册子去影响民众，巴黎一时间产生了前所未有的全民文化。”① 18 世纪中叶，王室开始推行义务教育制，这进一步促进了民众主体意识的觉醒。他们积极地参与政治，在政治实践中意识到争取政治权利的重要意义，这又反过来促进了启蒙思想的普及和大众政治心理的成熟，并最终引发了法国大革命的爆发。

法国大革命相对于其他国家的资产阶级革命，具有鲜明的激进性。这种特点不仅体现在大革命时期，时至今日，仍然可以看到法国人在争取政治权利时的浪漫主义色彩，这与启蒙思想的影响不无联系。法国大革命采取极端、激进的方式对绝对君主制造成了巨大冲击，虽然后来遭遇了封建君主的复辟，但是平等和自由的政治观念由此深入人心。直接体现启蒙思想的《人权宣言》明确地表达了政治制度建构的基本准则。它像一份旧制度的死亡宣判书，使革命口号传播到整个欧洲，甚至是整个世界，促进了现代民主政治制度在法国的建立和巩固。议会在大革命之后逐渐由原来的虚职机构变为代表民众声音的实权机构，以人民主权、宪政和分权原则为基础的政治制度也基本成型，而以平等、自由等价值理念为核心的大众政治心理推动着政治制度不断完善和巩固。

法国大革命作为内生型现代化的必然结果，其政治文化对政治制度的影响依靠国内的力量实现转变。本民族的经济现代化引发政治现代化转型，启蒙运动中所传播的政治文化资源与政治现代化的需求相适应，由此催生了法国大革命，最终实现了新型政治制度的建构。在此过程中，以自由、平等、博爱为要旨的政治文化对法国政治制度的建构起着举足轻重的积极作用。戊戌维新运动作为外源型现代化模式中的历史事件，其过程是在甲午战争爆发、民族危机加深的背景下开展的。当时中国国内的经济形态没有本质上的变化，仍然以小农经济形态为主。在此基础之上的政治文化也没有太大改变，戊戌维新所发

---

① 丛日云、王志泉、李筠：《传统政治文化与现代政治文明——一项跨文化研究》，社会科学文献出版社 2014 年版，第 201 页。

起的思想解放运动也没有在民众中间产生广泛影响，因而其政治制度的建构目标难以完成。

二 外源：以西方政治学说在明治维新中的影响为例

（一）明治维新开启日本现代化进程

历史学家汤因比针对后发国家的发展道路提出过“挑战—回应”模式：当挑战程度很弱时，不会引起被挑战的国家的强烈反应；当挑战程度过强时，可能导致被挑战国家的全面崩溃；只有当挑战程度适中时，才会激发被挑战国家的触底反弹，采取一系列有效手段提升国家总体实力。[①] 日本现代化进程的开启就是源于受到了西方殖民者程度适中的挑战。19 世纪中期以前，日本处于德川幕府统治时期，实行封闭的对外政策。1853 年，美国海军率舰队进入日本港口浦贺，并将美国总统的信件交给了德川幕府，要求日本对外开放，和美国进行对外贸易。德川幕府同美国签订条约，开放两个沿海港口，美国还获得了最惠国待遇，随之而来的是日本同外国签订的一系列不平等条约。这引起了本就对幕府统治不满的大名、武士和商人的激愤，他们形成联盟，变革运动一触即发。倒幕派于 1867 年举兵起义，次年，德川幕府被推翻，以明治天皇为首的新政府成立，正式开启了明治维新的现代化进程。

明治政府主导下的改革系统而全面，与近代中国一样，其改革的目标是实现独立和富强。围绕这两个目标，一系列措施得以施行。在政治体制方面，废藩置县，取消原来封建割据势力控制之下的藩地，建立直接隶属于中央政权的府、县。如此一来，大大削弱了地方势力，加强了中央集权，为政府集中力量发展资本主义提供保障。在社会结构上，废除了原来复杂的身份划分制度，旧有的“士”“农”“工”“商”阶层被“华族”“士族”“平民”所取代。收回“华族”和“士族”等原来特权阶层的部分俸禄，减轻财政负担。阶层的重组有利于社会成员身份的平等化和不同阶层之间的流动，从而减少社会矛盾的发生。在经济方

---

① ［英］阿诺德·汤因比：《历史研究》（上卷），郭小凌、王皖强等译，上海人民出版社 2016 年版，第 20 页。

面，殖产兴业，动用大量财政支持资本主义发展，从西方国家引进先进的技术、设备和管理方式，建立现代工业体系，取消原来各藩设立的关卡，建立全国统一的市场，促进商品和金融的流动。在军事方面，参照西方国家的军队制度进行现代军队的建设，增加政府财政用于军事工业的发展，发布征兵令扩充军队规模。在教育方面，大力普及西式教育，改革学制，强制要求提高学生入学率，向欧美派遣留学生，大大提高了国民的知识水平和文化素质。

明治维新是一场大刀阔斧的现代化改革。改革内容涉及政治、经济、军事、文化等各个方面，范围广泛。改革的目标和思路也极为清晰，决心之强和力度之大也是前所未有。“明治维新时期的领导者们，为了实现日本成为强大的独立国家的目标所颁布的一系列措施，即使已经预想到有很多的困难，也要果断实行。”①

（二）政府主导型制度移植模式之下文化和制度的互动

日本作为一个外源型现代化国家，并没有经历大规模的自下而上的革命，而是通过统治集团自身的主动自觉变革，完成了现代政治制度的建构和现代化进程。由于当时的日本还没有形成成熟的公民社会，民间力量不像内生型现代化国家那样发展得较为充分。因此，日本的现代化进程是在政府主导下进行的，是一种强制性的制度变迁。政治制度的建构和其他领域一样，也是政府运用集中的权力实行自上而下的制度变革。在新旧政治制度转换的过程中，善于向他国学习的日本看到了西方国家政治制度的优越性。在严峻的民族危机面前，日本统治阶层决定采取制度移植的路径在较短时间内完成现代化，从而实现国家的独立和富强。

政府主导的制度变革以政治权力的高度集中为前提，这对于外源型国家现代化任务的完成是很有必要的，可以在短时间内集中各方面资源，推行提前规划好的措施并保证落实。但是这种制度变革的方式很有可能会导致国家走向崩溃的边缘。因为在常规的制度变革过程中，一项制度的存续需要有与其相适应的政治文化做支撑，也就是需要民众政治

---

① ［日］吉田茂：《激荡的百年史——我们的果断措施和奇迹般的转变》，孔凡、张文译，世界知识出版社 1980 年版，第 8 页。

心理存量对其加以理解和拥护。然而由于政治文化变迁的缓慢性，政治文化的转型不是一朝一夕就能完成的。因此，在政府主导型的制度变革中，为了在短时间内实现既定目标，往往会先从制度入手进行改革。如果这种变革超出民众的认知和承受范围，那么改革就难以推进下去。即使是领导者意识到政治文化转型的重要性，也很难迅速实现转型，如果操之过急，只会导致更大的悲剧。然而例外的情况是，国家可以通过各种舆论宣传手段先在表面上形成支持改革的主流声音，再加上现代化过程中增加的物质财富，民众获得了实在的收益。这样一来，即使深层次的政治心理没有转换过来，在实际行动上也会支持现代化措施的推进。以明治维新时期的报纸为例，政府取缔了反对派的办报权，把官方报纸作为宣传维新的重要舆论工具。虽然这一时期报纸的阅读群体还仅限于上层精英和知识分子，没有向大众层面普及，但是在主流舆论上为明治维新营造了良好氛围。①

在制度建构的具体选择方面，外源型国家往往会采取制度移植的方式以期在较短时间内完成现代化转型。直接把西方较为先进的制度成果拿来，为本国所用，需要改革者极大的决心和勇气，因为制度变革过程中不可避免地受到路径依赖的影响。一项制度存在久了，人们会对其越来越熟悉，在实施阶段就减少了学习的时间成本。成本降低，制度带来的收益就会增加。因此，即使旧制度有各种弊端，人们也会由于习惯而选择继续遵守。新制度会对现实产生什么样的改变，谁也说不准，人们倾向于保守的选择而不愿冒风险。况且在旧制度的影响下，已经形成了与之相适应的风俗和准则，人们在心理上对旧制度形成依赖。因此，即使是改革者具备了壮士断腕的巨大决心，肯牺牲自己的一部分既得利益来换取更大的国家进步时，民众也不一定买账，因为他们形成了与旧制度相适应的政治心理定式。统治者如果乾纲独断，引进了全新的制度，很可能导致制度无法得到真正落实，出现名存实亡的尴尬局面。较好的情况是，改革者选择与旧有的政治文化较为接近的政治制度予以移植，

---

① 王东艳：《日本报纸的萌芽及其特点分析——17 世纪初至明治维新动乱时期报纸的发展》，《日本学论坛》1999 年第 3 期。

政治制度和政治文化能更好地适应，从而使政治制度稳固下来以推动现代化的发展。幸运的是，岛国地理环境与自然资源的匮乏使日本人总是保持强烈的危机意识，他们极其善于向比自己先进的国家学习，因此促成了日本政治文化中开放与多元的特点。在明治维新前，即使是影响最大的儒家文化，也是向中国学习而来的，传统积淀没有那么深厚。日本在19世纪中叶敏锐地觉察到，之前的学习对象中国已经落后于世界，于是迅速思考本国的发展道路。日本现代化进程的开启与其强烈的危机意识不无关系，正如一位日本学者所说的那样："在我们的文明中，任何看起来本质上属于日本的东西，实际上都是舶来品。"① 这种善于向他国学习的开放自由的文化传统，使日本在移植君主立宪的政治制度之后，即使遇到了一些挫折，却也基本上保持了现代化进程中相对稳定的局面。

前文论及，现代化积累的经济成果可以使民众暂时形成对移植而来的制度的支持，这个现实情况背后有更深层次的作用机制。民主理论家李普塞特提出过一个命题：一个国家越富裕，它准许民主的可能性越多。② 经济水平的提高使民众普遍获益，他们为了维护自己的既得利益而倾向于支持现有制度，现代化的发展也促进了民众受教育水平的提高，这培养了他们较为开放包容的政治心态，政治参与的能力也相应提升，这些因素都有利于民主制的稳固与新政治文化的形成。然而问题是，如果现代化的发展不足以提供民众对经济和社会福利的需求，而此时新的政治文化又没有形成时，移植的政治制度就可能陷入徒有其表的局面，成为制度空壳。因此，民主制度作为促进经济现代化的工具，其功能的发挥具有一定的限度。最根本和最稳妥的方式是养成一种与新制度相适应的政治文化，移植而来的政治制度才能更加长久地延续下去。政治文化的形成不是一蹴而就的，政府需要长时间的努力。明治维新前期，这种为培养与民主政治制度相一致的政治文化的努力已经开始并取

① ［法］费尔南·布罗代尔：《文明史纲》，肖昶等译，广西师范大学出版社2003年版，第265页。

② ［美］西摩·马丁·李普塞特：《政治人：政治的社会基础》，郭为桂、林娜译，江苏人民出版社2013年版，第27页。

得一定成效。19 世纪中叶以后，西方文化在日本迅速发展并成为全民族关注的中心。福泽谕吉的《西洋事情》1866 年出版后，立即销售了 25 万册（包括私印本）。对比同时期的中国，洋务派开办的译书局出版的图书，从 19 世纪 60 年代中期到 90 年代中期的 30 年时间，总共才卖出约 13 万册。西学在日本的大众教育中也得到普及。一位美国人在 1870 年到日本一所普通学校从事教学工作，他对西学在教学中所占的比例和学校收藏的西方书籍的数量有深刻印象。[①] 这些现象都说明日本在明治维新开始之时就已经在为新型政治文化的培育做出努力了。

作为外源型现代化模式，日本的经济、社会、政治在明治维新开启前还处于传统模式之下，早发现代化国家开始对其造成压力和冲击，引发日本国内矛盾的大爆发。以明治天皇为代表的统治阶层审时度势，通过向已经实现现代化的国家学习，在较短时间内完成了现代化转变。但是由于政治文化与政治制度发展存在不同步性，日本固有的政治文化资源与现代政治制度存在冲突。为了维持已经建构起来的新型政治制度，统治阶层采取了一系列政治社会化手段对国民进行教育，最终实现了政治文化和政治制度一定程度的契合。反观中国，同样作为外源型现代化国家，洋务运动作为中国现代化的最早尝试，其开始时间比明治维新还要早些。然而仅仅在 30 年后，甲午战争的爆发成为检验中日两个国家现代化成果的试金石。事实证明，中国的现代化成果不及日本。戊戌维新时期，知识分子在建构新型政治文化方面的成效仍然微乎其微。传统政治文化过于强大，君主立宪制没有与之相适应的政治文化作为支撑力量，戊戌维新时期的政治制度变革归于失败。

第二节　戊戌维新中政治文化演变的政治社会化途径

维新派知识分子面对甲午战争后进一步加深的民族危机，变法图强

---

① ［美］费正清、刘广京编：《剑桥中国晚清史：1800—1911 年》（下卷），中国社会科学院历史研究所编译室译，中国社会科学出版社 1985 年版，第 272—273 页。

的意愿更加强烈。他们对自己的变法思想进行系统梳理和总结，著书立说，采取一系列的政治社会化方式宣传自己的思想主张，以期形成变法的舆论氛围，汇聚配合变法的政治文化力量。

一 新式学堂——教育改革的突破口

甲午战争之后，以维新派为代表的有识之士从洋务运动的失败中认识到，只学习西方的技术文明还远远不够，还要从制度层面向西方学习。通过变法进行新型政治制度的建构首先需要的是人才的支撑，而新式人才的培养要依靠教育的变革。学校是教育的主要载体，维新派人士因此把新式学堂的创建作为教育改革的突破口，以此培养新式人才。他们积极奔走，有的致力于新式学堂的建设，有的直接任教于新式学堂，这些行为的目的在于培养变法骨干、宣传变法思想。

在中国传统教育体系中，书院是较高层次学校教育的代表。书院最早出现在唐朝，宋朝时建立起正式的规章制度，自此之后成为读书人思想活动的中心。在随后几个世纪中，理学一直是书院的主要传授内容。明末，士大夫还以书院为中心，议论朝政、针砭时弊，书院的政治功能显现出来。清初，统治者为了加强思想控制，把书院置于政权控制之下，由原来的民间办学转变为政府财政支持。如此一来，政治讨论和民间讲学被禁止，书院的政治功能随之遭到削弱，但是培养知识精英的教育功能仍然没有变。据统计，清代仅广东一地就有书院 410 所，19 世纪，全国的书院更是达到了 4500 所左右。① 书院到后来蜕化为专门为科举考试服务的机构。即使是鸦片战争以后，随着一些通商口岸被迫开放，接受欧风美雨洗礼的机会增多，大部分书院却仍然保持着旧有的教学内容和教育体制。

然而，这种情况在广州长兴里的万木草堂却是个例外。康有为在首次上书不达后，回到家乡，埋首书海，从儒家今文经学中寻找变法的依据，创建变法的理论体系，同时由于机缘巧合被梁启超等人邀请到万木

① 陈元晖等编著：《中国古代的书院制度》，上海教育出版社 1981 年版，第 78 页。

草堂讲学。理论创建和聚众讲学是康有为在1889—1895年的主要活动内容。中国数千年来的学术发展和源流走向、历代政治改革的得与失、各国的社会政治制度对比，这些构成了康有为讲学的主要内容。讲授这些内容，旨在通过对比古今中外政治制度的利弊得失，启发学生寻求救亡图存的道路。梁启超回忆当年的听课经历时说："先生每逾午则升坐，讲古今学术源流，每讲辄历二、三小时，讲者忘倦，听者亦忘倦，每听一度，则各各欢喜踊跃，自以为有所创获，退省则醰醰然有味，历久而弥永。"① 康有为在教学方法上也进行了创新。他要求学生在听讲之外，还要广泛阅读书籍，并进行思考和记录。学生们私底下要下很多功夫，今文经学的代表作品《春秋公羊传》《春秋繁露》，江南制造总局翻译的自然科学作品都在阅读范围之内。此外，康有为还向每个学生分发功课簿，用于记录读书时的疑问或者是心得体会，要求每半个月上交一次。有时学生在功课簿上面的表述很简短，而康有为做了很长的批阅，意在为学生答疑解惑，启发他们的思考。学生们还会承担编书工作。《孔子改制考》的成书过程中，学生们从儒家经典书籍中查找关于孔子改制的论述，并标明出处，为老师著书立说提供资料依据。后来，康有为还去广西讲学，遵循的也是类似的教育方法。从教学内容和教育制度来看，康有为在万木草堂的讲学活动已经明显不同于旧式书院的教育模式。今文经学和西学的传授开阔了学生的视野、拓宽了学生的思维，答疑解惑的互动方式锻炼了学生独立思考的能力，这些都具有现代西式教学的因素。康有为在广东、广西的讲学，培养了许多维新骨干。这些人为戊戌维新运动做了很多的工作，有的担任报纸的主笔，撰写支持变法的文章；有的从事新式学堂的教学，培养新人；有的协助康有为著书立说；还有的为汇集变法力量从事社会团体的组建。

1895年之后，一些地方要员如张之洞、盛宣怀等开始倡导教育改革，他们主张在教育中增加自然科学知识和西方技艺的内容。1896年，与康有为关系密切的官员李端棻向朝廷呈送奏折，提出对传统书院进行

① 梁启超：《南海先生七十寿言》，转引自汤志钧《戊戌变法史》（修订本），上海社会科学院出版社2003年版，第106页。

改造，建立新式学堂的建议。朝廷同意了这一建议，并颁布相关政策予以施行。许多地方响应政策建议，开始对旧式书院进行改造。直到戊戌政变之前，教育改革之风都很盛行，演化为百日维新期间颁布的教育改革措施。改造书院的首要任务在于对课程的修改，体现为对西学的引入和对传统思想中经世致用之学的提倡。许多有名望的书院均做出了这样的改变。当然，西学的内容主要是非政治方面，包括外国语言和数学、物理、地理等自然科学知识。维新派的教育改革实践与之相比更加激进。康有为在万木草堂中传授的知识，更加侧重西方政治思想领域，包括理论层面和实践层面的知识，他还把经世致用思想和西方的政治价值观融合在一起，旨在培养学生的政治素养。梁启超在变法宣传中也多次强调，教育改革不仅要引入西方科学技术，更重要的是西方政治思想的传授。他的教育改革目标是把传统书院改造成为政治学院，这种理念直接体现在他在湖南时务学堂的教学活动中。时务学堂培养出许多政治活动家，其中有许多还成为辛亥革命的中坚力量。

时务学堂在湖南巡抚陈宝箴的努力下得以创建。他任命一批具有维新思想的人员负责学堂的行政和教学事务，梁启超被聘请为中文总教习。时务学堂的课程内容分为两大类：一类是普通学，包括经学和诸子学等，阅读书目包括《论语》《孟子》《春秋公羊传》《礼记》等儒家经典；另外一类是专门学，包括中西各国的法律、官制以及几何、代数、地理、天文和化学等自然科学，同时增加中国传统诸子百家的思想。学生入学的前六个月，学习普通学，具备了一定基础之后，再进行专门学的学习。除此之外，学生还要涉猎《史记》《汉书》等史学著作以及《时务报》等时政报纸。① 甲午战争之后，国家危机更加严重，变法在维新派那里变得更为迫切。梁启超顺应形势，突出培养变法人才的目的，以政学为主，增加《春秋公羊传》和《孟子》的讲授比例。他要求学生仔细研读这两本书中的变革、民本思想，然后参照中西法律政治制度，将政治理论和现实相结合，使学生理解变法的

① 王宪明、张勇、蔡乐苏：《戊戌变法史》（述论稿），清华大学出版社 2001 年版，第 457 页。

要义。他还鼓励学生广泛阅读介绍西方政治思想和社会科学的书籍。梁启超后来回忆起在时务学堂的生活，当时每天要讲课 4 个小时，晚上批答学生的札记，有的甚至达几千字，因此时常工作至深夜。但因为做着自己认为有价值的事情，周围的同事也都是同道之人，梁启超不以为苦。[①] 时务学堂的其他中文教习，也大多是梁启超的同门，曾师从康有为，因此也都宣传其师的改制学说和变法思想。在学生的答卷上进行批复是梁启超和他的同人启发学生民主思想的重要方式之一。学生对包括议院在内的西方政治制度有疑惑时，批复中就详细地予以解答。学生提到不合理的传统礼教时，批复中就通过中西对比，说明只有变革才能顺应发展大势。一问一答之间，学生独立思考的能力得到提升。[②] 学堂还采取一系列奖惩方法促进良好学风的养成，比如对在考试中作答优秀的学生进行奖励，将部分优秀作答内容刊登在当地的报纸——《湘报》上，善于提问和思考的学生在考试中予以加分。学生入学三个月之后，学堂组织考核，决定其去留。学生在这样的制度下，把压力转换成动力，学业精进明显。

时务学堂的开办促进了湖南各地的教育改革，岳州、常德、衡州、浏阳等地纷纷效仿时务学堂的办学章程，创建新式学堂。有的地方还请来时务学堂的教习进行指导。湖南的社会风气也由于时务学堂的开办而大为通达，变法思想得到广泛传播，促进了维新运动的开展。一批拥护变法的青年学生也逐渐成长起来，他们关心国家危亡、视野较为开阔，许多人后来走上了革命道路。把新式学堂的创办作为教育改革的突破口是维新派的共识，正如梁启超所说："亡而存之，废而举之，愚而智之，弱而强之，条理万端，皆本于学校。"[③]

二 现代报刊——启发民智的舆论场

思想变革离不开现代传播技术的支持，正如 17、18 世纪欧洲启蒙

① 王宪明、张勇、蔡乐苏：《戊戌变法史》（述论稿），清华大学出版社 2001 年版，第 470 页。

② 汤志钧：《戊戌变法史》（修订本），上海社会科学院出版社 2003 年版，第 379 页。

③ 梁启超：《饮冰室合集》（一），中华书局 1989 年版，第 19 页。

运动显示的那样，各种书籍、报纸和小册子参与了这一时期所有的思想传播和政治活动。“正当人们对权力的分配普遍感到不满的时候，新闻报纸使普通平民有可能了解政治和参与政府。”① 在中国传统社会，知识和观念的传播以书籍和口耳相传为主要途径，这大大减慢了知识传播的速度和社会化的过程。以报纸为代表的现代传播媒介由传教士传入中国，与报纸一道传入中国的还有先进的印刷技术。1845 年，英国教会在上海创办了近代中国第一家铅字出版机构——墨海书馆。1872 年，上海出现了由英国商人创办的现代报纸《申报》。这份报纸采用手摇轮转机进行印刷，每小时能刊印几百张报纸。② 清朝晚期，国力衰微，政府再也不能像之前那样，对社会实行严格的文化专制主义控制。甲午战争之后，民族危机进一步加深，维新派为了启发民智，制造拥护变法的舆论氛围，开始向西方学习，着手创办现代报纸。这其中影响力最大的要数上海的《时务报》。

《时务报》于 1896 年 8 月创刊。在维新派那里，“西学西法”就是“时务”的代名词，该报的宗旨就是通过大讲时务以启发民智。梁启超在报纸创办之初就对该报传播的主要内容和目的进行详细的阐述。一是收录各主要国家近期发生的要事，使读者了解世界大势和国家的兴衰强弱，以此加强对本国发展的认知，摆脱夜郎自大的心理，避免坐井观天的狭窄视野。二是详细报道各省的新政，读者可以通过了解实际情况加深对变法益处的认识，从而减少改革的阻力。三是搜集司法案例，读者通过此了解到如果国家落后，就会受制于人；对法律不了解，就会受人愚弄。刊登司法案例起着反向激励的作用，促使人们学习西学，一雪前耻。四是连载政治和技术书籍的主要内容，读者通过阅读了解实学的实际价值和时代的沧桑变迁，从而不至于埋首于八股文和考据辞章之学。

---

① ［美］威尔伯·施拉姆等：《传播学概论》，陈亮等译，新华出版社 1984 年版，第 18 页。

② 闾小波：《近代中国民主观念之生成与流变：一项观念史的考察》，江苏人民出版社 2012 年版，第 150 页。

梁启超对于报纸启发民智的作用持积极的乐观态度，他说："待以岁月，风气渐开，百废渐举，国体渐立，人才渐出，十年以后，而报馆之规模，亦可渐备矣。"① 梁启超作为《时务报》的主笔，一直在该报的"论说"一栏连载宣传变法的文章。在这些文章中，有的通过阐发变化是世界通行不变的法则，来论述变法的必要性；有的列举世界各国盛衰的实例和清朝先辈变法的史实，以说明在竞争激烈的世界形势下，中国进行变法的紧迫性；有的斥责不知变法本原产生的弊端，先破后立，揭示变法的根本。梁启超的文章总是以较为通俗的语言来阐述深刻的思想，语调或是慷慨激昂，或是娓娓道来，但总是不乏令人醍醐灌顶的警世良言。他的文章在思想上和情感上都具有极高的感染力，因此在当时大受欢迎。梁启超文章的风格甚至影响了一代人，时人把他的文风称为"时务体"。

《时务报》在创刊的最初半年，每期的销量均达到了 7000 多份。② 前后共出版的 69 期报纸，累计发行了约 100 万份。③ 在刚开始创刊时，在 9 个省设有 19 个分销处，后来数目增加到 67 个，遍布在 15 个省以及东南亚和日本的华侨界。④ 这种受欢迎程度和传播之广泛是当初办报者也没有想到的，梁启超后来回忆说："甲午受挫，《时务报》起，一时风靡海内，数月之间销行至万余份，为中国有报以来所未有，举国趋之，如饮狂泉。"⑤ 当时该报的总经理汪康年还收到来自各地的读者的信件。据他本人统计，共收到 700 多人的 3000 多通信件。来信者上至官位显赫的官员，下至素不相识的布衣，有的对报纸表示赞赏，有的对文章的观点提出异议，有的主动投稿，显示出读者群的广泛和他们接受

---

① 梁启超：《论报馆有益于国事》，《时务报》1896 年 8 月 9 日第 1 版。

② 王宪明、张勇、蔡乐苏：《戊戌变法史》（述论稿），清华大学出版社 2001 年版，第 394 页。

③ 闾小波：《中国早期现代化中的传播媒介》，上海三联书店 1995 年版，第 89 页。

④ ［美］费正清、刘广京编：《剑桥中国晚清史：1800—1911 年》（上卷），中国社会科学院历史研究所编译室译，中国社会科学出版社 1985 年版，第 327 页。

⑤ 梁启超：《本馆第一百册祝辞并论报馆之责任及本馆之经历》，《清议报》1901 年 12 月 21 日第 1 版。

西学的倾向。[①]《时务报》办报不久，当时的湖广总督张之洞对其大加赞赏，“该报识见正大，议论切要，足见增广见闻，激发志气。凡所采录，皆系取有关宏纲，无取所闻；所采外洋各报，皆系就本文译出，不比坊间各报，讹传臆造”。[②] 他还向湖北全省境内各个层次的衙门以及书院、学堂分发该报，此举引发其他地方的巡抚、学政等纷纷效仿。人们在大致相同的时间里了解到相同的事件，阅读着同样的新闻，报纸造就了一个无形的读者群，这为新思想的传播开辟出新的渠道。正如严复对《时务报》评价的那样：“甲午中国战败后，人心久弊思起，久郁思达。而《时务报》饷食于已饥之余，激矢于持满之后，义例精严，名称正大，翕然响应，天下与之。”[③]《时务报》在新知识的传播、民智的启发、人心的鼓舞方面做出了很大贡献，这些都进一步促进了变法的宣传和舆论的引导。在百日维新期间，光绪皇帝下谕，令康有为负责将《时务报》改为官方报纸，出版的报纸要及时呈送给朝廷，由京师大学堂对其中的时政内容进行筛选，并命两江总督按月拨款以支持报纸的运营。光绪皇帝鉴于该报的畅销程度，想通过其传播百日维新的各项措施和主张，这从一个侧面反映出《时务报》的巨大影响力。

除《时务报》之外，北京的《中外纪闻》、天津的《国闻报》、澳门的《知新报》以及湖南的《湘报》等，也都较受欢迎。《中外纪闻》是北京强学会的机关刊物，也是维新派最早创办的刊物，它选登朝廷的最新政策、翻译国外的新闻、摘录实学书籍、探讨国家兴衰的原因，为强学会的壮大提供了思想支撑。《国闻报》由严复和友人合办，于1897年创刊。在此之前，严复在德国人创办的中文报纸《直报》上发表《论世变之亟》《原强》《辟韩》《救亡决论》等一系列阐述变法的文章，产生了轰动效应。严复利用自己的影响力，志在把《国闻报》办成通上下之情和中外之情的现代报纸。该报在当时成为北方最重要的报

---

① 闾小波：《近代中国民主观念之生成与流变：一项观念史的考察》，江苏人民出版社2012年版，第152页。

② 张之洞：《鄂督张饬行全省官司销时务报札》，《时务报》1896年9月27日第1版。

③ 严复：《时务报各告白书后》，《国闻报》1898年8月26日第1版。

纸。《知新报》在澳门创刊，经康有为、康广仁兄弟和梁启超筹划而发行，该报的撰稿人以及外文翻译等也基本上出自维新派。康有为上清帝的第五书，最早就发表在《知新报》上。该报利用澳门的地理优势，扩大了变法的影响范围。《湘报》在长沙出版，是湖南新政的宣传报刊。该报报道湖南鼓励实业、整顿吏治等举措，并刊登政府的最新文告和公牍等。与时务学堂、南学会一起，《湘报》开创了湖南的维新风气。据不完全统计，戊戌维新前后，全国主要的报纸有 30 多份。[①] 这些报纸种类各有不同，有侧重时政论说、宣扬变法的，有侧重介绍西方社会科学和自然科学知识的。值得一提的是，这一时期还出现了白话文报纸，专门针对只受过基础教育的大众，用通俗易懂的语言介绍政治知识和西方文化，扩展了报纸的读者群。就办报水平来说，这些报纸相对于之前外国人在通商口岸办的报纸，在采访、编辑和印刷等方面都进行了改进，质量相对较高。与通商口岸出现的报纸还有不同的是，维新派报纸的撰稿人许多是社会精英，具有较高的知识水平和文化涵养，因此，其内容不仅能影响一般受过教育的公众，在士大夫阶层中间也产生了较大的影响。相对于之前偏重商业报道的报刊，维新派的报纸突出政治内容，注重对国际事件的报道和国家大事的评论，显示出鲜明的民族主义倾向和强烈的参政意愿。如果说之前的民族主义是知识分子的一种精神状态，那么随着报纸的舆论宣传，民族主义上升为一种普遍的自觉意识和思想潮流，激发起民众的爱国思想。与报纸相呼应，各类出版社也相继成立。大同书局、商务印书馆、算学书局、广智书局等出版社推出了大量中西学书籍和宣传变法维新的读本，开创了图书出版的新风尚。阅报读书时代的来临，提高了新知识的传播速率，促进了政治观念的社会化，报纸和书刊也因之成为启发民智的舆论场。

三　社会团体——变法力量的集散地

康有为不断向光绪皇帝上书，以争取统治阶层对变法的支持，与此

① 汤志钧：《戊戌变法史》（修订版），上海社会科学院出版社 2003 年版，第 231—248 页。

同时，他还通过组织学会汇集支持变法的力量。康有为对组织学会的工作极为重视，他认为中国的社会风气散漫，要想开风气之先，必须要合群、集结各方力量。而要做到这一点，创办学会是必要的方式。维新派知识分子在这一点上取得共识，他们想通过组织学会来广联人才、推动变法，以此挽救民族危亡。与新式学堂相比，学会在思想和知识的传播方面，受众更广。学校的受众以青少年和青年为主，而学会的受众则涉及各个年龄段。康有为在多次上书的过程中，多方奔走，对大臣寄予厚望，希望能借助他们的力量推动变法。然而事与愿违，康有为的行动没有达到预期的目的，他不仅没有得到大臣的支持，还受到了许多质疑和讽刺。尤其是“公车上书”，许多人一开始是同意联名上书的，但是一遇到当局者的阻碍，他们就纷纷散去，原来的同意也只是随声应和罢了。多次上书的不达使康有为更加意识到集结社会力量的必要性，他自己也说道：“故上书不达之后，日以开会之义，号之于同志。”[①] 另外，君主专制压制民众声音的表达，人们的权利诉求无法得到伸张。久而久之，君主与官员、官员与平民以及官员之间都因严格的等级制度而缺乏沟通，彼此之间的隔膜甚重。基层的不满一旦达到临界点，起义就会爆发，引发社会动荡。学会可以在政府和社会之间充当桥梁，通上下之情，以减少隔阂、疏通民意。因此，维新人士对学会的组织工作非常重视。他们在阐述学会组织重要性的同时，还从传统中寻找学会存在的合理性。《易经》和《论语》中有关聚众讲学的论述被拿来论证学会是古已有之的事实，只不过时代变化，又将学会增添了新的政治功能。

中国古代就有以文会友的传统，学者出于文学目的自愿结社的现象很普遍。明末，士人纷纷通过结社进行党争、评判时政。清朝统治者鉴于结社干预朝政，损害了统治者的权威，因此对结社行为明令禁止。维新派成立学会的计划一方面是源于中国古代的结社传统，但更为直接的，是源自西方学会的影响。鸦片战争之后，西方人在广州、上海等地成立了以出版西学书籍、创办新式学校、促进知识交流为目的的学会，

① 康有为：《康南海自编年谱》（外二种），中华书局1992年版，第28页。

著名的有文理学会、益智学会、广学会等。尤其是 1887 年成立的广学会，以传播宗教教义、介绍西方文化为主要目的，出版了大量的西学书籍，还刊行了《万国公报》，这份报纸对维新派创办报纸的体例、风格影响很大。维新派人士从广学会的实例以及欧洲结社历史中认识到自愿结合的社会团体对于制度变革的重要性，再加上中国古代结社传统的影响，近代意义上的学会应运而生。

1895 年，维新派的首个政治团体强学会成立于北京。学会得到了一些官僚的支持。军机处章京陈炽、刑部郎中沈曾植、翰林院侍读学士文廷式都是强学会成员，当时作为新建陆军督办的袁世凯也加入了强学会，翁同龢答应每年给予学会一定的经费，张之洞和刘坤一等直接进行了资助，并列名会籍。强学会定期举办演讲会，主要内容是议论时政，还购买相关的西方书籍供会员阅读。强学会仅存在 4 个月左右，就以私立会党的名义遭到大臣的上奏。慈禧太后批准奏折，强学会被封。在北京强学会被解散之前，维新派还在上海成立了强学会。其章程中提到了办会宗旨："联人心，讲学术，以保卫中国。"① 围绕此宗旨，学会主要从事出版翻译图书、发行政论报纸和开设博物馆等活动。其机关报纸《强学报》，政治色彩较为浓厚。报纸时间上采用孔子纪年法，旨在暗示托古改制，还提出开议院的主张。虽然《强学报》仅出了三期，但是对于维新运动的推进产生了一定作用。1897 年，南学会在湖南巡抚陈宝箴的支持下成立。根据章程，南学会定期进行演讲，黄遵宪主讲政教，谭嗣同主讲天文，皮锡瑞主讲学术，听讲者可以随时问答。在第一次开讲会上，陈宝箴亲自助阵，指出"为学必先立志天下事"。康有为的改制学说也是讲堂的主要内容之一。南学会还举办各种讨论会，旨在通过此会集当地主要的士绅官商，对主要的规章制度和兴利除弊的政事进行讨论，并提出解决问题的方案，以供政府参考。从这一点来说，南学会具有一定的地方自治功能。一时间，湖南各地的士绅会集于此，既有前来听讲的，也有为讨论新政、函询疑惑慕名而来的。南学会在传播

---

① 汤志钧编：《康有为政论集》（上），中华书局 1981 年版，第 178 页。

新学、联合群力方面发挥了重要作用，它与时务学堂、《湘报》相互配合，促进了湖南新政的推行。1898 年 4 月，以救亡为目的的政治团体保国会在北京发起，其宗旨为“保国、保种、保教”。北京、上海设立总会，浙江、四川、云南等地设立分会。在保国会成立大会上，康有为慷慨陈词，历数当年丧权辱国事件，指出筑路权、人事权均已丧失，国土分割给别国，君主等于奴仆，国将不国。面临危在旦夕的局面，他号召四万万人民发愤图强，合力挽救国家危亡。保国会的成立，是维新派在百日维新开始前开展的政治活动的高潮。保国会以“救亡”为口号，具有爱国主义性质。变法被放在了救亡之后，维新派这样做的目的是把更多的力量团结起来。一些人对维新派的变法主张不太认同，但是也都由于被爱国救亡的口号所打动而加入保国会，维新派的影响力也因此而得到加强。

除政治性的学会团体之外，维新派人士还成立了一些具有社会公益性质的团体，比如，主张废除妇女缠足陋俗的不缠足会、消除吸食鸦片恶习的戒烟会、帮助农民提高耕作技术的农学会，以及提高女子受教育水平的女学堂。这些具有公益性质的社会性团体在改变不合理的传统习俗、开创新的社会风气方面起到了积极效果。它们成立于挽救民族危机的背景之下，也不可避免地带有政治性色彩。这些公益性团体与学会一起，汇集起推动变革的社会力量。中国传统社会是原子式的，除亲属纽带之外，人们彼此之间缺乏信任，很少有普遍的联合。而戊戌维新时期分散于全国各地的众多社会团体以明确的宗旨为中心，形成资源的联合，打破了传统社会解离的状态。尤其是像强学会、南学会、保国会这样的政治团体，为实现士大夫参与政治的理想开辟出新途径，展现出知识分子引领社会发展的责任感。

四　政治社会化之效果分析

维新派人士进行变法舆论宣传的主要目的有两个：在上层知识分子中间宣传变法的必要性，获取支持，以汇集推动变法的力量；在下层民众中进行西学的传播，以提高民众的知识文化水平，使变法措施更加顺利地施行，减少民间的阻碍力量。

上文对戊戌维新期间的舆论宣传方式进行了综合分析。新式学堂的创建、现代报纸的发行以及社会团体的成立，这些都有助于宣传变法，增加理解支持变法的社会力量。但是舆论宣传的扩散深度和广度究竟如何，或许事实不如表面上那么乐观。维新时代的新思想飓风确实为人们反思传统文化和政治制度打开了一个缺口，西方思想的大规模涌入对中国知识分子的精神世界造成了冲击。不同的宣传工具之间相互配合，维新派报纸报道有关新式学堂和学会的最新消息，新式学堂和学会也会要求阅读维新派报纸，并对其内容进行讨论。比如，时务学堂要求学生阅读《时务报》《湘报》等维新派报纸，南学会的办会宗旨之一是促进教育改革，而报纸也会对南学会、时务学堂的相关信息进行报道。如此一来，相对稳定的读者群和社会圈子得以形成。同时也促成了现代公共舆论的开端，各种宣传渠道把分散的个人观点集结起来，梳理总结，形成一致的立场观点。“学而优则仕”一直是中国古代读书人的理想，但是官方的职位很有限，大部分读书人总是在入世的理想和出世的现实之间徘徊，但是新式学堂、社会团体为读书人参与政治提供了新的渠道和平台，现代报纸也为读书人参与政治提供了舆论场，他们心中“天下兴亡，匹夫有责”的崇高理想终于有了实现和释放的出口。于是，不同于士大夫的新式知识分子群体形成。这些知识分子不以某种社会地位或者是阶级背景作为主要特征，他们的特点是具有某种共同的思想观念和行为准则。在分布范围上，现代知识分子的流动性强，许多人都是远离自己的家乡到大城市参与政治活动。他们以城市的学会、新式学堂为活动中心，不同于传统士大夫以官场为主要活动范围。传统士大夫与国家和政府相互依赖，他们依附于政权，因此对现存体制持支持态度。新式知识分子则不尽然，他们往往对现存制度持批判立场，像是国家体制的啄木鸟，为的是完善制度，实现民族的独立富强。维新派知识分子虽然是通过拥护光绪皇帝进行变法，但是他们的政治思想处处体现着对君主专制的否定。传统士大夫维护现存体制不仅是出于现实利益，他们的此种态度还源于对传统文化的认同。在传统读书人那里，中国传统文化是他们安身立命的根本，既为他们的心灵提供安放之地，也为生存处世提供经验指导。他们从小所受的教育就是这样的，成年后的实践也印证了传统文化的生命力，因此，从内心对自己国家的文化遗产感到认同和自豪。戊戌维新运动中成长起来的知识分子由于特定的时代背景，受到西方文化的影响，他们在西方列强入侵中国的残酷现实之下对传统文化产生了质疑和疏离之感。再加上志同道合者的相互影响，他们逐渐形成一股拥护维新变法的合力。与此同时，文化转型任务才刚刚开始，延续了数千年的传统文化的影响不可能在短时间内消失。于是在上层知识分子中间，仍然有相当一部分人对维新派的观点不能苟同。当时的李鸿章、张之洞、刘坤一、翁同龢等大臣，虽然在一开始对维新运动持支持态度，但是当他们意识到维新派的激进之处时，转而对其持批判态度甚至是采取行动予以镇压。因此，在上层知识分子中间，维新派的舆论宣传虽然取得了一定的效果，争取到了一定数量知识分子的支持，但是远远没有达到其汇集拥护变法合力的目标。

那么，维新派政治社会化的效果在民众中间又是怎样的呢？19 世纪末，农民在社会成员中仍然占据最多数。因此，农民对戊戌维新的反应基本上可以说明其在民众中间的影响。报纸的印刷离不开现代技术的支撑，因此无法在农村创办；新式学堂的创建也没有在广大基层推广，传播儒家学说的旧式私塾仍然占据统治地位；学会更是集中在北京、上海、广州等大都市以及一些内陆省份的城市地区。因此，戊戌维新政治社会化作用的地区大都集中在城市，其触角远远没有延伸至广大农村地区。在基层，广大农民与戊戌维新基本上是疏离漠视的状态。农民对戊戌维新即使有认知，也大多是模糊或者是负面的。戊戌维新持续时间较短，且其施行的政策没有与农民直接相关的。农民最关心的土地问题，维新派自始至终没有提及，他们的改革路径是通过自上而下的制度变革实现复兴。君主专制制度下，统治者为了实现统治的稳固，施行愚民政策。百姓与政府的接触除缴纳赋税和被征徭役之外，很少再有和政府接触的机会。况且古代行政体制最低是到县一级，百姓接触的也都是非正式的政府人员吏役。不谈政治的传统使百姓两耳不闻窗外事，生活的经验也告诉他们只关心自己一亩三分地的生计就可以保证安居乐业，于是中国百姓对政治的态度并不像美国民众那样，积极参与政治事务之中。中国传统的百姓把自己置身于政治生活之外，他们的日常话题即使涉及政治，也多是出于好奇心，而非认为其与自身的利益息息相关。到了戊戌维新时期，这种情况基本上没有怎么改变。湖南的地方志中，《嘉乐县志》对戊戌维新没有提及，却详尽地记录了太平军当年在该地的活动。《安乡县志》记载戊戌年发生的大事中，也没有提及戊戌维新。① 湖南在当时各省中是最积极响应变法的地区，其下辖的县都是这样的情况，就更别提其他省份了。

此外，百日维新中颁布的一些措施中，有的对百姓的正常生活造成不便影响。比如，北京为了整顿市容市貌，下令禁止在道路上摆摊，这就影响了一部分小商贩的生计。改革教育制度的措施中，废除八股的决定使得准备八股多年的应试者白白浪费了精力，切断了许多贫寒士子改变自身命运的路途。创办新式学堂，首先要解决用地的问题，在基层时常演变为占用寺庙土地改成新式学校，这使得僧人无处可去，也损害了百姓的精神依托。② 更重要的是，维新派向西方学习的主张更是为广大百姓所不能理解。西方列强对中国的侵略，对广大农村地区造成了极为不利的影响。自然经济部分解体，政府为了偿还战争赔款而增加赋税，这些都使本来就不富裕的农民更加贫困，导致许多流民产生。西方传教士深入广大农村地区，他们对中国民众并不友好，产生了许多传教士与民众发生冲突的暴力事件。这些现象都促使农民对西方产生厌恶的感情和敌对的态度，进而形成了盲目排外的立场。知识分子与农民相比，更具有理性。他们在中西对比中认识到中国的落后和不足，因此抱着开放的观念和谦虚的态度向西方学习，百姓美好生活的实现也在他们的目标构想之中。但是在农民眼中，只要是赞成西方的，都是反动的、不爱国的，因此对维新派持否定态度。支持维新的大臣张荫桓在戊戌政变发生

① 郑焱：《湖湘文化背景对湖南维新运动兴衰的制约》，《湖南师大社会科学学报》1989年第2期。

② 张鸣：《维新变法与民众反应》，《教学与研究》1998年第8期。

后被发配到边疆，在发配途中，沿途观看的百姓不仅没有同情之感，还认为张荫桓是个大奸臣。[①] 山东的一个典史官在被问及康有为是何人时，毫不迟疑地回答是个篡位者。[②] 这些态度都显示了百姓对维新派的不理解，更别提支持变法、把维新思想内化为深层次的政治心理了。农民由于缺乏理性思维，他们对待事物往往采取非黑即白、非对即错的态度，因此，在与西方的接触中形成了盲目排外的政治心理。这种政治心理的形成既源于经济利益受损，同时也是朴素的爱国主义和民族主义的体现。排外的政治心理如果引导得当，可以转化为谋取国家独立的强大力量。但是维新派对农民也抱有不理解的态度，他们只是认为农民是愚昧而麻木的，因而对民众也多持否定态度。这种隔膜和疏离使得维新派也不能完成政治社会化的第二个目标，即在民众中间实现西学的传播和知识文化的普及。

反观维新派政治社会化方式，且不说遭到守旧势力的攻击，就其本身而言，也存在各种问题。新式学堂的创办虽然吸引了一批年轻人入学读书，但是科举制的人才选拔制度没有改变。人才培养方式和人才选拔方式的不一致促使大部分年轻人依旧选择旧式私塾作为获取知识的主要途径。新式报纸的涌现使得读者群迅速扩展，引起守旧势力的担忧。“历来的独裁者都知道，文盲群众最容易统治；因为阅读的技巧一旦学会就无法抹消，退而求其次，只能限制它的范围。……因此，各种各样的检查制度就是施展控制力的必然结果。”[③]《时务报》上关于伸民权、设议院的主张引起了地方官员的反感，他们下令禁止该报纸在其管辖范围发行传播。后来，梁启超在《时务报》上的大胆言论也引起了张之洞的不满，他让陈宝箴禁止该报在湖南的传播。即使在《时务报》没有被官方禁止的时间里，其在各个地方的传播程度也存在很大差异，这与地方官员对维新的态度有很大关系。新式报纸在湖南最为热销，与陈

---

① 张鸣：《重说中国近代史》，中国致公出版社 2012 年版，第 158 页。

② 翦伯赞等编：《义和团》（Ⅰ），神州国光社 1951 年版，第 408 页。

③ ［加拿大］阿尔维托·曼古埃尔：《阅读史》，吴昌杰译，商务印书馆 2002 年版，第 345 页。

宝箴对变法的支持态度密不可分，其他地方的情况就不那么乐观了。官方的审查禁止加上办报人内部的分歧，《时务报》最终走向沉寂。政治团体也存在各种问题，以强学会为例，其会员中既有维新派人士，也有像翁同龢、孙家鼐、李鸿藻这样的封建官僚，会员成分复杂。在宫廷内部，本就存在帝党和后党之争，强学会实际上是维新派和帝党的联合。帝党成员想通过强学会壮大帝党力量，以对抗后党，这就进一步加深了学会成员的复杂性，在采取行动时不可避免地产生分歧。戊戌政变后，慈禧太后下令禁止维新派的一切活动，并对变法成果予以取缔。新式学堂、现代报纸、学会社团等纷纷被解散，戊戌维新的政治社会化过程也随之终结。

第三节　戊戌维新失败的政治文化原因：臣民政治心理为何如此稳固?

戊戌维新运动以一场政变的发生而终结，它没有完成历史交与的挽救民族危机、实现独立富强的任务。维新派想要通过改良方式进行制度变革的目标也没有实现，变法的具体措施仅施行了百余天就归于夭折。或许不能以“结局”来对历史事件进行简单粗浅的评价。戊戌维新过程中引发的思想解放潮流为近代中国的现代化进程进一步打开缺口。人们在维新派思想启蒙的行动中意识到中西之间的差距不仅在于器物，更重要的是，国家的制度和文化是否真的像过去认为的那样完美无缺、无懈可击？民族危机已经发展到极其严重的地步，残酷的现实进一步催促着有识之士寻求救国之道。然而就其影响的范围和深度来看，戊戌维新并没有很好地完成政治文化的改造和转型。广大民众的臣民政治心理依然没有改变，他们或安于现状、畏惧变革，或对权力依然保持着依赖和崇拜，又或者对国家前途命运仍漠不关心。但民族主义的政治文化因素始终存在于他们的心灵深处。只要某个契机来临，积蓄已久的力量就会一触而发。然而在戊戌维新时期，传统的臣民政治心理依旧占据上风，并没有形成变革政治制度的支撑力量。传统的政治心理为何如此稳固？除政治心理本身形成和转变之缓慢的特点之外，还跟当时主要的经济形态、社会结构以及政治社会化机制等因素有关。

一　经济形态之小农经济

（一）小农经济何以形成？

中国传统的经济形态以小农经济为主。小农经济实行的是以个体家庭为单位的小土地分散式经营。以种植农作物为主的农业和以纺纱织布为主的手工业相结合，满足了家庭成员的消费需求。这种集生产和消费于一体的经济形态在传统中国社会占据主流，小农经济形态是如何形成的呢？对原因的探寻有助于更好地分析其对政治文化产生影响的具体机制。

在社会科学中，很多学者把自然环境作为重要的分析因素。正如法国学者布罗代尔所说："人类无休止地演出戏剧的舞台，在一定程度上决定了他们故事的线索并说明了故事的性质。演员可以换，但布景依然完全相同。"① 自然环境这个上演人类戏剧的"舞台"之所以如此重要，是因为它为人类提供赖以生存和发展的基础。特别是在人类社会发展早期，由于人们的认知水平较低，改造大自然的能力也较低，主观能动性的发挥很受限，因此对自然的依赖性更大。其次，自然环境的变化很缓慢，可以长时间地对生活在这块土地上的人们产生影响。这种影响是潜移默化的，因此更加深入。自然环境包括气候、幅员面积、地形地貌、土壤肥沃程度等因素。孟德斯鸠在其著作《论法的精神》一书中，在气候和政治文化之间建立起某种关联。他认为，气候对民族性格的养成有重要影响。寒冷气候之下的人们体质较好，精力充沛，在应对自然的挑战时有较强的自信心和较大的勇气。长此以往，养成了热爱自由的民族性格。热带气候之下的居民容易慵懒，时间一长，形成了懦弱的性

① ［法］费尔南·布罗代尔：《文明史纲》，肖昶等译，广西师范大学出版社2003年版，第29页。

格，因此，在政治上也倾向于服从和保守。① 黑格尔把地形因素和民族性格联系在一起，他认为，高原的居民性格豪爽，倾向于对外掠夺；平原的居民较为守旧；沿海的居民喜爱冒险，热爱自由。② 冯天瑜把地理因素和中国文化的特点联系起来。他认为，中国地域辽阔，高山、大漠和海洋等天然屏障提供了一个与外界相对隔绝的环境。这一方面有利于文化的独立和完整，另一方面也使文化相对封闭。

自然环境为政治文化提供赖以生存的物质基础。古今中外的学者从不同角度探讨自然环境和政治或者文化的各种关联，然而自然环境在大多数情况下，并不是以直接方式对政治文化产生某种影响，而是通过经济形态或者生产方式这一中间媒介发挥作用。世界四大文明古国的共同形成条件之一就是都有大河冲积形成的平原。古老的中国也不例外，在黄河的冲积作用下形成了广阔的平原。冲积平原上的肥沃土壤和大河的充足水源为农业生产提供便利条件。再加上中国的沿海地区面对的是浩瀚无垠的太平洋，在航海技术水平较低的古代，发展对外贸易几乎是不太可能的事情。在先天优渥的自然环境之下，中国逐渐形成了以精耕细作为特点，同时以个体家庭为单位的小农经济形态。这种经济形态构成了中国社会的坚实基础。中国古代著名的“牛郎织女”传说便是小农经济形态的最典型代表，农业和手工业相结合，构成了从生产到消费的完整经济结构。与小农经济样态相对应存在的是商业经济样态，这其中最典型的代表莫过于古希腊。希腊半岛上山地众多，把陆地分割成众多小区域。没有中国那样的广阔平原，因此不具备发展农业的先天条件，希腊常常从别的国家购买粮食。然而希腊半岛的海岸线漫长而曲折，附近爱琴海上的大小岛屿星罗棋布，拥有众多天然的港湾，具有发展海外贸易的便利条件，因此，商业成为古希腊的主要经济形态。从中国和希腊的对比中可以看出，中国小农经济样态的形成在很大程度上源于独特的自然环境。

---

① ［法］孟德斯鸠：《论法的精神》（上），张雁深译，商务印书馆 1982 年版，第 270—275 页。

② ［德］黑格尔：《历史哲学》，王造时译，上海书店出版社 1999 年版，第 145 页。

（二）小农经济何以影响政治文化?

小农经济形态之下，土地成为农民求生存的最重要资源。不同于游牧业和工业经济形态之下人口流动性大的特点，以农业为生的人由于土地的不可迁移性很少有流动。人们被紧紧地束缚在土地上，生于斯，死于斯。“以农为生的人，世代定居是常态，迁移是变态。大旱大水，连年兵乱，可以使一部分农民抛井离乡；即使像抗战这样大事件所引起基层人口的流动，也是微乎其微的。”① 农业经济形态之下行动范围的受限使得人们的生活环境相对固定。他们从长辈那里获得的生活经验，足够应付生活中所遇到的大部分困难。这样的生活方式塑造了农民保守求稳的心理特点，安稳是他们理想的生活状态。讲求安稳的心理还源于小农经济的自给自足性。在大多数时候，一家一户的经营，不需要与外界发生过多接触，就可以满足生存所需。寻求安稳的心理反映在政治领域表现为保守求稳、反对变革的政治心理。中国古代历经数千年，虽然经历了王朝的兴衰更替，但是根本性的政治制度始终没有发生变化。制度的稳定与农民保守的政治心理不无关联。除非遇到干旱、蝗虫等自然灾害，需要政府赈济救灾之外，人们很少意识到政府存在的必要性。因此，小农经济之下的人们和政治是疏离的状态。黑格尔对此分析到，平原地域的农业把人们束缚在土地上，限制了人们行动和思想的发展，而从事商业的人们在对外活动中养成了冒险的精神，并进一步促使个性发展和社会多元化，如此，世界是从东方开始的，然后转移到了西方。②

顾准在分析古希腊为什么会产生民主制时，引用英国历史学家汤因比的观点：“航海贸易所面临的风险和困难在政治方面的结果是，一种新的政治形式得以产生，它不是以血族为基础，而是以契约为基础，他们在海洋上的同舟共济的合作关系得以保留下来。”③ 商业经济形态冲

---

① 费孝通：《乡土中国》，人民出版社 2015 年版，第 3 页。

② ［德］黑格尔：《历史哲学》，王造时译，上海书店出版社 1999 年版，第 190—196 页。

③ 转引自《顾准文集》，贵州人民出版社 1995 年版，第 117 页。

破了血缘和地缘的束缚，人们彼此之间并不熟识，是一个陌生人社会。社会的良性运行依靠契约的订立。契约体现着合作、平等的精神，为民主制度的建构积蓄政治文化资源。除此之外，从事商业活动的个人是独立和自由的，不存在人身依附关系。人们遵循等价交换的原则，本着开放的心态彼此竞争，这种相处之道体现在政治领域就是平等观念的形成。这些都是商业经济形态有利于民主制形成的原因所在。

小农经济形态之下，人们的政治心理和政治认知则是完全不同的情况。小农经济小而分散的特点使单个家庭在遇到自然环境的突变时无力应对，他们倾向于依附超越所有力量之上的权威。农业生产中，充足的水源是丰收的必要条件，人们常常为了争夺水源而产生纷争。这时，对权威的需要就成为必然。权威的出现可以帮助人们解决彼此的分歧矛盾，引导人们合理地运用水源。必要的话，还会修建大型的水利工程。中国古代传说中，夏禹因治水而被推选为首领，显示出人们在农业生产中对权威的需要。魏特夫把东方专制主义的产生归因于大规模兴修水利的需要。农业的发展需要充足的水源灌溉，单个的农民无法实现，集权政治得以产生，以此帮助人们治水。① 马克思认为，从很古老的时代开始，东方社会的政府就只有财政、战争和公共工程三个部门。在公共工程的修建中，水利工程占据最重要位置。人工灌溉设施是农业的基础，节约用水和共同用水成为最基本的需求。人们之间没有形成自愿的联合，集权政府的干预就成为可能。② 无独有偶，韦伯也注意到，中国的农业是一种灌溉农业，治水的需求催生出中央集权的政治制度。他还不无肯定地认为，君主专制最初源于“对初潮的治理和运河的开凿，即起源于建筑工程”。③

另外，小农经济还具有脆弱的特点。由于力量的分散和剩余产品积累的不足，农民在遇到来自人事和自然的变故时很难泰然自若，一点负

---

① ［美］卡尔·A.魏特夫：《东方专制主义：对于极权力量的比较研究》，徐式谷等译，中国社会科学出版社1989年版，第3页。

② 《马克思恩格斯选集》（第一卷），人民出版社2012年版，第850—851页。

③ ［德］马克斯·韦伯：《儒教与道教》，洪天富译，江苏人民出版社1995年版，第64页。

面的变化就可能导致他们破产。然而，由于封闭性和自给自足的特点，他们在平时又没有形成自治性质的中间组织。因此，当利益受损时，他们就会倾向于寻求国家的庇护。孟德斯鸠认为，土地肥沃、以农业为主的国家，为了获取安全而牺牲自由是农民的一贯选择，因而他们也易受制于专制集权。① 关于小农经济与专制集权的关系，马克思做过这样的分析："各个小农彼此间只存在地域的联系，他们利益的同一性并不使他们彼此间形成共同关系，形成全国性的联系，形成政治组织，就这一点而言，他们又不是一个阶级。因此，他们不能以自己的名义来保护自己的阶级利益……他们不能代表自己，一定要别人来代表他们。他们的代表一定要同时是他们的主宰，是高高站在他们上面的权威，是不受限制的政府权力。"② 如此，小农经济形态之下，人们形成了对权力依附的臣民政治心理。

戊戌维新前后，中国传统的小农经济形态虽然由于西方列强的入侵而受到冲击，但是外国的资本、技术和贸易在广袤的中国土地上仍然只占据很小的比例，而且主要集中在沿海通商口岸的有限范围内。中国内陆的大部分地区，小农经济形态仍然占据主要形式。另外，中国也像其他前现代化国家一样，对能源的开发和使用主要集中于太阳、风力、水力、木材、畜力、煤炭和人力等所能提供的能源，其中，对人力的使用最为广泛。③ 学者黄宗智在研究近代中国农业的状况时说到，人口的增长没有为工业的转型提供大量的剩余劳动力，反而带来了单位耕地面积投入劳动力的增加，产生了农业内卷化现象。小农经济的边际报酬递减，投入和收益不成正比，这进一步导致了农民的贫困化。正常情况下还能勉强维持生存，但是一旦遇到天灾人祸，农民中就产生大量的流民。华北地区的一个农民说道："一年的自然灾害，意味着连续三年的生存困境。而连续两年的自然灾害，意味着之后的日子都要在艰难困苦

---

① ［法］孟德斯鸠：《论法的精神》（上），张雁深译，商务印书馆 1982 年版，第 280 页。

② 《马克思恩格斯选集》（第一卷），人民出版社 2012 年版，第 762—763 页。

③ ［美］吉尔伯特·罗兹曼主编：《中国的现代化》，陶骅等译，上海人民出版社 1989 年版，第 139 页。

中度过。”① 戊戌维新前后，中国大部分地区仍然以小农经济形态为主，并且由于人口的增长而使农民的生存境地愈加艰难。经济基础没有改变，建构在此之上的臣民政治心理仍然稳固存在。

二 社会结构之宗族宗法制

古代中国的社会结构是以宗族为基本单位的。得天独厚的地理环境造就了中国早熟的农耕文明，分散的小农经济形态使人们难以应对大自然的挑战，国家应运而生。在遇到自然灾害时，国家承担起赈济灾民、修建大型工程等职责。然而，由于古代交通通信技术的落后等原因，农民在遇到自身难以解决的困难时，国家并非时时都能起到“及时雨”的作用。在大多数时候，农民依靠彼此之间的相互扶持来共同应对困难，渡过难关。农业社会中，由于土地的不可移动性，人们为了生存，被束缚在土地上，活动范围很受限。“‘生于斯，死于斯’的生存状态把人和地的因缘固定了。”② 人一出生，就如同无法选择自己的父母和家庭一样，他的生活空间也基本上被确定下来。“世代间人口的繁殖，像一个根上长出的树苗，在地域上靠近在一伙，地域上的靠近可以说是血缘上亲属的一种反映。”③ 在农业社会中，地域上的远近基本上与血缘的远近相一致。于是，人们基于血缘关系形成互助型的事业组织，以应对突发情况，维护组织内所有成员的安全。这种互助型的事业组织称为宗族。宗族一般是由几个家庭组成，成员拥有共同的祖先。人们之间的隔离和孤立并非绝对的。在日常交往中，宗族内的成员之间在既定的秩序下相互交往，构成了古代社会人际交往的基本单位。因此，人与人之间的孤立存在于不同宗族之间，而非个人或者家庭之间。由于男性在生产中具有优势，因此，宗族秩序中尤其强调男性的地位。另外，由于农业社会变化缓慢，四季转换、岁岁年年，周而复始。前人所遇到的困

① ［美］黄宗智：《略论华北近数百年的小农经济与社会变迁——兼及社会经济史研究方法》，《中国社会经济史研究》1986 年第 2 期。

② 费孝通：《乡土中国》，人民出版社 2015 年版，第 88 页。

③ 费孝通：《乡土中国》，人民出版社 2015 年版，第 88 页。

难，后人也一定会遇到。后人为了更加从容地应对生活，需要向前人学习生活的经验，以习得解决困难的方案。在此过程中，不需要了解其中的因果关系，只需照办，就足以应付生活的难题。“祖先们在这地方混熟了，他们的经验也必然就是子孙们所会得到的经验。时间的悠久是从谱系上说的，从每个人可能得到的经验说，却是同一方式的反复重演。同一戏台上演着同一的戏，这个班子里演员所需要记得的，也只有一套戏文。他们个别的经验，就等于世代的经验，经验无需不断累积，只需保存即可。”① 因此，宗法制之下的社会秩序，尤其强调父权和先辈的权威。

西周时期，统治者将分封制与宗法制相结合，实现了政治制度的巨大变革，周王朝统治得以巩固。周朝创立之初，为了控制辽阔的疆土，稳固统治政权，把大量土地和居民分配给王室贵族、有功之臣以及商朝后裔，形成大大小小的诸侯国。诸侯在其国土内享有统治权，同时也要向周天子承担一定的义务，包括定期朝贡、维护王室安全、出兵应战等。为了维护统治秩序，西周时期还确立了宗法制。这种制度表现为由上到下的大宗、小宗形式。周天子是天下的大宗，是地位最高的家长，其位置由血缘世袭而来，世袭的依据是嫡长子继承制，即王位由正室妻子所生的长子继承。天子之下是诸侯，诸侯相对于天子是小宗，在自己的领地内是大宗。诸侯之下又有卿大夫，依次类推，形成了宗脉分明、等级有序的宗法制度体系。如此，宗族内部的等级秩序和国家层面的政治统治秩序合而为一，社会层面的宗族秩序上升为政治层面的宗法制。自秦始皇统一天下之后，鉴于由分封制引起的诸侯争霸战争，为了维护大一统的统治，决定废除分封制，建立起以皇权为中心的封建地主土地所有制。诸侯国被取消，中央对地方进行直接控制。土地归皇室所有，皇帝是国家最大的地主。他把土地分给百姓耕种，收取地租、征收徭役，从而维持国家的正常运转。由于宗法制强调的等级秩序有利于维护统治的稳定，因而得以延续。

① 费孝通：《乡土中国》，人民出版社 2015 年版，第 22 页。

早在春秋时期，社会转型伴随的是连年战争和生灵涂炭，思想家们思考社会和平转型的路径。孔子以对人的关怀为重心，在宗族宗法制的基础之上提出了一整套思想理论体系。他首先提出“仁”的学说，把“仁”作为约束人行为的道德规范。同时又强调“礼”的重要性，作为实现政治良性运转所需要尊奉的典章制度。“仁”和“礼”作为实现善治的人道和王道，是以宗族宗法的伦理道德规范为基础的。由此可见，孔子对宗法宗族秩序的重视。但由于当时社会环境的残酷，诸侯争霸以实力说话，实现统一还是需要通过残酷的战争来完成，孔子的学说没有被当时的诸侯采用。汉武帝时期，董仲舒在孔子的基础之上，对儒家学说进行改造，最终确立了儒家思想的独尊地位。儒家学说中强调的等级秩序也因此被作为官方意识形态的内容而受到重视，与基层社会的宗法制重新形成呼应态势。在社会上层，知识分子和官僚奉行宗法性的生活准则，表现为修身、内省的主观行为和对等级秩序的遵守。在基层，社会生活表现为人们对宗族秩序的奉行，具体表现为对宗族族长的绝对服从。汉武帝及其之后的君主总是乐于表彰宗族生活，也是为了实现宗族秩序和宗法秩序的更好衔接，以通过基层对等级秩序的遵守来实现政治层面的大一统局面。“统治者将宗法家族的伦理行为纳入地主政治的秩序，将血亲关系投射于君臣关系之上，以强固君臣的尊卑上下，反过来，又将君臣关系映射于血亲关系之上，使血亲秩序趋于政治化，从而使宗法道德几成政治操作守则。”① 宗法和宗族秩序的衔接具体体现为“忠”和“孝”的相辅相成。二者分别代表着“国”和“家”价值体系的核心。“忠”强调臣子对君主的竭诚尽责，“孝”强调孩子对父母及长辈的服侍顺从，二者都内含着对等级关系的认同。宋朝时期，理学家对宗族宗法制内含的等级秩序进一步固化。朱熹、张载等把宗族宗法秩序上升到天理的高度。尤其是张载，还对基层社会的宗族形态进行详细阐述，从而使宗族制更加完备。同时，他们还强调君主、家长和男性的权威，推崇君权、父权和夫权，森严的等级观念被进一步固化。

---

① 刘广明：《宗法中国——中国宗法社会形态的定型、完型和发展动力》，南京大学出版社2011年版，第50页。

经过理学家对宗族宗法秩序的完善，宗族形态进一步普及，成为主要的社会结构形式。在以男性为中心的宗族共同体中，族长处于核心地位，族田、祠堂、族谱、族规是维系宗族制的方式和手段。族长作为宗族内的最高首领，负责解决族内纠纷、处理日常事务，并对族内成员的行为进行监督。族田是宗族赖以存在的物质基础，一般来自地位较高或者经济实力较强的族员的捐赠，或者是由全体族员共同筹措而来。按照功能的不同，族田主要分为义田和祭田两种形式。义田主要用于开办学校、救济族民等；祭田主要用于安排祭祀祖先的活动。祠堂是宗族的活动中心，典礼的举行、重大事务的讨论以及对祖先的祭祀等，均在此举行。在宋代，由于祠堂的建立和官员品级相对应，只有在一些大臣家中才设有祠堂。后来，政府管控放松，民间祠堂逐渐建立，成为凝聚族人的象征。族谱是宗族的史书，记载族员血脉延续的情况。族谱除记载族内成员之外，还会对族员的科举仕途以及受表彰的情况等进行记录，以激励后人为宗族的荣誉贡献力量。族谱保证了族员的长久延续，同时还通过表彰族员的功绩等来增强族人的荣誉感。族规作为规范族内成员秩序的规章，分为以乡约为代表的外在制度性规范和以家训为代表的柔性伦理性约束。族规规定人际间的等级秩序以及在此之上形成的行为规范。在家训中，《颜氏家训》比较具有代表性，它由南北朝时期著名的教育家颜之推编写。家训对教育子女的原则、不同辈分之间相处之道、治家规范和做人操守等做出规定，以劝勉族员遵守规则、忠于宗族和国家。

明清时期，随着君主专制的加强，宗族不仅得到皇权的肯定，还承担起维护基层政治秩序的功能，发展成为集经济、政治、教化功能于一体的基层社会组织。宗族在协调社会成员的利益纠纷、规范族员的行为举止方面起着重要作用。此外，其还承担着保护族内成员的人身和财产安全、对贫困族员进行救济的义务。由此可见，宗族组织起到了维护基层秩序的作用，并通过对血缘关系和宗族荣誉的强调来凝聚人心。另外，由于宗法制是建立在血缘关系基础之上的，因而强化了中国人“亲亲”的伦理观念。在基层社会，宗族成员之间实现了血缘和地缘的结合。人们不仅彼此熟识，还具有血缘上的关联，由此形成了基层社会的“差序格局”。费孝通先生总结中国社会的基本特征时说：“以‘己’为中心，像石子一般投入水中，和别人所联系成的社会关系，不像团体中的分子一般大家立在一个平面上的，而是像水中的波纹一般，一圈圈推出去，愈推愈远，愈推愈薄。”① 这种社会形态强化了人际交往中的关系原则。人们在与他人的交往或者是处理公共事务时，依据的往往是亲疏远近关系而不是平等原则。宗族伦理中，对家长式权威尤为强调，父权、夫权使得子女对父亲、妻子对丈夫无条件服从。这种等级观念映射到政治领域，就演变为臣子对君主的无条件服从。由此，宗族伦理和政治伦理中的等级观念实现了逻辑上的对接。二者相互作用，演化为民众深层次的政治心理。这种政治心理以对权威的依附和等级尊卑观念为主要内容，强化着政治领域中的权威秩序，是君主专制制度得以长期延续的深层次支撑。

戊戌维新前后，由于以农业为主的经济基础没有得到根本性改变，外国的冲击也只是限定在有限的沿海区域内。因此，建立在小农经济基础之上的宗族社会结构也普遍地存在于广大农村地区。小说是一个民族的秘史，作家陈忠实的小说《白鹿原》完整生动地反映了20世纪初渭河平原上一个村庄的宗法制度。在白鹿村里，族长白嘉轩尽自己所能维护着封建伦理道德和等级秩序。他先是带领大家修建祠堂，作为宗法制度最重要的要素之一，祠堂是安放祖先牌位的场所，使人们产生对祖先的敬畏之情。此外，祠堂还承担着赏罚村民及调节矛盾的职能，因此也是一个重要的裁决场所。村里大小事务的商讨以及祭祀活动的开展也都在这里进行。辛亥革命发生后，族长白嘉轩就提出诸多疑问：没有了皇帝的日子怎么过？皇粮还纳不纳？② 这些疑惑反映出皇权思想在白嘉轩心中的根深蒂固性。他的姐夫朱先生，是一位精通儒学和传统礼教的人，撰写了《乡约》，为村民提供过日子的章法，包括“德业相劝”

① 费孝通：《乡土中国》，人民出版社2015年版，第30页。

② 陈忠实：《白鹿原》，人民文学出版社1993年版，第91页。

"过失相规""礼俗相交"等内容，字里行间反映出传统伦理道德观念。①《乡约》一出，随即得到村里其他重要人物的认可。白嘉轩要求16岁以上的男性村民每天晚上聚集在一起认真学习《乡约》内容，背记下来传给家里的妻儿。他还要求村民严格遵守《乡约》，不遵守的要予以惩罚。可见传统伦理道德在基层的巨大影响力。20世纪初的中国农村社会已是如此，那么在戊戌维新期间，宗法制的社会结构恐怕只能比《白鹿原》中反映的情况更加稳固。宗法制的社会结构及其赖以运行和存在的传统道德规范，一方面有助于维护基层社会的稳定，养成人们以和为贵的良好品德；另一方面也由于过于强调等级权威而泯灭了人的个性和自由发展，使得民众的臣民政治心理难以改变。即使是后来的辛亥革命推翻了君主专制，也很难在短时间内改变经过长时间形成并极为稳固的传统政治文化。这样一来，新建构的政治制度由于没有相应的政治文化的支撑而很难稳固下来。

三　完备的政治社会化方式

（一）儒家学说作为官方政治文化地位的确立

汉武帝时期，儒家学说被确立为官方政治文化之后，中国政治文化的发展主要表现为儒学的发展，具体体现为儒家学说对其他文化吸收、消化或者排斥的过程。儒家学说虽然经历了与道家学说以及佛学的交锋与碰撞，但是始终保持着政治文化的统领地位。这使得中国传统政治文化具有鲜明的特点。从汉武帝开始一直到晚清时期，中国传统政治文化如同奔流的江河一泻千里，而不是像西方的政治文化那样，经历了多个时期的变化发展而具有多元化的特征。儒家学说为什么会被定为官方政治文化，确立起思想领域的独尊地位呢？马克思在论述理论与政权的关系时，有过一段经典的论述："理论在一个国家实现的程度，总是取决于理论满足这个国家的需要的程度……理论需要是否会直接成为实践需要呢？光是思想力求成为现实是不够的，现实本身应当力求趋向思

---

① 陈忠实：《白鹿原》，人民文学出版社1993年版，第92—93页。

想。”①一方面，汉代的儒学家针对政治制度的变化，在先秦儒家思想的基础上进行了调整。“克己复礼”在孔子的思想中占有重要地位，这实际上是对西周以分封制和宗法制为代表的政治制度和在此基础之上形成的礼制的回归。汉代沿袭秦朝的中央集权君主专制制度，汉初的儒学家调整“克己复礼”的思想，转而为新的政治制度进行论证。重要表现之一就是董仲舒“天人感应”学说及其大一统思想体系的创立。另一方面，汉初统治者吸取秦朝二世而亡的教训，减少对百姓的暴政酷刑，先是尊奉黄老之学休养生息，恢复国力。到了汉武帝时期，国力有了一定的基础，开始采用董仲舒改造的儒家思想学说。儒家思想根据时代的变迁做出适时调整，统治者根据现实情况适时调整施政策略，二者相互配合，使儒家思想正好契合了政治统治的需求，儒学因而获得了思想文化领域的霸主地位。儒家学说通过对等级秩序以及纲常伦理的强调，与君主专制的政治制度相互配合。知识与权力的互动，使得中国传统的政治形态得以延续几千年。

问题的关键是，儒家思想被确立为官方的政治文化之后，统治者还采取了一系列政治社会化方式向民众传播相应的政治知识，臣民的政治文化逐渐养成并内化为民众深层次的政治心理。完备的政治社会化方式还保证了臣民政治文化的世代延续，社会的“自然人”演变为拥护君主专制制度的“政治人”。多样的政治社会化方式按照传播内容可以划分为明示和暗示两种类型。明示方式以传播政治知识和政治立场为主要内容，暗示方式则传播伦理道德观念等与政治领域不直接相关的内容，从而间接传达官方政治文化的理念。

（二）明示的政治社会化方式

明示的政治社会化方式主要包括教育、人才选拔以及强制性的排斥异端学说等。在中国传统的教育体制中，无论是政府主办的官学，还是民间兴起的私学，传授的都是儒家学说。自从汉武帝时期设置太学，并下令全国各地都要设置相应的官办学校之后，全国性的官办学校体系就

① 《马克思恩格斯选集》（第一卷），人民出版社2012年版，第11页。

成为传播儒家思想的主要阵地。官学使用的教材基本上是儒家经典，其授课老师也都是精通儒学的儒生。秦朝灭亡之后，汉代及其以后的统治者意识到，一味地对私人教育的禁止不是明智之举，会引起人们强烈的逆反心理。反之，如果对私学进行适当引导，不仅可以节省政府在兴办教育方面的财政支出，还可以使之与君主专制统治相适应。政府通过规范使用教材、鼓励学校传播儒家思想等方式，使私学逐渐成为与官学相呼应的教育体系。尤其是兴盛于宋朝的书院，作为私学最高级别的学府，以传播儒家义理之学而著称，培养了一大批儒学积淀深厚的学生。君主专制发展到后期，统治者越发重视对人们的思想控制，儒家学说在阐释方面更加单一化。南宋儒学大师朱熹所著的《四书章句集注》，作为解释儒家经典的最权威读本，成为官学和私学的必读教材。

如果说纯粹的儒家学说和现实的政权之间还存在某种张力的话，那么人才选拔机制的确立在很大程度上消解了这种冲突。由于古代对治国理政的重视，人才的选拔多表现为政治官僚的录用。因此，人才选拔方式也可以称为政治录用的方式。汉代的政治录用实行的是察举制，主要是指地方长官把在基层发现的符合标准的人才上报给中央，再由中央进行考核，决定是否任命其官职的制度。察举制选拔人才的标准就包括儒学倡导的忠、孝等伦理道德规范。经由这样的标准选拔出来的人才，一般对君主专制的认同度也较高。科举制在隋朝初创之后不断发展，为政治系统输送了大量人才，对中国的政治、社会都产生了深远影响。首先，传统社会阶层流动性小，普通人进入上层社会的唯一机会就是参加科举。现实利益的驱动使读书人对参加科举考试乐此不疲。科举考试的内容为儒家学说，这便大范围地传播了儒家思想。人们在学习的过程中不自觉地对儒家思想予以认同，儒家学说为政权合法性进行的论证也自然为读书人所接受，从而形成相应的政治文化。其次，准备科举考试占据了读书人的大部分精力，他们埋首于儒家经典及相关诠释类著作，对现实政治问题的关注、反思和批判则相应减少。如果有幸通过努力考取了功名，正式进入官僚系统，权力、荣誉和地位就会随之而来，读书人对政权的批判动机就更加减弱。知识分子出于经世致用的观念，选择在体制内为国家效劳。在此过程中，他们会自然倾向于维护现存政权，从而保存自己的既得利益。这种现状既扩大了现存政权的合法性，又巩固了臣民政治文化的基础。知识和权力的结合，使古代读书人少了一份知识分子的自由和独立，多了一份对权力的依附和崇拜。

科举制度的完善，很大程度上消解了儒家的政治理想和现实政治的不一致性。激励机制的存在使得读书人把考取功名作为最主要的目标。如果说之前备考的过程中还有在理想的指引下改变现实的想法的话，那么一旦考取功名，这种与政治体系之间的张力就转化为对现实政治的维护和合法性论证。由此，官方意识形态与君主专制的政治制度之间实现了高度的契合。在此种模式下又形成极为稳固的政治文化，这种政治文化以对权力的依附为主要标志，少有独立、自由的主体意识，是以等级观念、对皇权的认同等为主要内容的臣民政治文化类型。

政治社会化方式除科举制采取的激励机制之外，还有排斥异端学说的惩罚机制用以加强官方意识形态的灌输。封建王朝的统治者为了保持儒家思想的官方意识形态地位，更好地维护政权的长治久安，采取一系列强制性措施对人们进行思想控制。告密之风为许多统治者所采用，政府通过设置专门的机构接收群众告密信息，鼓励群众揭发身边持有异见之人，从而打击异端分子。这种方式使人性之恶尽显无遗，同时也导致许多人被诬陷错判。另一个具有代表性的文化专制措施是文字狱。明清时期，文字狱愈演愈烈，其波及范围之广与惩罚程度之深，与之前朝代相比，都更加严重。清代统治者在一些书籍、答卷或者奏折中捕风捉影，只要看到有触犯皇权意思的文字，不问证据和文字的本意，就对当事人进行严厉惩处，处以极刑或者满门抄斩的情况屡见不鲜。这些排斥异见的强抑制做法起到了明显的警示效果。尤其是清代中后期，学术界万马齐喑。知识分子鉴于统治者对思想的极端控制，都纷纷转向考据学，他们把主要精力放在对古书的整理和完善工作上，而很少有创新性思想学说的出现。

（三）暗示的政治社会化方式

除明示的政治社会化方式之外，暗示政治社会化方式的存在将儒家学说的传播范围进行了更大程度的扩展，使广大民众形成了对官方意识形态的认同，并内化为深层次的臣民政治心理。

在广大基层社会，宗族作为基本单位，对政权的认同程度直接决定着统治的稳固与否。尤其是在以农业生产为主要经济形态的传统中国，由于人口的流动性小，建立在血缘基础上的宗族成为每个人政治社会化的最初和最重要的场所。在长期的历史演变中，家国同构的结构更是凸显了宗族的政治社会化功能。人们在宗族这种基层组织中，一方面感受到了归属感和安全感；另一方面也形成了权威和等级观念。在宗族中，长辈对后辈的教育内容主要是儒家学说所倡导的伦理道德。人们在日常生活中需要恪守一整套严格的行为规范。通过对个人行为的约束，传统道德规范的生命力得以延续。人们从小接受这种细致而严格的道德约束，忠孝观念、对权威的服从以及安分守己的性格早已内化于心。这些观念反映到政治领域，就表现为依附皇权的臣民政治心理。

由于科举制设置了多层阶梯，即使没有考中最高层级的进士，失去进入官僚系统的机会，那些考取了较低层级功名的人也有机会成为基层的乡绅，作为普通民众与官僚之间的中间阶层。乡绅在基层承担着重要职能，包括组织人员修建公共设施、编写地方志、参与祭祀活动，等等。当自然灾害发生之时，乡绅承担起救济灾民的任务；在基层骚乱发生之时，他们在官方授权下招募民间军事力量以平定叛乱。有鉴于此，乡绅在基层社会享有较高的威望。他们利用在基层中建立起的威望对民众进行教化，内容以传统道德礼教为主，这与官方的意识形态相一致，都强调等级秩序观念和对皇权的顺从。乡绅的教化职能主要体现在如下方面。首先，地方的学校常常由乡绅负责主持。他们致力于筹措学校经费、组织学生入学等，同时进行儒家文化的宣传，维护传统纲常伦理。其次，乡绅会经常把村民召集起来，聚众讲解官方钦定的道德教化读本，并对较好恪守封建道德的个人或者家庭进行表彰。因此，在广大农村地区，民众臣民政治心理的形成很大程度上归功于乡绅的教化。

除了宗族、乡绅教化的方式，统治者对严格奉行忠孝、节烈等传统道德之人的表彰，也是暗示的政治社会化方式之一。此种方式旨在通过对封建礼教的宣扬而达到教化民众的效果。中国传统社会中，明示与暗示相结合、奖励与惩罚机制并用的政治社会化方式有效地传播了儒家政治学说。尤其是政治录用和专制政权的结合，基层的礼教教化和对等级秩序的宣扬，更是进一步固化了儒家学说的政治文化霸主地位。儒家学说中，维护皇权的内容凸显，并内化于人们的心中，形成根深蒂固的等级观念，臣民政治心理由此稳固地存在于传统社会之中。

戊戌维新期间，虽然维新思想家一直在努力宣传西方政治文化学说，想要在中西文化之间寻求更好的融合状态，但是其影响也仅限于精英阶层的范围内。维新思想家对中西政治文化的整合显然也没有在精英阶层内部达到一致认同。《劝学篇》就是张之洞不认同维新派所倡导的政治思想的体现，他的态度是鲜明的，认为中国传统政治文化的立场不能改变，这是民族独立性得以保存的核心要义。而光绪皇帝对《劝学篇》的支持态度更是反映了统治阶层对于儒家政治学说正统地位的维护。他下令将《劝学篇》在官僚系统中分发，以供官员阅读和学习。儒家学说作为官方意识形态的地位没有改变。作为传播其思想的重要渠道，学校教育体系，虽然在戊戌维新期间被提出要予以改革，主要体现为增加西学学习内容，但是新式学堂的建立也仅限于小部分地区。在广大基层，旧式私塾和书院仍然占据教育体系的主体。通过新式学堂进行新知识的学习的学生在受教育的总人数中只占很小一部分比例。科举制虽然有所改革，八股取士被废除，增加了新学的考试内容。然而随着戊戌政变的发生，科举改革被中止。何况在当时，大部分地方对改革持观望态度，只有极少部分地区对改革措施予以施行。在戊戌维新期间，科举制在整个中国社会的重要地位还没有被彻底动摇。即使是像严复这样的著名学者，也由于没有成功考取科举功名而受到一些人的质疑。他本人对这个事实也深表无奈，而不是从根本上质疑科举制的合法性。传统社会中形成的完备的政治社会化机制虽然有所松动，但是在戊戌维新期间还没有得到根本性的改变。因此，臣民政治心理得以留存并继续影响近代中国的政治走向。

余　论

戊戌维新作为中国近代史上一场自上而下的变革运动，其产生有鲜明的时代背景。持续不到一年的甲午战争，作为中日两国现代化成果的较量，以中国的失败告终。中日签订《马关条约》，领土主权和经济主权进一步丧失。自此之后，列强对中国的资本输出逐渐加大，纷纷在中国开办工厂、修建铁路、抢夺租借地等，掀起瓜分中国的狂潮，中国的社会危机大幅度加深。昔日向中国学习的一个小邦，如今却迫使中国对其割地赔款，并且数量之庞大实属前所未有，残酷的现实刺激着每一个有良知的中国人的神经。

以康有为、梁启超等为代表的维新派知识分子由此认识到，洋务运动仍然不足以帮助国家实现主权的独立和民族的富强。他们在失望的同时不放弃对国家未来的美好期望，继续寻求令沉睡的国家觉醒的药方。他们痛定思痛，把中国积贫积弱的原因归结到政治制度方面，认为君主专制的制度形式抑制了社会活力，阻碍了政府效率的提高，使国家陷入停滞不前的状态之中，由此对君主专制的合法性提出挑战。

维新派成员在吸收西方政治学说的基础上，从社会契约的角度，探讨君主的起源，对君主的独尊地位提出质疑。他们将西方民主学说和中国传统民本思想进行融合，探讨了君主权力的来源。认为社会开始形成之时，并没有所谓的君主和臣民之分，大家都是平等的地位，只不过人们彼此之间不能相互管理，也没有闲暇进行管理，于是共同推选出君主。这就说明了君主的权力并非上天赐予的，而是人民给予的。国家是属于全体社会成员的政治实体，不仅仅属于统治者，也属于被统治者，是全体成员利益的综合。

维新派还着眼于君主专制给国家和社会带来的不利影响，对旧制度进行批驳。康有为认为，君主专制尤其注重对等级关系的强调，旨在通过森严的等级制度维持统治秩序。这种人与人之间不平等的关系导致统治者和民众之间的沟通不畅。

皇帝无法熟知世界发展大势，也无法真正了解民情，而民众也没有正常的渠道用以表达自身利益诉求。此外，君主专制还以统治阶层的利益为根本目的，损害了广大民众的利益。统治者为了保持政治稳定，就加强对秩序的维护，不利于中国应对现代化进程中的国家竞争。具体地说，由于君主专制的存在，民众中间无法形成社会力量，来促进经济的发展、维护自身的利益。广大的基层社会毫无活力可言。久而久之，国家发展也随之陷入停滞的泥潭而无法自拔，最终导致中国为西方列强所蹂躏。

在对君主专制批判的基础上，维新派知识分子以自由、平等思想为基础，主张对政治制度进行革新。他们提出，变君主专制制度为君主立宪制度，从而实现上通下达，激发社会活力，促进中国的现代化进程。维新派为此提出了建立君主立宪制度的一整套方案。首先是制定一部对君主和民众同样具有约束力的宪法。如此一来，权力在各个国家机构之间有着明确的界限，保障了政治秩序的平稳运行。其次是设议院。给予民众参与决策国家大政方针的权利。广集群议、博采舆论，有利于制定出更加合理的政策。设议院是实现民权的最有效途径，而要充分发挥好议会制定国策、监督政府的功能，就必须提高民智水平。维新派知识分子意识到，几千年的君主专制实行愚民政策，使民智的总体水平不高。于是他们身体力行，办报刊、兴学校，通过多种方式提高民智水平。

维新派知识分子的政治思想虽然在具体的细节方面有所差异，但是他们在变革君主专制为君主立宪制度方面具有一致性。在国家危机日益严重的背景下，维新派知识分子从政治制度层面反思落后的根源，认为君主专制抑制了社会活力，导致国家发展停滞不前，并从不同角度对专制制度进行批判。他们也从中国与西方的交锋中认识到西方政治制度的先进性，因此主张通过设议院、定宪法、三权分立等方式初步建构君主立宪制度，为富国强兵提供制度保障。在变革方式上，他们认识到，制度的变革不是一蹴而就的，需要长时间进行逐步适应。因此主张实行从上至下的渐进变革，反对激进的革命方式，避免像法国大革命那样由于过度激进而导致大量流血牺牲现象的发生。采取渐进方式的另外一个原因还在于维新派意识到民智的水平还不能够完全匹配上先进的民主制度。因此要循序渐进，启发民智，为制度的更新提供动力。难能可贵的是，在对制度的反思中，维新派还从传统政治文化的角度进行反思，对封建纲常伦理进行了深刻的批判。这在近代史上是开风气之先的，启发着人们正确看待中西方政治文化各自的特点。

政治思想运用于实际还需要一个艰难的过程。以康有为为代表的维新派为此身体力行，他们通过上书等方式影响统治阶层。同时还采取开学堂、建学会、办报纸等方式宣传自己的政治思想和主张，积蓄变法力量。他们的努力最终得到了光绪皇帝和一些思想较为开明的大臣的认可。一场旨在实现民族独立和国家富强的变法运动开始了。1898 年的百日维新，是一场涉及政治、经济、军事、教育等多个领域的改革。政治上广开言路，准许官民上书言事，取消职能重叠的衙门，裁汰没有实际职能的官员；经济上设立专门的机构保护和鼓励民营工商业的发展；军事上取消绿营，增添海军，精练陆军，改变武举考试，实行征兵制；教育上废除八股，增加经济特科，设立京师大学堂，地方设立中小学堂，同时学习儒学和西学。然而，变法措施并没有得到负责实施的官员的积极响应，他们出于统治高层内部权力博弈的顾虑，对变法采取观望态度。更重要的是，百日维新中提出的各项措施，多是涉及具体体制层面的改革，并没有涉及维新派一开始提出的从根本上变革政治制度的主张。即便如此，由于变法没有在统治阶层内部达成共识，反而激化了以光绪皇帝为首的帝党和以慈禧太后为首的后党之间的权力斗争。由于支持变法的帝党力量薄弱，百日维新最终被保守势力绞杀，各项措施的施行被迫中止。维新派旨在通过制度变革挽救民族危机的初衷没有实现，从这个角度来说，戊戌维新是失败的。

戊戌维新变革政治制度的目标没有实现，民族危机仍旧存在，这种结果的产生固然有利益争夺和权力博弈的因素。但是从更深层的角度来说，政治文化与政治制度不相适应的现实也决定了戊戌维新失败的结局。政治文化和政治制度作为政治体系的两个内容，二者的相互配合促进政治秩序的稳定。其中，政治制度是显性结构，是政治文化的外在表现形式；政治文化是隐性结构，具有深层次特点。政治文化作为政治体系的隐性结构，对政治制度的建构、维系和运行起着重要的支撑作用。在戊戌维新运动中，传统的臣民政治文化仍然占据主流，而与君主立宪制度相适应的自由、民主、平等的政治文化影响范围极为有限。既有的政治文化并没有对新型政治制度形成稳固的支撑。这具体通过以下三个方面体现。

首先，在政治文化的主体分层方面，表现为精英政治文化与大众政治文化非同步、不一致性。以先进知识分子为代表的社会精英阶层由于具备深厚的学识、广阔的视野和丰富的社会资源，最先接触到西方先进的政治思想。现实的政治危机催促着他们寻求救国之道，新接触的西方政治思想正好回应了他们的疑问。以维新派为代表的先进知识分子对自由、平等、民权等政治思想进行消化吸收。接着，他们从两个方面进行努力。一是对政治制度进行顶层设计，规划出大致的蓝图。主要包括政体类型的选择、具体政治机构的设置和各个机构之间的地位关系，制度变更是采取彻底革命的激进的方式，还是与现实妥协，采取较为温和的变革方式等。维新派知识分子根据当时中国的形势和现状，认识到政治制度的变革不是一蹴而就的，而是一个循序渐进的过程。因此，他们主张在中国建构起君主立宪的政治制度，并提出设议院、兴民权、三权分立等一些具体的实现举措，同时主张采取改良而非革命的方式实现和平过渡。二是对政治思想予以宣传。这涉及政治社会化理论。如果政治社会化较为成功，那么大众的政治心理就会发生转变，原来传统的政治心理逐渐瓦解，新的政治心理就建构起来。此种情况下，精英和大众的政治文化表现为同步性，政治制度的建构一般会较为成功。政治社会化如果不彻底，精英和大众政治文化存在很大差距，大众政治心理无法形成对新建构的政治制度的认同，变革的成果一旦遇到反对力量的冲击，就很难巩固。

反观戊戌维新，其政治思想的宣传范围仅限于知识分子和统治阶层等社会精英阶层。广大地区的普通民众对于其倡导的新型政治文化并不了解，他们仍然固守着传统的政治文化，具体表现为求稳保守、反对变革、对皇权的依附和崇拜等，这些政治文化因素对君主专制制度形成稳固支撑。因此，戊戌维新在政治文化影响的广度上是极为有限的。

其次，在政治文化的整合方面，表现为传统和外来的政治文化没能完成融合。政治文化的转变需要一个长期的过程，无法在短时间实现彻底改造。传统政治文化经过长时间演变，早已在人们心中形成根深蒂固的观念，深深地扎下了根。人们信奉旧有的政治文化，不是理性思考的结果，而是一种习惯，人们心里的潜台词是："过去就是这样做的，必然有其中的道理。"社会转型期，政治文化往往呈现出极为复杂的状况，多种政治文化并存，你方唱罢我方登场，任何一种政治文化都很难笼络大部分民众的心。传统政治文化受到外来政治文化的冲击，开始消解；外来政治文化受到传统政治文化的抵制，很难稳固地达成共识。传统政治文化与外来政治文化呈现出此消彼长的情形。此种情况下，政治文化很难形成对已经建构起来的政治制度的内在支撑，只会消解现存政治制度的合法性。因此，对传统和外来的政治文化进行融合是一种让人们接受新型政治制度的最便捷方式。整合成功，人们达成共识，政治变革成为顺理成章之事；整合失败，政治文化呈现破碎状态，政治制度的变革也很难成功。在戊戌维新中，变法推动者内部就存在观念上的分歧。光绪皇帝与维新派虽然都主张变革，学习西方，但是在变革的程度上并不一致。维新派在百日维新期间多次上书光绪皇帝，要求实行设议院等涉及根本政治制度变革的措施，但是始终没有得到光绪皇帝的回应。相反，张之洞的文章《劝学篇》，主要内容是针对维新派变革传统政治文化的主张进行批判，却得到光绪皇帝的赞赏，要求中央和地方大臣进行认真阅读。即使是在维新派知识分子内部，也并没有对中西方政治文化进行深入透彻的研究。他们的思想创立多浮于表面，具有服务于现实政治变革的功利性。然而中国传统政治文化历经几千年的发展，有自身严谨和完整的逻辑结构，并非和西方政治文化的简单融合就可以实现文化的内部契合。此外，维新派知识分子在对中西政治文化的融合上，思想的变动不居也时有发生，稳固的观点和理论体系尚未形成。比如严复，在戊戌政变前主张建构君主立宪制度，然而后来又以民智尚未开启为由反对君主立宪的建构。他一方面大力引进西方政治学说，然而另一方面维护封建礼教，反对白话文改革。种种事实表明，在政治文化的整合方面，戊戌维新并没有完成中西政治文化的融合，浮于表面的对中西政治文化的简单取舍并不能形成对君主立宪的稳固支撑。

最后，在政治文化的层次结构方面，表现为表层政治文化没能完成向深层政治文化的演变。表层政治文化主要指涉政治思想，深层政治文化主要指涉政治心理。一般而言，以先进知识分子为代表的社会精英阶层，由于具有相对开放包容的态度，容易接受外来的政治思想。而社会大众的政治心理是一种深层次的观念积淀，很难一时间实现扭转。值得注意的是，政治文化转变的层次具体达到什么程度，还取决于政治文化是内生型还是外源型的生成机制。具体而言，如果一种政治文化是在该国经济社会发展的基础上自然形成的，那么政治文化就是内生型的生成机制，这符合马克思主义中社会存在决定社会意识的基本原理。此种情况下，政治文化的深层次转变就较为容易发生，政治制度变革成果也随之巩固下来。相反，如果政治文化是从外国移植而来，与本国的社会经济条件相差甚远的话，即使知识分子对先进政治思想予以接受，并不遗余力地进行宣传，也很难实现政治文化的深层次演变，政治制度的变革成果也因而很难巩固下来。戊戌维新中，知识分子倡导的新型政治文化并没有实现向深层次政治心理的转变。中国的现代化进程是在西方列强的军事打击下被迫开启的，是一种外源型的现代化进程。外国的侵略虽然对中国的经济、社会结构形成一定冲击，中国的自然经济开始解体。然而，由于传统中国的经济、社会、文化结构相互配合，形成了一个超稳定的传统模式。于是，外国的冲击，无论是在经济还是文化领域，都是极为有限的。在戊戌维新期间，广大农村地区仍然以小农经济为主要形态，宗法制仍然是社会的主要结构，科举制没有废除，儒家政治学说和道德规范仍然牢固地存在于人们的思想之中。因此，民众的臣民政治心理极为稳固，很难在短时间内实现改变。从政治文化的演变层次上来说，戊戌维新期间所倡导的新型政治文化仅仅停留在浅层次的政治思想方面，并没有演变为人们心中深层次的政治心理。

鉴于以上三点，戊戌维新在政治文化方面所进行的努力并没有形成对君主立宪制的稳固支撑。政治文化的影响范围有限，中西政治文化整合没有完成，政治思想没有实现向政治心理的转变。因此，其变君主专制为君主立宪的主张没有成为政治现实。戊戌维新已经发生 120 年有余，维新派想要实现国家独立的愿望早已变为现实，中华民族也在向复兴的道路上迈进。社会主义民主制度的优势使中国的现代化进程快速且顺畅。从政治文化对政治制度的影响角度来说，良好的发展态势启发我们要继续坚持社会主义政治文化，从而促进现行制度的良序运行。

参考文献

一　中文参考文献

（一）著作类

白钢主编：《中国政治制度史》，社会科学文献出版社2007年版。
白钢主编：《中国政治制度通史》，人民出版社1996年版。
北京大学哲学系外国哲学史教研室编译：《十八世纪法国哲学》，商务印书馆1979年版。
蔡尚思等编：《谭嗣同全集》（增订本上册），中华书局1981年版。
蔡尚思等编：《谭嗣同全集》（增订本下册），中华书局1981年版。
曹沛霖主编：《外国政治制度》，高等教育出版社1992年版。
陈元晖等编著：《中国古代的书院制度》，上海教育出版社1981年版。
陈忠实：《白鹿原》，人民文学出版社1993年版。
辞海编辑委员会编：《辞海》，上海辞书出版社1980年版。
丛日云、王志泉、李筠：《传统政治文化与现代政治文明——一项跨文化研究》，社会科学文献出版社2014年版。
董仲舒：《春秋繁露》，中华书局2012年版。
《法家著作选读》编辑组编：《〈荀子〉选注》，北京人民出版社1976年版。
范文澜：《中国近代史》，人民出版社1955年版。
《费孝通文集》（四），群言出版社1999年版。
费孝通：《乡土中国》，人民出版社2015年版。
冯桂芬：《校邠庐抗议》，上海人民出版社2002年版。

高放主编：《社会主义大辞典》，河南人民出版社 1988 年版。
故宫博物院明清档案部编：《义和团档案史料》（上），中华书局 1959 年版。
《顾准文集》，贵州人民出版社 1995 年版。
胡绳：《从鸦片战争到五四运动》（简本），华东师范大学出版社 2014 年版。
黄铭、曾亦译注：《春秋公羊传》，中华书局 2016 年版。
黄朴民：《何休评传》，南京大学出版社 1998 年版。
翦伯赞等编：《戊戌变法》（一），神州国光社 1953 年版。
翦伯赞等编：《戊戌变法》（二），神州国光社 1953 年版。
翦伯赞等编：《戊戌变法》（三），神州国光社 1953 年版。
翦伯赞等编：《义和团》（Ⅰ），神州国光社 1957 年版。
姜义华、吴根梁编：《康有为全集》（一），上海古籍出版社 1987 年版。
蒋廷黻：《中国近代史》，民主与建设出版社 2017 年版。
康有为：《大同书》，古籍出版社 1956 年版。
康有为：《康南海自编年谱》（外二种），中华书局 1992 年版。
李侃等：《中国近代史：1840—1919》（第四版），中华书局 2018 年版。
李良栋、侯少文、刘春主编：《新编政治学原理》，中共中央党校出版社 2001 年版。
李穗梅：《三星旗下誓抗英：三元里人民抗英斗争纪念馆》，中国大百科全书出版社 1998 年版。
《梁启超文集》，北京燕山出版社 1997 年版。
梁启超：《戊戌政变记》，江苏广陵古籍刻印社影印版，1990 年。
梁启超：《饮冰室合集》（一），中华书局 1989 年版。
林语堂：《中国人》，浙江人民出版社 1988 年版。
刘广明：《宗法中国——中国宗法社会形态的定型、完型和发展动力》，南京大学出版社 2011 年版。
刘泽华：《中国的王权主义》，上海人民出版社 2000 年版。
《鲁迅全集》（六），人民文学出版社 1981 年版。

《鲁迅全集》(一)，人民文学出版社2005年版。
闾小波：《近代中国民主观念之生成与流变：一项观念史的考察》，江苏人民出版社2012年版。
闾小波：《中国早期现代化中的传播媒介》，上海三联书店1995年版。
《论语》，中华书局2016年版。
罗荣渠：《现代化新论——世界与中国的现代化进程》，北京大学出版社1993年版。
罗荣渠：《现代化新论——中国的现代化之路》(增订本)，华东师范大学出版社2018年版。
《马克思恩格斯全集》(第七卷)，人民出版社2016年版。
《马克思恩格斯全集》(第十二卷)，人民出版社2016年版。
《马克思恩格斯选集》(第二卷)，人民出版社2012年版。
《马克思恩格斯选集》(第一卷)，人民出版社2012年版。
《孟子》，中华书局2017年版。
浦兴祖主编：《中华人民共和国政治制度》，上海人民出版社2005年版。
溥仪：《我的前半生》，群众出版社2003年版。
齐如山：《齐如山回忆录》，辽宁教育出版社2005年版。
《尚书》，中华书局2012年版。
《尚书》，中华书局2016年版。
邵德门：《中国近代政治思想史》，法律出版社1983年版。
《诗经》，中华书局2015年版。
司马迁：《史记·孟子荀卿列传》(七)，中华书局2014年版。
司马迁：《史记·秦始皇本纪》(一)，中华书局2014年版。
谭嗣同：《仁学》，中州古籍出版社1998年版。
汤志钧编：《康有为政论集》(上)，中华书局1981年版。
汤志钧编：《康有为政论集》(下)，中华书局1981年版。
汤志钧等编：《中国近代教育史资料汇编：戊戌时期教育》，上海教育出版社1993年版。

汤志钧：《戊戌变法史》（修订本），上海社会科学院出版社 2003 年版。
王沪宁：《比较政治分析》，上海人民出版社 1987 年版。
王铭铭：《溪村家族——社区史、仪式与地方政治》，贵州人民出版社 2004 年版。
王浦劬等：《政治学基础》（第三版），北京大学出版社 2014 年版。
王栻主编：《严复集》（第四册），中华书局 1986 年版。
王栻主编：《严复集》（第五册），中华书局 1986 年版。
王栻主编：《严复集》（第一册），中华书局 1986 年版。
王韬：《弢园文录外编》（近代文献丛刊），上海书店出版社 2002 年版。
王宪明、张勇、蔡乐苏：《戊戌变法史》（述论稿），清华大学出版社 2001 年版。
《魏源集》，中华书局 1976 年版。
翁同龢：《翁文恭公日记》（三十七），商务印书馆 1925 年版。
萧公权：《翁同龢与戊戌维新》，中国人民大学出版社 2014 年版。
《荀子》，中华书局 2001 年版。
严中平等编：《中国近代经济史统计资料选辑》，中国社会科学出版社 2012 年版。
苑书义等主编：《张之洞全集》，河北人民出版社 1998 年版。
张国辉：《洋务运动与中国近代企业》，中国社会科学出版社 1979 年版。
张鸣：《乡村社会权力和文化结构的变迁（1903—1953）》，广西人民出版社 2001 年版。
张鸣：《乡土心路八十年：中国近代化过程中农民意识的变迁》，上海三联书店 1997 年版。
张鸣：《重说中国近代史》，中国致公出版社 2012 年版。
张品兴主编：《梁启超全集》（五），北京出版社 1999 年版。
张之洞：《劝学篇》，湖北人民出版社 2002 年版。
赵尔巽等撰：《清史稿》（卷二十一），中华书局 1976 年版。
中国蔡元培研究会编：《蔡元培全集》（五），浙江教育出版社 1997

年版。
中国第一历史档案馆：《康熙朝汉文朱批奏折汇编》（第一辑），档案出版社 2010 年版。
中国社会科学院语言研究所词典编辑室编：《现代汉语词典》，商务印书馆 2012 年版。
中国史学会编：《鸦片战争》（二），神州国光社 1954 年版。
中国史学会主编：《戊戌变法》（Ⅰ），神州国光社 1953 年版。
《中华人民共和国宪法》，法律出版社 2018 年版。
中华书局编：《清实录》（第四十九册），中华书局 1987 年版。
周振甫译注：《诗经译注》（修订本），中华书局 2010 年版。
周宗奇：《文字狱纪实》（上），中国友谊出版公司 1993 年版。
朱寿朋编：《光绪朝东华录》（四），中华书局 2016 年版。
朱熹：《四书章句集注·孟子集注》，中华书局 2012 年版。
［德］黑格尔：《历史哲学》，王造时译，上海书店出版社 1999 年版。
［德］马克斯·韦伯：《儒教与道教》，洪天富译，江苏人民出版社 1995 年版。
［德］马克斯·韦伯：《新教伦理与资本主义精神》，马奇炎、陈婧译，北京大学出版社 2012 年版。
［法］费尔南·布罗代尔：《文明史纲》，肖昶等译，广西师范大学出版社 2003 年版。
［法］孟德斯鸠：《论法的精神》（上），张雁深译，商务印书馆 1982 年版。
［法］莫里斯·迪韦尔热：《政治社会学——政治学要素》，杨祖功、王大东译，华夏出版社 1987 年版。
［法］让-雅克·卢梭：《论人类不平等的起源和基础》，高修娟译，译林出版社 2015 年版。
［法］让-雅克·卢梭：《社会契约论》，何兆武译，商务印书馆 1982 年版。
［法］托克维尔：《旧制度与大革命》，冯棠译，商务印书馆 1992 年版。

[法] 托克维尔：《论美国的民主》（上），董果良译，商务印书馆 1988 年版。

[古希腊] 修昔底德：《伯罗奔尼撒战争史》，谢德风译，商务印书馆 1960 年版。

[古希腊] 亚里士多德：《政治学》，吴寿彭译，商务印书馆 1965 年版。

[荷兰] 斯宾诺莎：《神学政治论》，温锡增译，商务印书馆 1982 年版。

[加拿大] 阿尔维托·曼古埃尔：《阅读史》，吴昌杰译，商务印书馆 2002 年版。

[美] R. 麦克法夸尔、费正清编：《剑桥中华人民共和国史：革命的中国的兴起（1949—1965 年）》（上卷），谢亮生等译，中国社会科学出版社 1990 年版。

[美] 埃·弗洛姆：《为自己的人》，孙依依译，生活·读书·新知三联书店 1988 年版。

[美] 戴维·伊斯顿：《政治生活的系统分析》，王浦劬主译，人民出版社 2012 年版。

[美] 道格拉斯·C. 诺思：《经济史中的结构与变迁》，陈郁等译，上海人民出版社 1994 年版。

[美] 道格拉斯·C. 诺思：《制度、制度变迁与经济绩效》，杭行译，格致出版社 2008 年版。

[美] 凡勃伦：《有闲阶级论：关于制度的经济研究》，蔡受百译，商务印书馆 1964 年版。

[美] 费正清、刘广京编：《剑桥中国晚清史：1800—1911 年》（上卷），中国社会科学院历史研究所编译室译，中国社会科学出版社 1985 年版。

[美] 费正清、刘广京编：《剑桥中国晚清史：1800—1911 年》（下卷），中国社会科学院历史研究所编译室译，中国社会科学出版社 1985 年版。

[美] 韩丁：《翻身——中国一个村庄的革命纪实》，韩倞等译，北京出版社 1980 年版。

[美] 汉密尔顿、杰伊、麦迪逊:《联邦党人文集》,程逢如等译,商务印书馆 1980 年版。

[美] 吉尔伯特·罗兹曼主编:《中国的现代化》,陶骅等译,上海人民出版社 1989 年版。

[美] 加布里埃尔·A. 阿尔蒙德、西德尼·维伯:《公民文化》,徐湘林等译,华夏出版社 1989 年版。

[美] 阿尔蒙德、小鲍威尔主编:《当代比较政治学——世界展望》,朱曾汶、林铮译,商务印书馆 1993 年版。

[美] 卡尔·A. 魏特夫:《东方专制主义:对于极权力量的比较研究》,徐式谷等译,中国社会科学出版社 1989 年版。

[美] 康芒斯:《制度经济学》,于树生译,商务印书馆 1962 年版。

[美] 马士、宓亨利:《远东国际关系史》(下册),姚曾廙等译,商务印书馆 1975 年版。

[美] 迈克尔·G. 罗斯金等:《政治学与生活》,林震等译,中国人民大学出版社 2014 年版。

[美] 乔·萨托利:《民主新论》,冯克利、阎克文译,东方出版社 1993 年版。

[美] 塞缪尔·亨廷顿:《变革社会中的政治秩序》,李盛平等译,华夏出版社 1988 年版。

[美] 斯塔夫里阿诺斯:《全球通史:从史前史到 21 世纪》(下),吴象婴等译,北京大学出版社 2006 年版。

[美] 托马斯·潘恩:《潘恩选集》,马清槐等译,商务印书馆 1981 年版。

[美] 威尔伯·施拉姆等:《传播学概论》,陈亮等译,新华出版社 1984 年版。

[美] 西摩·马丁·李普塞特:《政治人:政治的社会基础》,郭为桂、林娜译,江苏人民出版社 2013 年版。

[日] 吉田茂:《激荡的百年史——我们的果断措施和奇迹般的转变》,孔凡、张文译,世界知识出版社 1980 年版。

［意］加林：《意大利人文主义》，李玉成译，生活·读书·新知三联书店 1998 年版。

［意］马基雅维利：《君主论》，潘汉典译，商务印书馆 2001 年版。

［英］阿诺德·汤因比：《历史研究》（上卷），郭小凌、王皖强等译，上海人民出版社 2016 年版。

［英］赫胥黎：《进化论与伦理学》，宋启林等译，北京大学出版社 2010 年版。

［英］霍布斯：《利维坦》，黎思复、黎廷弼译，商务印书馆 1985 年版。

［英］洛克：《政府论》（下），瞿菊农、叶启芳译，商务印书馆 1981 年版。

（二）期刊类

曹正汉、张晓鸣：《郡县制国家的社会治理逻辑——清代基层社会的“控制与自治相结合模式”研究》，《学术界》2017 年第 10 期。

晁中辰：《雍正朝的密折制度》，《文史哲》2002 年第 2 期。

陈喜波、韩光辉：《中国古代“大一统”思想的演变及其影响》，《中共中央党校学报》2005 年第 3 期。

丁守和：《关于近代史人物研究和评价问题》，《近代史研究》1983 年第 4 期。

甘阳等：《康有为与制度化儒学》，《开放时代》2014 年第 5 期。

高秉涵：《试论儒家“大一统”思想》，《济南大学学报》（社会科学版）2010 年第 1 期。

公丕祥、李义生：《商品经济与政治文化观念》，《政治学研究》1987 年第 1 期。

郭钦：《义和团排外评析》，《贵阳文史》2001 年第 1 期。

郭卫东：《再论戊戌维新运动的力量配比》，《中国高校社会科学》2017 年第 3 期。

郭忠华：《新制度主义关于制度变迁研究的三大范式》，《天津社会科学》2003 年第 4 期。

黄长义：《人口压力与清中叶经济社会的病变》，《江汉论坛》2000 年第 12 期。
黄兴涛：《张之洞〈劝学篇〉的西文译本》，《近代史研究》2000 年第 1 期。
简军波：《中华朝贡体系：观念结构与功能》，《国际政治研究》2009 年第 1 期。
蒋懿菊：《试评光绪皇帝》，《西南师范大学学报》（人文社会科学版）1985 年第 1 期。
孔祥吉：《关于戊戌政变二三事之管见》，《历史档案》1983 年第 3 期。
李金明：《广州十三行：清代封建外贸制度的牺牲品》，《广东社会科学》2010 年第 2 期。
李元书、李宏宇：《论政治制度的要素结构》，《学习与探索》2003 年第 6 期。
李云：《晚清农民政治心理与政治行为的嬗变》，《农业考古》2009 年第 4 期。
刘汉民：《路径依赖理论研究综述》，《经济学动态》2003 年第 6 期。
刘孔伏、潘良炽：《慈禧太后与“中体西用”》，《社会科学辑刊》1996 年第 2 期。
刘孔伏、潘良炽：《光绪皇帝论评》，《运城高专学报》1997 年第 3 期。
刘孝严：《〈三国演义〉的天命观》，《社会科学战线》1995 年第 3 期。
刘学军：《“政治文化”一解》，《社会科学》1996 年第 3 期。
陆炎：《论林则徐与魏源的经世思想》，《山东师范大学学报》（人文社会科学版）2002 年第 2 期。
罗素英：《中国文字狱述论》，《求是学刊》2000 年第 6 期。
马得勇：《历史制度主义的渐进性制度变迁理论——兼论其在中国的适用性》，《经济社会体制比较》2018 年第 5 期。
马德普：《论政治制度及其功能》，《郑州大学学报》（社会科学版）2000 年第 5 期。
马庆钰：《近 50 年来政治文化研究的回顾》，《北京行政学院学报》2002 年第 6 期。

马雪松、张贤明：《政治制度变迁方式的规范分析与现实思考》，《政治学研究》2016 年第 2 期。
茅海建：《救时的偏方：戊戌变法期间司员士民上书中军事外交论》，《近代史研究》2005 年第 1 期。
戚珩：《政治文化结构剖析》，《政治学研究》1988 年第 4 期。
时殷弘：《民族主义与国家增生的类型及伦理道德思考》，《战略与管理》1994 年第 5 期。
孙兵：《人口、盛世与民生：对于清前期经济增长方式的反思》，《安徽师范大学学报》（人文社会科学版）2016 年第 2 期。
孙西克：《政治文化与政策选择》，《政治学研究》1988 年第 4 期。
唐林丽：《晚清时期的民族主义与民族国家建构》，《科教文汇》（上旬刊）2007 年第 22 期。
童建挺：《政治制度：作用和局限》，《当代世界与社会主义》2009 年第 1 期。
万高：《简论政治文化》，《宁波师院学报》（社会科学版）1994 年第 4 期。
王安东、刘莲：《试论清代“文字狱”的起因、特点及影响》，《东方论坛》（青岛大学学报）2003 年第 4 期。
王东艳：《日本报纸的萌芽及其特点分析——17 世纪初至明治维新动乱时期报纸的发展》，《日本学论坛》1999 年第 3 期。
王晓秋：《戊戌维新与京师大学堂》，《北京大学学报》（哲学社会科学版）1998 年第 2 期。
王泽民：《春秋民本思想述论》，《西北民族学院学报》（哲学社会科学版·汉文）1999 年第 2 期。
文小灯：《〈儒林外史〉的文化反思——浅议封建程朱理学对文人的残害》，《小说评论》2010 年第 S1 期。
肖兴安、熊家国：《日本明治维新时期的教育改革及其启示》，《国家教育行政学院学报》2007 年第 1 期。
谢俊美：《光绪皇帝的宫廷读书生活》，《历史教学问题》1986 年第

6期。

谢俊美：《翁同龢维新变法思想简论》，《河北学刊》1998年第5期。

徐育苗：《解读政治制度》，《社会主义研究》2004年第2期。

晏路：《光绪皇帝·戊戌变法·西学东渐》，《满族研究》1997年第2期。

杨益茂：《洋务运动时期的新式教育》，《北京社会科学》1996年第1期。

俞可平：《政治文化论要》，《人文杂志》1989年第2期。

曾国安：《试论工业化的含义》，《当代经济研究》1998年第3期。

张分田：《论中国古代政治调节理论——民本思想在中国古代政治学说中的核心地位》，《天津社会科学》2007年第2期。

张分田：《儒家的民本思想与帝制的根本法则》，《文史哲》2008年第6期。

张分田、张鸿：《中国古代“民本思想”内涵与外延刍议》，《西北大学学报》（哲学社会科学版）2005年第1期。

张鸣：《维新变法与民众反应》，《教学与研究》1998年第8期。

张星久：《帝制中国的两种基本“公”“私”观及其制度表现——一个从制度回溯观念的尝试》，《武汉大学学报》（哲学社会科学版）2006年第6期。

张星久：《论帝制中国的君权合法性信仰》，《武汉大学学报》（哲学社会科学版）2005年第4期。

张学斌：《论〈大同书〉的理论来源》，《商丘师范学院学报》2016年第7期。

张玉山：《戊戌变法期间维新派内部两种类型辨析》，《江汉论坛》2011年第5期。

赵晓峰：《公私观念与传统中国农民的行为逻辑》，《华中科技大学学报》（社会科学版）2012年第3期。

郑焱：《湖湘文化背景对湖南维新运动兴衰的制约》，《湖南师范大学社会科学学报》1989年第2期。

职晓东、秦法广：《论清朝鸦片战争前广州茶叶外贸兴盛的原因》，《农业考古》2012 年第 2 期。

朱育和：《维新变法研究中有关“变”的几个问题——兼论维新变法的复杂性》，《清华大学学报》（哲学社会科学版）1998 年第 3 期。

祝灵君：《政治学的新制度主义：背景、观点及评论》，《浙江学刊》2003 年第 4 期。

［美］黄宗智：《略论华北近数百年的小农经济与社会变迁——兼及社会经济史研究方法》，《中国社会经济史研究》1986 年第 2 期。

（三）报纸类

梁启超：《本馆第一百册祝辞并论报馆之责任及本馆之经历》，《清议报》1901 年 12 月 21 日第 1 版。

梁启超：《论报馆有益于国事》，《时务报》1896 年 8 月 9 日第 1 版。

《说新》，《申报》1898 年 1 月 25 日第 2 版。

严复：《时务报各告白书后》，《国闻报》1898 年 8 月 26 日第 1 版。

张之洞：《鄂督张饬行全省官司销时务报札》，《时务报》1896 年 9 月 27 日第 1 版。

二 英文文献（以首字母先后排序）

Giertz, *Agriculture Involution: The Process of Ecological Change in Indonesia*, Berkeley: California University Press, 1963.

Pierson, "The Limits of Design: Explaining Institutional Origins and Change", *Governance: An International Journal of Policy and Administration*, Vol. 13, 2000.

Rosa Mule, "New Institutionalism: Distilling some 'Hard Core'", *Propositions in the Works of Williamson and March and Olson*, Vol. 19, 1999.

Sue E. S. Crawford, Elinor Ostrom, "A Grammar of Institutions", *American Political Science Review*, Vol. 89, 1995.

后　记

本书是在笔者博士学位论文的基础上修改完成的。自 2019 年 6 月完成博士学位论文答辩，已四年有余。四年恰似一个轮回，但又不是简单地重复，修改书稿的契机也再次将我拉回发生在一百多年前的那场思想和权力的博弈激荡中，去感悟和思考戊戌维新运动中政治文化和政治制度的关系。书稿的付梓离不开大家的帮助，感谢博士导师刘学军老师、硕士导师沈友军老师，以及在学习道路上遇见的每一位师长，是他们的无私、正直和包容塑造了我；感谢中国社会科学出版社的各位老师，她们的专业、良善、热心，使本书的出版变得顺利；感谢每一位家人，使我一直成长在爱的环境中，让我有勇气和力量追寻自己的理想和信念。

本书中呈现的认识和思考还有很多不足，恳请读者朋友多多批评指正。

张迪

2023 年 12 月